행복한 삶을 위한 풍수 지침서
양택풍수의 定石

행복한 삶을 위한 풍수 지침서
양택풍수의 定石

조남선 지음

| 머리말 |

공자는 논어 이인편에서 '어진 마을에 사는 것이 아름다우니 어진 곳을 선택하지 않으면 어찌 지혜를 얻으리오(子曰 里仁爲美 擇不處仁 焉得知).'라 하여 인자해지고 지혜를 얻기 위해서는 자연을 올바로 알고 좋은 터를 선택해야 한다는 가르침을 주셨다.

그러나 현실적으로는 도시가 만들어지거나 건물이 세워지는 과정에서 국민의 건강이나 안위보다는 경제논리를 우선시하고 있는 실정이다. 그러다보니 많은 사람들이 풍수적으로 적합하지 않게 만들어진 터나 건물에서 생활하게 되는데, 이런 곳에서 발생하는 좋지 못한 사례들을 보고 접하면서 저자는 풍수(땅·바람·물)의 영향은 실로 엄청나다는 확신을 더욱 가지게 되었다.

풍수가 수천 년의 역사를 가지고 있음에도 불구하고 사람들이 선뜻 다가서고 받아들이지 못하는 이유가 현실성과 객관성이 부족하기 때문이라고 판단하여 가급적 보통 사람들이 느끼고 받아들일 수 있도록 저자가 오랫동안 공부한 풍수를 현장에 접목시키면서 느끼거나 깨달은 사항들을 이 책에 정리하였다.

이 책은 크게 네 부분으로 나누어 구성하였다. 맨 앞에는 풍수의 핵심이 되는 형기풍수를 이해하고 터를 잡거나 건물을 짓는 사항에 대하여 설명하였고, 두 번째 부분에는 형기풍수를 보완하는 이기풍수에 대하여 선택하여 사용할 수 있도록 정리하였으며, 세 번째 단락에서는 저자의 관점에서 경복궁 터와 창덕궁 터를 분석하고 왕실의 출산과 사망에 관한 자료를 대입하여 풍수와의 연관성에 대하여 정리하였다. 그리고 마지막 부분인 부록에는 많은 사람들이 풍수에 대하여 가지고 있는 궁금증을 모아 일목요연하게 설명하였다.

그리고 이 책이 출판되기까지 많은 도움을 주신 분들께 이 자리를 빌려 감사를 드려야겠다. 먼저 저자에게 학문적인 담금질을 해주셨고 바른 풍수인의 길로 이끌어주시는 대구한의대학교 성동환, 김병우 교수님과 현장풍수를 지도해 주신 정경연 선생님께 깊은 감사의 말씀을 드린다. 강의와 동문회답사 활동을 적극적으로 지원해주시는 아주대학교 평생교육원 관계자들께도 역시 감사의 말씀을 드린다.

그리고 하나 된 마음으로 늘 풍수연구에 함께 동참해주시는 김은희님, 김종대님, 서경석님, 윤희원님, 이문수님, 이종목님, 이중희님, 장주성님, 장현성님, 정재안님, 최기자님, 하태현님, 한상국님, 한상화님, 황용선님과 늘 신뢰와 성원을 보내주시는 김영철님, 박문석님, 한승구님께도 고개 숙여 감사의 말씀을 드린다.

또 독일에서 바쁜 학업 중에도 어렵사리 수맥과 관련한 책을 구해준 신수정님과 제작의 난이도가 높은 책을 멋지게 만들어 주시는 청어람 출판사의 여러 관계자들께도 감사의 마음을 전한다.

마지막으로 이 책이 풍수가 올바로 이해되고 활용되는 밑거름이 되기를 기대하며, 아울러 풍수가 도시계획수립이나 건축 등에 적극적으로 반영되어 많은 국민들이 건강하고 행복한 삶을 살아가게 되기를 진심으로 바란다.

2012년 정월에
조남선

| 차례 |

형기풍수

제1장 형기풍수의 이해 • 14

1. 어원 및 기초이론 /14
   장풍(藏風) 16 / 득수(得水) 17 / 용어의 정의 18

2. 지기(地氣)와 혈(穴) /29
3. 땅의 위치별 성질분석 /31
4. 수맥(水脈)과 수맥파(水脈波) /40
5. 양택(陽宅)과 양택풍수(陽宅風水) /48
   구성요소에 의한 구분 49 / 조성규모에 의한 구분 / 52

6. 양택풍수(陽宅風水)와 음택풍수(陰宅風水) /53
7. 선현들의 풍수 가르침 /57
   홍만선『산림경제』57 / 이중환『택리지』58 / 서유구『임원경제지』60
   십승지(十勝地) 61 / 중요 풍수격언 64

제2장 풍수를 적용한 택지개발(터 잡기) • 65

1. 대규모 택지조성 시 고려해야 할 풍수 /68
2. 소규모 택지조성 시 고려해야 할 풍수 /86
3. 택지조성 규모에 관계없이 공통적으로 반영해야 할 풍수 /88
   보국이 갖추어져 바람이 갈무리되는 터 88 / 배산면수(背山面水)의 터 89 / 굽은 물길이 감싸주는 안쪽 터 90 / 동네나 택지 주위에 단정하고 깨끗한 봉우리가 많이 보이는 터 91 / 수구(水口)가 벌어져 바람을 맞는 터 92 / 과협처(過峽處)에 있어 바람을 맞는 터 93 / 주변 지형보다 돌로(突露)해서 바람을 맞는 터 94 / 골짜기에 인접해 있어 골바람을 맞는 터 95 / 낭떠러지 주변의 터 95 / 저지대를 매립하거나 보토(補土)한 터 96 / 주변의 산이나 바위가 겁박(劫迫)하는 터 98

제3장 풍수를 적용한 건축 • 99

1. 건물의 방향을 정하는 기준 /100
2. 건물의 높이를 정하는 기준 /104
3. 건물의 외관을 정하는 기준 /107
4. 건물 내외부 시설물의 설치 /116

   담장과 대문의 설치 116 / 현관문의 배치 120 / 침실문의 배치 122 / 거실의 배치 123 / 계단과 계단실의 설치 124 / 발코니의 확장문제 125 / 기둥과 천장의 마감 126 / 전원(電源) 등의 배치 127

제4장 기성지역(既成地域)에서의 풍수 적용 • 128

1. 터를 분석하여 풍수를 적용하는 방법 /128

   물길과 과룡처가 아닌 곳을 선택한다. 128 / 도로가 치고 들어오는 건물은 피한다. 130
   도로보다 낮은 터는 피한다. 130 / 경사가 심한 지역은 피한다. 132

2. 지형지물을 분석하여 풍수를 적용하는 방법 /134

   사용에 적합한 건물의 높이는 30m 이하 134 / 초고층 건물 주변은 피한다. 134
   동(건물)과 동(건물) 사이의 건물은 피한다. 136 / 고가도로, 육교, 지하차도 주변은 피한다. 136
   비선호 시설 인근은 피한다. 138

제5장 풍수를 활용한 조경과 인테리어 • 140

1. 건물 외부의 조경 /141

   대문의 비보 141 / 정원수의 관리 142 / 정원석의 수량과 모양 144 / 마당의 관리 144
   담장 안의 연못이나 수영장 146 / 마당이나 정원의 조명관리 148

2. 건물 내부의 인테리어 /149

   현관의 비보 149 / 건물 안의 조명관리 151 / 도배지의 색상과 무늬 151 / 화장실의 관리 152
   거울의 크기와 거는 위치 154 / 수족관이나 실내분수 등의 관리 156 / 사진이나 그림의 종류 156 / 화초의 종류 및 관리 157 / 공부방과 책상의 위치 158

3. 잠자리의 선정과 가구의 배치 /160

이기풍수

제1장 이기풍수의 이해 • 166

1. 음양론(陰陽論) /166
음양(陰陽) 166 / 사상(四象) 169 / 팔괘(八卦) 170

2. 오행론 /173
오행론(五行論)의 개요 173 / 오행의 상생상극(相生相剋) 175 / 오행(五行)의 종류 177

3. 양택이기풍수론과 나경(羅經) /178
낙서(洛書)와 구궁도(九宮圖) 179 / 10천간(天干) 12지지(地支) 182

나경과 24방위의 구성 182

제2장 양택배치법 I - 팔택법 • 186

1. 동사택(東四宅)·서사택(西四宅) /186
팔택법의 운용 186 / 택괘(宅卦)와 명괘(命卦) 187

2. 대유년법(大遊年法) /189

3. 개문법칙(開門法則) /191

제3장 양택배치법 II - 현공풍수론 • 193

1. 현공풍수의 개요 /193

2. 현공풍수의 운용원리 /194
삼원연대표(三元年代表) 194 / 운별쇠왕표(運別衰旺表) 196

현공풍수의 산수분류(山水分類) 197 / 현공하괘비성반의 작성 197

현공풍수의 4국(玄空風水四局)과 합국(合局)·불합국(不合局) 204

현공비성반의 해석원칙 209 / 현공하괘비성반의 기국(奇局) 218 / 공망(空亡) 221

3. 현공풍수의 활용 /223
방위의 측정 223 / 건물의 좌향결정 224 / 문 내는 방위 225 / 인테리어 및 소품의 배치 226

4. 현공하괘비성반 / 230

제4장 택일법(擇日法)・택방법(擇方法)・266

1. 이사택일법(移徙擇日法) /267

   단계별로 이사하기 '길한 날'을 선택하는 방법 267

   이사하기 '길한 날'로 확정된 날짜 272

2. 신축택일법(新築擇日法) /274

   금루사각법(金樓四角法)으로 건물 지을 길한 나이(歲)를 선택 274

   지운법(地運法)에 의한 신축(新築)하기 좋은 해(年)의 선택 275

   집을 허는 데 좋은 날(柝屋吉日) 275

   터를 닦기 좋은 날(開基吉日) 276

   건물 짓는 공사 시작하기 좋은 날(起工吉日) 277

   기둥 세우기 좋은 날(竪柱吉日) 277

   대들보 올리기 좋은 날(上樑吉日) 278

   지붕 덮는 공사하기 좋은 날(蓋屋吉日) 278

3. 피해야 할 흉일(凶日) /279

   이사, 혼례, 출장, 부임 등에 좋지 않은 날(往亡日) 279

   장사(葬事)지내는 일을 제외한 모든 일에 불리한 날(十惡大敗日) 280

   화장실 관련한 일과 제방을 쌓는 일을 제외한 모든 일에 불리한 복단일(伏斷日) 280

4. 손 없는 날 /281

   천상천하 대공망일(天上天下 大空亡日) 281 / 태백살(太白殺) 281 / 세관교승(歲官交承) 282

   청명일(淸明日)과 한식일(寒食日) 283

5. 방향 가리는 법 /283

   방소법(方所法) 283 / 대장군방(大將軍方) 285 / 삼살방(三煞方) 285

양택풍수 사례연구

제1장 서론 • 291

1. 연구의 목적 /293

2. 연구의 범위 /294

3. 연구의 방법 /296

4. 한양정도(漢陽定都) 과정과 배경 /298

    태조의 한양천도 필요성과 과정 298 / 정종의 개경 환도(還都) 305

    태종의 한양 재천도(再遷都) 307 / 한양 궁궐의 소실(燒失)과 중건(重建) 315

제2장 한양의 지리개관 • 317

1. 한양의 지리적 개황 /317

    한양의 산맥체계와 보국 317

    한양의 수체계 321

제3장 경복궁의 풍수 분석 • 325

1. 경복궁의 지형개황 및 공간배치 /326

2. 경복궁의 주룡 /331

3. 경복궁의 사격 /333

4. 경복궁의 수세 /338

5. 경복궁 주요 전각(殿閣)의 풍수 정밀 분석 /342

제4장 창덕궁의 풍수 분석 • 348

1. 창덕궁의 지형개황 및 공간배치 /349

2. 창덕궁의 주룡 /353

3. 창덕궁 청룡과 백호 /356

4. 창덕궁의 주요 전각의 안산 /360

5. 창덕궁의 수세 /362

6. 창덕궁 주요 전각(殿閣)의 풍수 정밀 분석 /365

제5장 경복궁과 창덕궁의 가계(家系)형성 비교 • 368

부록

풍수 Q&A • 376

1. 풍수원론 부분 /376

2. 양택 관련 부분 /387

3. 수맥 관련 부분 /402

4. 음택 관련 부분 /411

참고문헌

1. 사료 /424

2. 논문 /425

3. 한국 단행본 /426

4. 외국 단행본 /427

形氣風水

형기풍수

제1장 형기풍수의 이해
제2장 풍수를 적용한 택지개발(터 잡기)
제3장 풍수를 적용한 건축
제4장 기성지역(既成地域)에서의 풍수 적용
제5장 풍수를 활용한 조경과 인테리어

제1장 형기풍수의 이해

1. 어원 및 기초이론

풍수는 수천 년의 오랜 역사를 가지고 있으며 오늘날 많은 사람들이 관심을 가지고 있음에도 불구하고, 올바로 알고 활용하면 인간생활에 유익하고 필요한 원초적 환경과학이라는 사실이 아직도 제대로 전달되지 못하고 있다.

본격적으로 풍수의 세계에 들어가기에 앞서 먼저 몇 가지 짚고 가야 할 사항을 말하고자 한다.

첫 번째로 풍수는 자연을 이해하고 기준을 가지고 선택하자는 것이지 숭배하자는 것이 아니므로 종교나 미신이 아니라는 것이다. 풍수는 자연환경을 자연의 입장에서 분석하여 자연과 인간이 조화를 이루어 평안하게 생활할 터를 선택하고자 하는 학술이지 토테미즘(Totemism)처럼 숭배하자는 것이 아니다.

두 번째로는 풍수는 본인이 원하건 원하지 않건 누구에게나 적용되는 가장 원초적인 환경선택의 기준(원칙)이라는 것이다. 공기나 물이 생명체의 생존에 직접적인 영향을 주는 것처럼 풍수도 가까이에 있는 원초적인 환경요소이기 때문에 누구나 땅, 바람, 물의 영향을 받으며 살고 있다. 다만 풍수에 대한 올바른 이해가 부족하고 정확히 전달될 기회가 많지 않아 무엇이 풍수인지 또는 어떻게 활용해야 하는지를 모를 뿐이다.

세 번째로 인식할 사항은 풍수를 알고 활용하는 데 있어 가장 중요한 것으로, 땅의 근본적 성질은 자연의 현상으로 정해진 것이기 때문에 인간의 의지나 능력으로는 바꿀 수 없다는 것이다. 인류의 오랜 역사를 보면 예전에 비하여 현대의 과학문명이 발달된 것은 사실이지만 그렇다고 해서 자연까지 인간의 입맛에 맞게 바꾸지는 못한다. 생존의 기본요소인 바람과 물과 땅의 성질을 바꿀 수 있다고 생각하는 것은 인간의 오만이라는 것을 알아야 한다.

이제부터는 풍수의 어원을 알아보면서 본격적으로 풍수의 세계로 들어가 보도록 한다. 건물을 짓거나 묘를 만드는 데 터를 잡고 방향 등을 잡는 학술(學術)을 '풍수(風水)'라 하는데 풍수라는 용어는 '장풍(藏風)'이라는 용어에서 '풍(風)'을 따고 '득수(得水)'라는 용어에서 '수(水)'를 딴 장풍과 득수의 줄임말이다. 그 밖에 지리(地理), 상지술(相地術), 감여(堪輿), 복택(卜宅) 등의 다양한 용어도 명칭은 다르지만 모두 같은 의미로 사용된다.

위에서 나열한 다양한 용어들의 의미를 간략하게 살펴보면 '풍수'는 '혈(穴)[1]이 결지된 곳의 바람과 물의 조건'을 표현한 것이고, '지리'라는 말은 '땅의 이치를 살핀다.'는 의미가 담겨 있으며, '상지술'이라는 용어는 '땅의 형상을 자세히 보고 판단한다.'는 뜻이며, '감여'라는 말은 '하늘과 땅의 기운을 고려한다.'는 것이며, '복택'이라는 단어에는 '터를 고

---

[1] '혈(穴)'이란 일반적으로 '명당(明堂)'이라고 알려진 곳으로, 풍수에서 가장 중요한 개념이며 실체적으로는 지기(地氣, 지구에너지)가 분출되는 위치를 말한다.

른다.'는 의미가 있는 것으로 모두 표현은 달라 보이지만 기본적으로 담고 있는 '좋은 터를 선택한다.'는 의미는 차이가 없다고 하겠다.2)

정리하면 풍수는 땅의 성질, 바람과 물의 영향 등 자연현상을 살피고 느껴서 생존과 종족번식에 적합한 터를 선택하는 기준을 제시한 것이다.3)

다음은 풍수학술의 이해와 활용을 위하여 기본적으로 필요한 풍수의 어원이 되는 장풍과 득수와 그리고 풍수의 기본구성요소인 산(山), 용세(龍勢), 사격(砂格), 수세(水勢), 지기(地氣)와 혈(穴)의 개요 등 앞으로 학습에 필요한 용어에 대하여 설명하도록 한다.

장풍(藏風)

먼저 바람과 관련된 '장풍(藏風)'이란 말은 직역(直譯)을 하면 '바람을 저장한다.', '바람을 감춘다.'라고 해석을 할 수 있지만, 의역(意譯)을 하면 강한 바람이 불어와 부딪히는 곳(지점)은 좋지 않으므로 전후좌우에서 불어오는 강한 바람이 약해지고 순하게 바뀌어 불어오는 곳(지점)을 선택하는 것이 유리하다는 뜻이다. 즉, 겉으로 드러난 '장풍'의 의미는 강한 바람이 직접 불어와 부딪히지 않는 터, 다시 말하여 바람이 갈무리되어 공기가 차분히 안정된 곳(지점)이 좋은 곳이라는 것이다.

---

2) 풍수를 바르게 이해하고 활용하기 위해서는 자연을 인간의 이용후생(利用厚生)에 초점을 맞춰 바라보기보다는 자연의 입장에서 자연현상의 이치를 바라보는 것이 가장 중요한 것이다.

3) 풍수는 인간생활에 땅의 성질과 바람과 물이 주는 영향을 고려하여 터를 잡고 건물을 짓는 것에 대하여 제시하는 원초적 환경선택기준이다. 인간은 땅 위에 건물을 짓고 살고 있으며 땅 위를 다니며 생활하고 있다. 심지어 유목이나 수렵으로 생계를 꾸려가는 사람조차도 결국은 땅에서 먹고, 잠자며 생활하기 때문에 어느 누구도 풍수의 범위를 벗어날 수는 없다.

따라서 자연 상태에서 보국(保局)이라고 하는 틀이 갖추어져 외부에서 불어오는 강한 바람이 약해지고 갈무리된 곳에서만 혈이 결지되는 기본 조건을 갖추게 된다는 의미가 '장풍' 이라는 단어 속에 담겨 있는 것이다.

다시 말하면 '장풍' 이라는 단어의 핵심적인 의미는 '혈(穴)은 장풍이 되는 곳에만 만들어졌다.' 는 것으로, '장풍이 되지 않는 곳은 혈이 없다.' 는 것이다.

득수(得水)

다음으로 '득수(得水)' 라는 말을 직역(直譯)하면 '물을 얻는다.' 는 의미이다. 물은 모든 생물체에게 생존을 위해 절대적으로 필요한 것이다. 동물이나 식물이나 물 없이는 살아갈 수 없고 종족번식도 기대할 수 없는 것이다.

이처럼 물은 생존의 절대적인 필수요건이지만 분수(分數)에 맞지 않게 많은 물은 오히려 재해가 되는 경우도 있다. 따라서 필요할 때 필요한 만큼의 생활용수나 농사지을 물을 쉽게 얻는 것이 가장 이상적이라 할 것이다.

이런 조건이 충족되기 위해서는 첫째, 물이 굽어 흐르는 경우에 물길이 감싸주는 안쪽이어야 한다. 대개의 물길은 굽어 흐르는데, 평상시에는 유순하던 물길도 홍수가 나면 거친 물살이 되어 굽은 물길의 바깥쪽에 부딪치게 된다. 이때 극심한 경우에는 엄청난 물난리를 치르게 되므로 물이 감싸주는 안쪽이 수재(水災)를 피할 수 있는 안전한 곳이 되는 것이다.

둘째, 지형이 평평해야 한다. 평평하다는 말의 상대적인 개념은 비탈진 곳이 된다. 농경시대를 떠올려 보면 비탈진 곳은 비가 올 때는 물이 있으나 비가 그치면 대부분의 물은 아래로 흘러가버려 제때에 물을 공급받기가 쉽지 않아 밭농사를 짓게 된다. 반면에 평평한 지형은 물이 넉넉하여 논농사를 지을 수 있어 수확 후 두 곳의 소득을 비교해 보면 평지에서 논농사를 짓는 사람들이 재물을 모으기에 유리하다는 것이다.

요즘처럼 산업화가 이루어진 시대에도 번화가는 예외 없이 평지에 만들어진다. 이것은 사람들의 심리에 따른 동선(動線)과 관련이 있는 것으로 비탈진 곳은 사람들이 이동하기에도 힘이 들기 때문에 꺼리게 된다는 것이다.

이상에서 설명한 득수의 원칙은 보통 사람들 누구나 이해할 수 있는 일반적인 의미의 득수인 것이다.

그러나 풍수적 의미의 득수는 혈이 만들어질 때 나타나는 중심수맥과 지기(생기라 표현하기도 함)와의 조우관계(遭遇關係)를 설명한 것이며, 결국 중심수맥의 분수와 합수(계수)가 없는 곳은 혈이 아니라는 것이다.[4]

용어의 정의

1) 산(山)

산이란 하나 또는 여러 개의 봉우리로 된 땅의 형상을 말하며, 풍수에서는 태조산(太祖山), 주필산(駐蹕山), 주산(主山), 안산(案山), 조산(朝山) 등의 명칭을 사용하는데 이것은 고정적인 개념이 아니고 특정한 혈을 기준으로 붙여지는 상대적 개념이다. 예를 들어 한반도를 기준으로 정리하면 백

---

[4] 혈이 만들어진 자세한 현상에 대해서는 p.29의 '지기와 혈'에서 설명하기로 한다.

● 주산(主山)-기준이 되는 터의 뒤에 있는 산

● 안산(案山)과 조산(朝山)-혈의 앞에 있는 산

두산이 태조산이 된다고 할 수 있으며 백두대간에서 각 정맥의 산줄기가 나뉘는 지점의 산들을 주필산이라 할 수 있고, 혈에서 가까운 거리에 있는 뒤쪽의 산은 주산이라 부르는 것이다.5) 그리고 혈의 정면에 보이는 작고 단아한 봉우리는 안산(案山)이라 부르고 안산을 제외하고 전면에 있는 산들은 모두 조산(朝山)이라 부르는 것이다.

2) 용(龍), 용맥(龍脈)

용이란 산봉우리에서 뻗어나간 산의 능선을 말하는데 능선의 크기나 길이는 따지지 않는다. 즉, 백두대간이나 각 정맥의 산줄기처럼 큰 능선도 용이라 하고 밭두렁이나 논두렁 정도의 작은 능선도 용이라 부르는 것이다.

용맥이란 겉에 보이는 능선, 즉 용과 내면에 있는 지맥을 합쳐 부르는 말로 혈을 맺을 수 있는 능선이라는 뜻이며 이를 생룡(生龍)이라 부르기도 한다.

생룡에는 용을 따라 내면(內面)에 흐르면서 지기를 전달(傳達)하는 통로인 지맥(地脈)이 있는데 이는 동물의 혈관이나 식물의 도관(導管)과 같은 기능을 한다고 보면 될 것이다.

산 능선의 외형을 보고 혈을 결지할 수 있는 생룡인지 혈을 결지할 수 없는 사룡(死龍)인지를 판단하는 형상에는 기복(起伏), 위이(逶迤), 박환(剝換), 개장천심(開帳穿心) 등이 있다.6)

---

5) 조남선, 『풍수의 정석』, 2010, 청어람, pp.33-36.
6) 모든 능선에 지맥이 있는 것은 아니고 형기풍수에서 기복, 위이, 박환, 개장천심 등의 변화가 있는 생룡의 능선에만 지맥이 있는 것이다. 지맥이 없는 능선은 사룡(死龍) 또는 무맥지라 부른다.

● 용맥(龍脈)-혈과 연결된 능선

　기복이란 용의 등성이가 펑퍼짐하지 않고 뚜렷하며 올록볼록하게 나타나는 모양을 말하고, 위이란 마치 뱀이 기어가듯 구불구불 움직이는 것을 말한다. 박환이란 마치 제식훈련 중에 좌향좌나 우향우를 하듯이 거의 90°가깝게 방향을 바꾸는 것을 말하며, 개장천심이란 중앙으로는 끊어진 듯 용맥이 이어지고 양옆으로는 팔을 벌려 중앙으로 내려가는 용맥을 보호하는 듯한 형상이 나타나는 것을 말한다.[7]

　용이 끝나는 지점을 용진처(龍盡處)라 하는데 풍수의 핵심인 혈은 대개 용진처 부근에 있다. 그렇다고 용진처 부근마다 모두 혈이 있는 것은 아니고

---

7) 조남선, 『풍수의 정석』, pp.82-99.

지맥을 통하여 지기가 공급되는 생룡의 용진처 부근에 혈이 있는 것이다.

그 밖에 용세론에서 알아두어야 할 용어로는 주룡(主龍), 입수룡(入首龍), 정룡(正龍)과 방룡(傍龍) 등이 있다.

주룡과 입수룡은 혈과 직접적으로 연결된 능선이라는 점은 같으나 주룡은 혈과 이어진 산 능선 전체를 말하며, 주룡 중에서 혈과 접속되는 부분만을 따로 입수룡이라 부른다.

정룡과 방룡은 보호를 받느냐 보호를 해주느냐의 관계를 따져 보호를 받으며 혈을 맺는 용은 정룡이라 하고 혈을 맺는 정룡을 보호해 주는 용은 방룡이라 부르는 것이다.

3) 보국(保局)[8]

보국이란 풍수에서는 매우 중요한 개념으로 사방에 있는 산이나 능선이 울타리처럼 둘러싼 형태를 말한다. 다시 사신사(청룡, 백호, 현무, 안산)의 개념으로 정리하면 혈의 가장 가까운 뒤쪽의 봉우리인 현무(玄武), 좌측의 산 능선인 청룡(靑龍), 우측의 산 능선인 백호(白虎), 전면의 안산(案山)이 사방을 에워싼 듯한 모양을 말한다.

보국이 갖추어지게 되면 사방팔방 어디에서 바람이 불어오더라도 강한 바람은 위로 떠서 지나가게 되고 보국의 안쪽에는 부드러운 공기만이 내려 앉게 되는 것이다.

앞에서 '장풍'에 대하여 설명한 것처럼 혈이 만들어지는 기본조건이 장

---

[8] p.23 그림 참조.

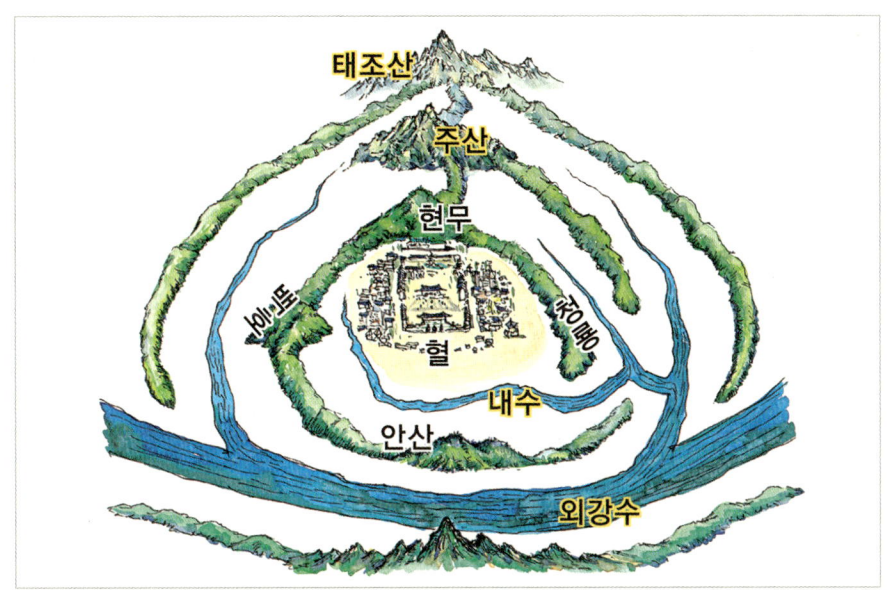

● 보국(保局)-사방이 산으로 둘러싸인 틀

● 보국(保局)-사신사에 둘러싸인 강원도 낙산사 보타전

풍이고 장풍의 조건을 갖추게 되는 지형이 보국이 되는 것이므로 보국은 혈이 만들어지기 위해 가장 중요한 요소가 된다 할 것이다.

4) 사격(砂格)

사격이란 혈에서 보이는 모든 산과 바위, 인공의 건축물 등을 말한다. 앞에서 설명한 보국을 만드는 사신사와 주산 및 조산 등이 혈에서 보이는 사격이 되며 그 밖의 바위나 인공물 등도 포함되는 것이다.

일반적으로 풍수에서 사격은 두 가지 관점에서 다룬다. 첫째는 앞의 보국에서 설명하였듯이 장풍의 역할을 하여 혈이 결지되는 기본조건을 만드는 것이다.

다른 하나는 혈에서 보이는 사격의 모양대로 혈에 기운을 전달하여 혈의 발복방향(發福方向)을 가늠하게 한다는 것이다. 예컨대 혈에서 귀인봉이 보이면 귀인봉에서 명예를 얻고 높은 관직에 오르는 기운을 혈에 전달해 주고, 만약 문필봉이 보이면 문필봉에서 혈에 학문적인 기운을 보내주며, 무곡성이 보이면 혈에 부(富)의 기운을 보내주고, 거문성이 보이면 부귀의 기운을 함께 전달해 준다는 것이다. 또 아미사가 보이면 출중한 여자가 나오고, 염정성이 보이면 무장(武將)이 나온다고 보는 것이다.[9]

5) 수세(水勢)

수세란 혈과 관련된 모든 물을 말하며 크게 지표상의 수세와 지표하의

---

[9] 저자는 사격론에서 말하는 혈의 발복방향에 대하여 절대적으로 신뢰하지는 않는다는 것을 밝혀둔다.

● 귀인봉

● 문필봉

● 무곡성

● 거문성

● 아미사

● 염정성

• 수세-굽은 물길 안쪽에 자리 잡은 경북 영주 무섬마을

수세로 구분할 수 있다. 풍수에서는 용은 움직이지 않기 때문에 음의 기운을 가진 것으로 보고 용의 주변에 흐르는 물은 움직이므로 양의 기운을 가진 것으로 보아 용과 물의 음양교합이 이루어져 혈이 결지되는 것으로 설명하고 있다.

풍수에서 다루는 수세는 보통 지표상의 수세로 도랑, 계곡, 하천, 강 등의 물을 말하며, 이 지표상의 수세가 용을 멈추게 하고 혈을 결지하게 한다는 것이다. 그러나 지표상의 수세는 용과 용을 구분하여 분리하고 또한 용을 멈추게는 하지만 혈을 결지하는 데 결정적인 역할을 하는 것은 아닌 것이다.

혈을 결지하는 데 결정적인 역할을 하는 것은 능선 등성이 중앙에 있는 골 육수라 부르는 한 쌍의 지표하의 수맥이라는 것이 저자의 일관된 주장이다.

그리고 지표상의 수세, 즉 물길은 바람길이라는 것을 반드시 기억해야 한다. 자연 상태에서의 바람은 원칙적으로 물길을 통하여 흘러 다니므로 앞에서 설명한 보국이나 장풍의 개념과 지표상의 물길을 통한 바람의 영향을 함께 고려하여야 한다.

● 도로를 물로 본다는 개념의 정리

풍수는 음(陰)의 기운인 용(地)과 양(陽)의 기운인 물(水)이 교합을 이루어 좋은 터가 만들어진다는 생각을 가지고 있어서 물이 하나의 중요한 요소로 인식되고 있는 것이다. 그런데 일각에서 정확한 개념의 정리도 없이 '도로를 물로 본다.'는 주장을 하여 인공으로 도로가 만들어진 곳에서 풍수적으로 길흉의 판단을 하는 데 혼란스럽게 하고 있기 때문에 여기서 명확한 구분을 하도록 한다.

자연 상태의 물길은 바람이 지나다니는 통로가 된다는 것은 가장 기본적인 자연현상이다. 그런데 사람이 도로를 만들고 도로변에 건물을 짓거나 가로수를 심게 되면 도로가 바람이 지나다니는 길이 된다. 특히 도로 양옆에 건물이 빼곡히 들어서면 바람 길이 확실하게 만들어지고, 또 도로를 통하여 차량이 이동을 하게 되면 차량이 바람을 일으키고 몰고 다녀 더 큰 영향을 주게 되는 것이다.

이처럼 우리의 주거와 생활에 자연 상태의 물길이나 인간이 만든 도로가 모두 바람이 지나다니는 통로가 되어서 비슷한 영향을 주기 때문에 도로를

● 바람이 지나는 통로-빌딩이나 가로수가 있는 도로

물로 본다는 개념이 만들어지게 된 것이다.

물론 자연 상태의 물길을 통하여 불어오는 바람뿐만 아니라 도로를 통하여 지나다니는 바람도 양택에 큰 영향을 주기 때문에 도로를 통하여 불어오는 바람도 항상 주의를 기울여야 하는 것은 맞다.

그런데 위에서 설명한 '물길을 바람길로 본다.'와 '도로를 바람길로 본다.'는 개념을 적용하게 되면 물길=바람길, 도로=바람길, 따라서 물길=도로의 의미로 해석할 수도 있게 된다.

그러나 자연의 물길이나 인공의 도로는 바람길이 된다는 공통점을 가지고는 있지만 용진처를 만드느냐 만들지 못하느냐 하는 차이점이 있다는 것을 분명히 정리하여야 할 것이다.

풍수적으로 볼 때 가장 좋은 위치인 혈은 대개 용진처 부근에 만들어지는 것이고, 용진처가 되는 원리는 '용은 물을 만나면 멈춘다(龍 界水則止).'이므로 물의 역할은 혈의 결지와 밀접한 관련이 있어 매우 중요한 것이 된다.

만약 물길=바람길, 도로=바람길의 개념을 확대해석하게 되면 '용은 물을 만나면 멈춘다(龍 界水則止).'의 '물길=용진처'를 '용은 도로를 만나면 멈춘다.(龍 界道則止)'라 해석하게 되면 '도로=용진처'가 만들어져 터무니없는 결과를 만들어내는 경우가 생길 수도 있게 된다. 도시가 형성되거나 도로가 만들어지기 전에는 용맥이 흘러가는 중간지점이었는데 나중에 도로가 만들어지고 건물이 지어졌을 때 자연 상태의 과룡처에 해당하던 터를 용진처나 혈처로 보게 된다는 것이다.

이렇게 되면 흉지를 길지로 오판하게 되는 것이므로 자연 상태의 물길은 바람길이면서 용진처와 혈을 만들지만 인공의 도로는 단지 바람길이 될 뿐 용진처나 혈을 결지하게 하는 것은 아니라는 점을 확실히 해두어야 한다.

2. 지기(地氣)와 혈(穴)

풍수에서 가장 중요한 혈과 직접 관련되는 개념이 지기(地氣)인데, 이 지기를 쉽게 이해하자면 지구에너지를 생각하면 될 것이다.[10]

---

10) 동양에는 천지인(天地人) 삼재(三才)의 사상이 있다. 동양학을 단순분류하면 천기(天氣)를 다루는 것은 역학(易學)이고 지기(地氣)를 다루는 것은 풍수(風水)이며 인체(人體)를 다루는 것은 한의학(韓醫學)이라고 할 수 있다. 이렇게 볼 때 풍수에서 가장 중요한 핵심은 지기가 되는 것이므로 땅의 기운을 분석하는 형기풍수와 방위에 따른 기운을 논하는 이기풍수 중에서는 형기풍수의 비중이 월등하게 크다 할 것이다.

우리가 살고 있는 지구는 중심부의 내핵과 외핵, 그리고 맨틀이 에너지의 원천이 되어 지구촌 여러 곳에서 화산이 폭발하거나 지진이 일어나는데, 이런 현상을 볼 때 지구가 품고 있는 엄청난 에너지의 실체를 알 수 있는 것이다.

그런데 화산이 폭발하거나 지진이 일어나는 것처럼 엄청난 에너지가 일시에 분출되거나 움직이면 재앙이 된다. 그러나 이와는 다르게 아주 순하고 부드럽게 정제된 지구에너지가 은은하게 분출되는 구멍이 지구 곳곳에 만들어져 있는데 이 지구에너지 분출구를 풍수에서는 혈(穴)이라 한다.

혈의 형상(形像)은 능선의 등성이에 있는 '골육수(骨肉水)'라 부르는 한 쌍의 수맥에 의해서 만들어진다. 용맥을 따라온 골육수가 장풍의 조건이 갖추어진 용진처 부근에 이르면 벌어지는 분수(分水)와 다시 합쳐지는 합수(合水)의 과정을 거치며 계란모양의 타원형(길이 2.5m 폭 1.8m)의 혈이 만들어진다. 그리고 골육수를 따라온 여러 수맥들도 혈이 결지될 때는 모두 타원형을 그린다.

혈은 풍수의 핵심이며 가장 중요한 개념이다. 혈이 중요한 것은 지기를 얻을 수 있는 장소이기 때문이다. 혈에서는 주변 땅과는 차원이 다른 성질의 기(氣, 에너지)를 얻을 수 있는 것이다. 풍수에서는 이 기(氣)를 '만물을 생하여 준다.'는 의미로 생기(生氣)라고 표현하기도 한다. 이 생기라고 불리는 지구에너지는 인간의 감각기관으로는 볼 수도 없고, 만질 수도 없고, 느낄 수도 없고, 현대과학으로도 규명하지 못한 것이지만 풍수는 수천 년의 경험으로 확실한 믿음을 가지고 있는 것이다.

실제로 1등 당첨자를 많이 배출하는 복권판매 점포나 끊임없이 손님들

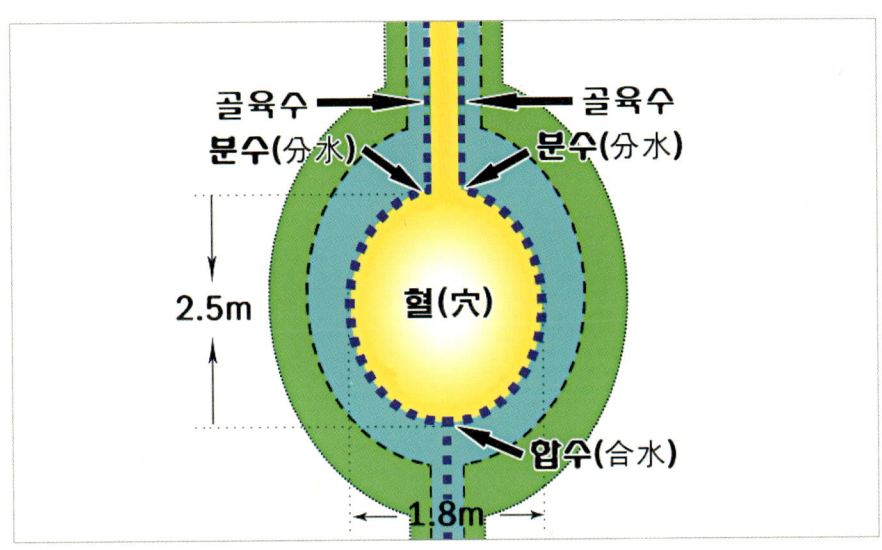

● 혈의 형상도(形像圖)

이 찾아와 영업이 잘되는 음식점, 우수한 대학이나 고시에 합격을 많이하여 세상의 관심을 끄는 주택 등 많은 사례들이 혈과 관련이 있는 것을 확인할 수 있다.

3. 땅의 위치별 성질분석

땅은 각 위치마다 지닌 성질이 다르다. 어느 건물이 있으면 그 건물이 세워진 땅과 인접해 있는 주변 건물이 세워진 땅의 성질이 다르고, 심지어는 같은 건물 안에서도 지점마다 성질이 다른 것이다. 예컨대 아파트의 경우는 101동과 102동의 성질이 다르고, 건물 안에서도 안방과 거실의 성질이 다르

● 가장 많은 1등 당첨자를 배출한 복권판매점(2011년 12월 현재)

● 음식점 앞에서 줄서서 기다리는 사람들(일본 도톰보리)

● 2008년 동시에 사법고시합격자 2명을 배출한 아파트(경기 안양시)

● 혈에 지어진 중국은행빌딩과 아시아 최고 갑부 장강그룹빌딩(홍콩)

고 작은 방의 성질 또한 다른 것이다.

이처럼 땅의 성질이 지점마다 다르기 때문에 땅의 성질을 고려하여 좋은 성질의 땅을 선택하고 활용하고자 하는 것이 풍수인 것이다.[11]

풍수적으로 땅의 성질을 고려하여 분석하는 데는 땅의 모양(형상)이 중요한 요소가 된다. 땅의 모양이란 우주에 빅뱅이 일어나고 지구가 만들어질 때 생겨난 봉우리에서 아래로 뻗어 내려간 능선(용)과 능선의 양옆을

• 최초의 땅 모양은 능선과 물길로 구분됨

따라 흐르는 물길을 말한다. 즉, 풍수적 관점에서는 땅 모양을 크게 능선(용)과 물길[12]로 구분할 수 있는 것이다.

능선 부분을 성질에 따라 다시 세분하면 크게 지맥(地脈), 혈(穴), 능선의 비탈면과 무맥능선 등 세 종류로 구분할 수 있다.[13]

위에서 분류한 땅 모양(부위), 즉 지맥(과룡처), 혈, 능선의 비탈면과 무맥능선, 물길 등에 따라 땅의 성질이 각각 다른 것이다.

---

11) 땅은 각 위치마다 성질이 다른데 인간이 땅의 성질을 바꿀 수는 없으나 선택은 할 수 있다. 이 점을 감안하여 가능하면 좋은 성질의 땅을 선택하고자 오랜 경험을 바탕으로 이루어진 학술이 풍수인 것이다.

12) 물길이란 자연적으로 만들어진 도랑, 골, 개울, 하천, 강 등을 모두 포함하는 말이다.

13) 사룡(死龍)이라 부르는 지맥이 없는 무맥능선과 생룡의 과룡처(등성이라인 폭 50㎝)를 제외한 비탈면 부분은 성질이 유사하기 때문에 두 부분을 하나로 묶어서 분류하였다.

● 능선은 지맥, 비탈(무맥지), 혈로 구분됨

먼저 지맥(地脈) 부분은 지기(地氣)가 흐르는 통로이기 때문에 땅의 기운이 안정되지 못한 곳으로, 예로부터 '터가 센 곳'으로 불리던 지점이다. 풍수의 다른 표현은 과룡처(過龍處)이며, 혈을 결지할 수 있는 생룡(여러 변화가 있는 능선) 등성이 폭 50㎝의 중앙라인을 말하는 것이다. [14]

풍수적으로 땅을 구분할 때 또 다른 한 부분은 용(능선)의 비탈면과 무맥지가 있다. 비탈면은 용(능선)의 등성이에 있는 지맥 부분을 제외하고 양 옆 경사면 아래에 흐르고 있는 물길까지의 측면을 말하며, 무맥지(無脈地)란 지맥이 없는 능선 전체를 말한다. 이 부분은 특별히 좋은 것도 아니고

---

14) 과룡처는 음택풍수(묘지풍수)에서는 '삼대 안에 대가 끊어지는 곳(過龍之葬 三代內 絕香火)'이라 하여 극흉지로 보는 곳이다.

● 혈에 지어진 주택(경주 최부잣집)

나쁜 것도 아닌 그야말로 무해무익(無害無益)의 평이하고 무난한 성질을 가진 부분이 되는데 땅에서는 비탈면과 무맥지 부분이 가장 많은 부분을 차지한다고 볼 수 있다.

세 번째로 혈처가 있다. 혈은 장풍과 득수의 조건이 갖추어진 곳에서 지기가 지상으로 분출되는 위치로 풍수에서 가장 소중하게 여기는 곳이다.[15] 혈에 건물을 짓고 생활하게 되면 분출되는 지기의 영향으로 거주하는 사람이 정신적으로 안정감을 갖게 되고 육체적으로는 건강하게 되어 판단력과 집중력이 향상되어 추구하는 일에 좋은 결과를 얻게 된다고 본다.[16]

---

[15] 혈은 강한 바람을 막아주는 장풍(藏風)이라는 기본 조건과 지표하의 수맥이 벌어지고 합쳐져 타원을 그리는 득수(得水)라는 조건을 갖춘 곳에 만들어진다.

● 자연 상태의 물길에 건축된 사례

　네 번째로는 물길 부분이다. 자연 상태의 물길은 비가 오면 물이 모여 흘러가는 구조로 되어 있다.

　그런데 비가 오게 되면 지표상의 물길로 물이 모여 흘러 내려가기도 하지만 일정량은 땅속으로 스며들기도 한다. 이때 능선의 등성이나 비탈면에서 스며든 물은 그 상태로 땅속에 가만히 있는 것이 아니고 지표상의 물길이 있는 곳으로 모여들어 땅속에서 아래로 흘러 내려가게 된다.

　따라서 자연 상태의 물길은 지표상에서 뿐만 아니라 지표하에서도 물이 모여 흘러가기 때문에 지표면과 지하 부분이 모두 물기(습기)가 많게 된다.

---

16) 예컨대 어느 사업가가 지금 시점에서 투자를 할 것인지 말 것인지, 만약 투자를 한다면 어느 쪽에 투자를 할 것인지를 정신적으로 안정되고 집중된 상태에서 판단한다면 가장 유리한 결과를 얻을 가능성이 높아지는 것이다.

요즘 사람들이 규모가 큰 하천이나 강을 메우고 택지를 조성하거나 건물을 짓지는 않지만 최근의 추세를 보면 자연적으로 존재하던 작은 물길인 건류수(乾流水)나 구혁수(溝洫水)는 돌리거나 배수관을 설치하고 택지를 조성하여 건물을 짓는 경우가 많은데, 이것은 풍수적으로 아주 나쁜 경우가 된다.[17]

자연 상태의 물길에 택지가 조성되거나 건물을 짓게 되면 풍수적으로 두 가지의 피해를 받게 된다. 첫째, 항상 자연은 본래의 위치를 기억하고 돌아가려는 본성을 가지고 있다. 따라서 자연 상태의 물길에 있는 터는 몇 십 년 만에 한 번이라도 폭우가 내리면 물이 본래의 물길로 흘러가기 때문에 수해를 입게 되는 것이다.

한 예로 2011년 7월 말경 집중호우로 많은 인명 피해를 가져온 서울 서초구의 우면산 일원, 경기도 포천시 일동면, 강원도 춘천시 신북읍 등에서 일어난 산사태를 살펴볼 필요가 있다. 산사태로 피해를 입은 지역이나 건물의 공통점은 자연 상태의 물길을 막아 터를 조성하여 건물이 지어졌다는 것이다.

사람이 땅을 건드리지 않은 곳에서 산사태가 일어나는 경우는 거의 없는데, 자연 상태의 물길이었던 곳에 도로를 만들거나 터를 만들고 건물을 짓는 과정에서 지표상으로 흘러 내려가야 하는 물과 지표하로 스며들었다가 흘러 내려가야 하는 물이 제때 흘러 내려갈 수 없도록 막아버리기 때문에

---

[17] 조남선, 『풍수의 정석』, pp.182-183. 건류수나 구혁수는 평상시에는 물이 흐르지 않고 비가 내릴 때만 물이 흐르다 비가 그치면 다시 마르는 물길을 말한다. 육안으로 보기에는 작은 물길이지만 이 물길들을 무시하고 건물을 짓게 되면 극심한 피해를 입게 되는 것이다.

● 산사태 현장(2011년 7월 서울 우면산)

땅속에 고인 물에 의해서 산사태가 발생하는 것이다.

  이처럼 자연 상태 지표상 물길을 인간이 흘러 내려가지 못하도록 막았을 때는 산사태 등으로 피해를 입을 수 있기 때문에 물길에 터를 만들고 건물을 짓는 것은 절대로 피해야 하는 것이다.

  둘째, 지표상의 물 흐름을 막아서 입는 산사태 등의 피해 못지않게 땅의 성질에 의한 피해가 더욱 크다. 자연 상태의 물길이었던 곳에 세워진 건물은 땅속에서 지속적으로 습기와 냉기가 올라와 우선 거주하는 사람의 건강 문제를 유발하고 가위눌림, 환시(幻視), 환청(幻聽), 가정불화, 사업실패, 질병 등의 여러 피해를 주게 되며 심한 경우에는 사람이 사망하는 경우도 있다는 것을 명심하여야 한다. 자연 상태의 물길은 습기가 많은데, 물이 근본적으로 가지고 있는 차가운 성질때문에 땅의 성질도 차가워진다. 따라서 지표상의 물길이었던 터에는 어떠한 경우에도 건물을 지어서는 안 되며 건물의 일부라도 닿지 않아야 한다.

따라서 자연 상태의 물길은 홍수, 산사태 등 눈에 보이는 피해도 크지만 그보다도 습기와 냉기로 인한 피해가 훨씬 크고 극심하기 때문에 풍수적 관점에서 보면 가장 나쁜 곳이 된다.

여기서 추가로 한 가지 저자의 주관을 피력하고자 한다. 앞에서 자연 상태 물길의 성질에 대하여 설명한 것 외에 자연 상태 물길은 능선과 능선을 구분하는 완충공간이 되기도 한다는 것이다. 저자는 『풍수의 정석』에서 능선마다 각각의 수맥패턴을 가지고 있다고 설명하였는데, 자연 상태의 물길은 각 능선의 수맥패턴이 바뀌는 지점이 되어 두 능선의 접속지점이자 완충공간이 되는 것이다.[18]

따라서 자연 상태의 물길에 닿도록 건물을 짓는 것도 절대 피해야 하지만 두 개 이상의 능선에 걸쳐서 건물을 짓는 것은 더욱 나쁜 것이라고 보면 된다. 두 개 이상의 능선에 걸쳐서 건물을 짓게 되면 지진 등의 상황이 발생할 경우에 능선마다 따로 움직임이 발생하기 때문에 건물이 두 동강이 나

---

[18] 조남선, 『풍수의 정석』, pp.197-201.

[19] 지각(地殼, 지구의 겉부분)이 유라시아판, 북아메리카판, 남아메리카판, 태평양판, 필리핀판 등과 그 밖의 중소규모의 판으로 이루어졌다고 보는 이론이 판구조론(plate tectonics)이다. 이 판구조론에 의하면 지각 아래에 있는 맨틀의 대류로 각각의 판이 움직이며 판의 경계에서 지진이나 화산폭발 등의 현상이 빈번하게 나타난다는 것이다. 저자는 지구를 덮고 있는 각각의 판이 서로 다르게 움직이듯이 태초에 지구가 형성될 때 만들어진 각각의 능선은 아주 작은 규모로 축소된 작은 판으로 이해해야 하며 물길은 두 작은 판의 완충부분이라고 보는 것이다. 따라서 두 능선에 걸쳐서 건물을 짓는 것은 서로 다른 판 위에 건물을 짓는 것과 같다는 것이다.

거나 쉽게 쓰러지게 될 것이기 때문이다.[19]

4. 수맥(水脈)과 수맥파(水脈波)

수세를 지표상의 수세와 지표하의 수세로 구분할 수 있으며, 지표상의 물길에 건물을 짓고 생활하는 것이 가장 나쁜 것이라고 강조하였다.

이번에는 지표하의 수세, 즉 수맥에 대하여 그 실체와 영향에 대하여 설명하도록 한다. 사람들이 자연에서 큰 관심을 가지고 있는 것 중의 하나가 수맥이지만 정작 수맥의 실체를 아는 이는 그리 많지 않다.

지표상에 개울, 하천, 강 등 흐르는 물줄기가 있는 것처럼 땅속에도 계속 이어져 흐르는 물줄기가 있는데 이것을 수맥이라 부르는 것이다.[20]

이 수맥은 생물체의 혈관이나 도관과 같은 것이라 생각하면 조금은 쉽게 이해가 될 것이다.[21] 동물과 식물의 체내에 혈관이나 도관이 있어 수분, 산소, 영양소 등이 운반되듯이 땅속에도 물이 흐르는 줄기(Line)가 있는데 이것이 수맥인 것이다. 생명체의 혈관이나 도관처럼 지표하의 수맥이 물을 모으고 운반해 주어서 땅이 죽지 않고 생명력을 유지할 수 있다고 본

---

20) http://www.mbn.co.kr. 2011. 8. 27 기사. 브라질의 과학자 바일야 만나탈 암사를 비롯한 과학자들이 1970년대 국영 에너지회사인 페트로브라스가 원유 시추를 위해 아마존강 일대에서 팠던 241개의 우물에서 연구를 진행하여 아마존강 줄기와 거의 비슷한 경로로 흐르는 6,000km의 하천이 지하 4,000m에 존재하는 것을 확인하였다.

21) 지표상의 물줄기가 가느다란 물길들이 모여 점차 큰 물길이 되는 과정은 동물의 정맥과 유사한 모양이다. 동맥에서 모세혈관으로 이어진 혈관이 심장으로 돌아오면서 점차 굵어지는 정맥의 모양은 아래로 내려가면서 점점 굵어지는 지표상의 물줄기와 흡사하게 된다.

● 수맥파에 의해 균열된 시멘트 포장도로　　● 수맥파에 의해 균열된 아파트 주차장 콘크리트 벽면

다. 따라서 수맥은 그 존재만으로 나쁜 것이 아니라 오히려 반드시 필요한 것이라고 본다.

　수맥과 관련한 연구는 동양보다 서양이 더 많이 진행하고 있는 실정이다. 서양에서는 지표하의 물줄기인 수맥을 경제적으로 이용하는 방법을 연구하기도 하지만 일부 의사들은 지구방사선(地球放射線)이 건강에 많은 영향을 미친다는 연구결과를 발표하기도 하였다.

　서양의 일부 의사들이 말하는 지구방사선(독일어-Erdstrahlen, 영어-Earth Radiation)이란 지구 내부와 외부에 관련된 여러 종류의 파장을 총칭하는 말이지만 저자는 수맥파(水脈波)도 지구방사선의 한 종류가 된다고 본다.

　수맥파(水脈波)란 지표하의 수맥과 관련되어 발생한 에너지가 물체 등을 뚫고 지나가는 파장을 말하는 것으로 일반적으로 관정(管井)을 뚫거나 우물을 팔 때 물줄기가 있는 위치를 찾는 수단으로 활용하고 있다. 지표하의 수맥에서 끌어당기는 힘이 발생하여 버드나무가지나 수맥파 탐지봉이 반응하게 되는데 이 원리를 이용하여 수맥이 있는 위치를 찾는 것이다.[22]

그런데 이 수맥파는 벽돌이나 콘크리트로 지은 건물의 벽 또는 시멘트나 아스콘 포장을 한 도로 등을 균열시키며 뚫고 지나갈 정도의 강력한 힘을 가지고 있는데 이 힘을 수맥파의 투과력(透過力)이라 한다.

모든 땅에는 진행방향이나 간격 등의 차이는 있으나 수맥이 있으며 그에 따른 수맥파도 존재한다. 수맥이나 수맥파가 있는 것은 하나의 자연 현상이기 때문에 그것들이 존재하는 것 자체만으로는 문제가 되지는 않으나 중요한 것은 이 수맥파가 건강에 영향을 준다는 것이다.

대부분의 사람들은 한번 잠자리를 정하면 매일 같은 곳에서 같은 방향으로 누워 잠을 자는데 만약 잠을 자는 위치의 지표하에 수맥이 있다면 수면시간(1일 평균 7시간~8시간)에 같은 부위가 수맥파에 노출되게 되고 그 노출된 부분의 신체기관이나 장기(臟器)의 기능에 비정상적인 증상이 발생할 수 있다는 것이다.[23]

독일의사 구스타프 프레이허 본 폴(Gustav Freiherr von Pohl)은 저서 『질병과 암을 자극하는 지구방사선(Erdstrahlen als Krankheit und Krebs erreger)』에서 잠자리의 영향으로 불면증, 우울증, 복통, 갑상선, 류머티즘, 암 등 거의 모든 질병이 지구방사선이 있는 곳에서 잠을 자는 경우에 발생한다고 주장하였다.

실제로 저자가 유방암 환자 2명과 대장암 환자 1명의 잠자리를 확인해 본 결과 수맥파에 노출된 부위인 유방이나 대장 등에서 암이 발생한 것을

---

[22] 저자는 지표하의 수맥이 수분을 보충하기 위하여 상층으로부터 계속해서 끌어당기는 힘(일종의 삼투압 현상)에 의해서 수맥파가 발생한다고 판단하고 있다. 수맥파의 투과력은 건물벽을 수직으로 균열시키기 때문에 아파트 지하주차장 벽이나 벽돌담 등에서 확인해 볼 수 있다.

[23] 서양의 지구방사선을 연구하는 일부 의사가 잠자리에서 지구방사선에 노출된 사람들이 불면증, 우울증, 천식, 류머티즘, 암 등의 질병에 걸린다는 주장을 하였다.

볼 수 있었다.

따라서 잠자리에서만큼은 반드시 수맥을 피해서 잠을 자야 수맥파로 인한 질병이나 암에 걸리지 않고 건강하게 살 수 있는 것이다.[24]

정리하면 수맥은 자연의 구성요소 가운데 하나이기 때문에 존재 자체가 문제가 되지는 않으나 수맥과 관련된 수맥파에 장시간 노출되는 것이 문제가 된다고 보면 된다. 가급적이면 주간에도 사무실 등에서 장시간 수맥파에 노출되지 않는 것이 중요하며 특히 잠자는 시간에는 절대로 수맥파에 노출이 되지 않아야 하는 것이다.[25]

마지막으로 저자가 오랜 기간 동안의 연구를 통하여 정립한 수맥과 관련한 내용을 정리하도록 한다.

첫째, 수맥은 능선의 움직이는 방향과 나란한 모양으로 움직이는 규칙이 있다. 만약 위에서 능선이 내려오면 능선의 모양에 따라 수맥도 구성되기 때문에 원칙적으로는 산 위쪽으로 머리를 두고 아래쪽으로 발이 가도록 누우면 수맥을 피할 가능성이 높아진다. 다만 모든 능선이 일직선의 형태가 아니고 구불구불한 경우가 많기 때문에 단순히 적용하는 것은 무리이다.

---

[24] 수맥은 자연의 중요한 구성부분이며 또한 지표면에 가까이에 있는 것도 아니므로 절대로 인간이 없애거나 차단할 수 있는 것이 아니다. 수맥파는 깨어 있을 때보다는 잠자는 시간에 입는 피해가 큰 것이다. 잠자리에서 수맥파의 해를 입지 않는 유일(唯一)한 방법은 정확하게 수맥을 찾아 피하는 것뿐이다.

[25] 저자는 지구방사선의 일종인 수맥파가 건강에 상당한 영향을 미친다고 본다. 보통 사람들의 잠자는 위치는 고정되어 있어 거의 매일 같은 방, 같은 위치에 베개를 놓고 잠을 잔다. 인체에서 가장 중요한 부위는 머리부터 골반부위까지인데 만약 잠자는 위치의 지표하에 수맥이 흐르고 중요부위가 수맥 위에 놓인 채로 잠을 잔다면 단단한 콘크리트 건물을 깨트릴 정도의 힘을 가지고 있는 수맥파의 영향으로 중요부위의 뼈나 장기 등이 피해를 입게 된다는 것이다.

• 능선의 형태대로 구성되는 수맥의 패턴

둘째, 수맥은 능선의 등성이부터 양옆 비탈면으로 내려가면서 수맥 간의 간격이 점차 넓어지는 규칙을 가지고 있다.[26] 생룡의 수맥 간격은 등성이 50㎝부터 시작하고, 사룡(무맥지)의 경우는 60㎝부터 시작하여 비탈면으로 내려갈수록 점차 수맥 간의 간격이 넓어지기 때문에 가능하면 등성이 부분보다는 비탈면에 해당되는 곳이 수맥 간의 간격이 넓어 잠자리를 선택하기에 유리하다.

셋째, 수맥파는 굴절되거나 분산되지 않고 레이저광선처럼 직진만 하는 성질을 가지고 있다. 만약 수맥파가 벽 등에 부딪쳤을 때 굴절되거나 분산

---

26) 조남선, 『풍수의 정석』, pp.197-201.

● 능선의 비탈면으로 갈수록 간격이 넓어지는 수맥

된다면 피할 방법이 없을 것이다. 그러나 다행스럽게 수맥파는 폭 10㎝ 정도의 범위로 상하수직으로만 영향을 주기 때문에 수맥들의 위치와 방향 등을 파악하여 수맥과 수맥 사이에서 잠자리를 정하면 아무 피해도 없다고 하겠다.

　넷째, 수맥파가 미치는 높이는 무한대이다. 최근에는 주거용 초고층 건물도 많이 지어지고 있는데 높은 층에 거주하는 사람들 중에는 수맥의 영향이 어느 높이까지 영향을 주는지에 대하여 궁금해하는 경우가 많다. 저자가 최근에 준공한 건물의 59층에서 수맥파를 탐사한 결과 탐사봉의 반응강도가 지상 1층에서의 반응강도와 전혀 다르지 않았다. 1층에서 59층까지의 중간층에 수맥파를 차단한다는 여러 가지 시설이나 가구 등을 시

● 수맥파는 초고층에도 영향을 미침

공했을 수 있음에도 불구하고 59층에서도 수맥파탐사봉이 자연스럽게 반응하였다는 것은 수맥파가 미치는 범위는 무한대이고 그 어떤 수단으로도 차단이 되지 않는다는 것을 입증하는 것이다.

이러한 수맥체계와 수맥파의 특성을 알고 터를 조성하거나 건물을 짓고 또 잠자리를 선택한다면 좀 더 많은 사람들이 훨씬 건강하게 살 수 있을 것으로 확신한다.

다만 누구나 탐사봉을 잡으면 수맥파를 탐지할 수 있는 것은 아니기 때문에 정확하게 수맥파를 탐사할 수 있는 전문가의 도움을 받는 것이 좋다.

그것이 여의치 않거나 마음이 내키지 않는다면 엘로드를 사용하는 것보다는 버드나무가지를 활용하는 것이 더 쉽고 정확하게 수맥을 찾을 수 있으므로 추천하고자 한다. 버드나무가지를 활용하여 수맥파를 탐지할 때는 가지에 물기가 있는 봄부터 가을 사이에 사람 인(人) 모양의 가지를 꺾어 굵은 부분이 아래로 가도록 가느다란 부분을 손으로 잡고 천천히 걸어가다 보면 낚시할 때 물고기가 입질하는 것과 같은 느낌이 손끝으로 전해오는 지점이 있는데 그곳이 수맥이 있는 곳이다. 이런 방식으로 현재의 잠자리 주변과 방 안을 조사해서 수맥파 반응이 없는 곳에서 잠을 자도록 해야 한다.

또 다른 한 가지는 각자가 스스로 잠자리가 편한지 불편한지를 느껴보고 판단하는 방법이다. 잠자는 위치가 수맥 위에 있으면 예민한 사람은 거의 잠을 자지 못하거나 잠을 자고 나도 목이나 어깨가 뻣뻣한 경우가 많게 된다.

이런 경우에는 1단계로 현재 자고 있는 위치에서 좌측이나 우측으로 30㎝를 옮겨서 1주일 정도를 자면서 몸 상태를 점검해 보도록 한다. 자리를 옮겨서 잠을 자는데도 별로 차이가 없다면 2단계로는 처음 잠자던 위치에서 옮겼던 반대 위치로 옮겨본다. 예를 들어 처음에 왼쪽으로 30㎝를 옮겼다면 이번에는 본래 잠자던 위치에서 오른쪽으로 30㎝를 옮긴 곳에서 1주일 정도를 자면서 컨디션을 확인하는 것이다. 그래도 별로 달라진 것이 없다고 생각되면 처음 자고 있던 위치에서 90° 회전하여 1주일 정도 잠을 자면서 몸 상태를 체크하도록 한다. 이런 방식으로 몇 차례만 잠자리를 옮겨보면 같은 방 안에서도 편안하게 잠을 자고 개운하게 일어나지는 잠자리를 찾을 수 있다.

정리하면 지표상의 물길에 건물을 짓고 살면 습기와 냉기로 인한 피해를 받고, 수맥파에 장시간 계속적·반복적으로 같은 부위가 노출된다면 투과력(透過力)에 의한 영향이 크다는 것을 잊어서는 아니 될 것이다.

5. 양택(陽宅)과 양택풍수(陽宅風水)

양택이란 산 사람이 머무는 건물을 총칭하는 말이다. 흔히 집이라 말하는 주택을 포함하여 사무실, 상가, 공장, 창고, 학교, 공공청사, 종교시설 등도 모두 양택이라 할 수 있다.

사람이 일생을 살면서 한 곳의 양택만을 이용할 수도 있지만 현대사회와 생활의 여건상 여러 차례 옮기는 경우도 있다. 그런데 우리 주변을 살펴보면 다수의 사람들이 양택을 옮길 때 한 번쯤은 그 양택의 길흉에 대하여 생각하는 것을 보곤 한다. 풍수를 정확히 알지는 못하더라도 어느 집은 살던 사람이 잘되는 집이 있는 반면에 어느 집은 늘어가는 사람 내부분이 좋지 않은 일을 겪는 것을 볼 수 있기 때문에 건강하고 행복한 삶을 추구하는 인간의 본성상 당연한 것이라 하겠다. 이처럼 양택과 관련된 풍수가 양택풍수가 되는 것이다.

풍수는 터에 따라 각기 다른 지기(地氣)가 산 사람의 길흉화복(吉凶禍福)에 큰 영향을 미친다고 판단하고 있다. 보국이라는 바람막이 틀이 갖추어져 장풍이 되고 용맥을 타고 전달된 지기가 분출되는 곳, 즉 혈이 있는 터는 길(吉)과 복(福)을 가져오지만, 자연 상태의 물길이나 음곡살풍(陰谷煞風)이나 돌로 팔풍(突路八風)을 받는 곳에서는 건강을 잃거나 흉한 일을 많이 겪게 되고 매사가 어려워진다고 보는 것이다.

여기에다 터의 영향보다는 미미하지만 보완적으로 건물의 배치 및 구조, 그리고 인테리어 등을 풍수 기준에 맞게 적용하여 정리한 주거환경학술(住居環境學術)이 양택풍수론이 되는 것이다.

풍수는 가장 우선시해야 할 중요한 가치가 인간의 건강과 안녕이라고 생각하는데 이것을 위해서 최적의 환경조건을 갖춘 곳을 선택하여 생활하고자 하는 것이 양택풍수가 추구하는 바이다. 따라서 풍수에서 추구하는 바와 일반인들이 인식하는 사회적 또는 경제적인 '가치'나 '가격'과는 차이가 나타나는 경우가 많다는 점도 밝혀둔다.

그리고 풍수적으로 좋은 터를 골라 이사를 하거나 집을 개조를 하면 제한적으로 어려운 집안의 상황이 개선되기도 하기 때문에 개운학(開運學)이라고도 한다.

양택풍수론은 구성요소에 따라서는 양택학(陽宅學)과 가상학(家相學)으로 구분할 수 있고, 규모에 따라서는 양기풍수(陽基風水)와 양택풍수(陽宅風水)로 구분한다.

구성요소에 의한 구분

1) 양택학(陽宅學)

사람이 살기에 적합한 곳은 좋은 지기를 받을 수 있는 곳이어야 한다. 양택학은 땅의 생김새와 물과 바람의 영향을 고려하여 사람이 살기에 적합한 터를 선택하여 살도록 하자는 풍수이론이다.

풍수적으로 가장 좋은 터는 생기가 전해지는 혈(穴)이 있는 터이지만 인

● 혈을 올바로 활용한 사례(건축 전) ● 혈을 올바로 활용한 사례(건축 후)

간이 땅의 성질을 바꿔 혈을 만들 수는 없는 것이기 때문에 혈(穴)에 건물을 짓고 사는 것이 그리 쉬운 것은 아니다.27)

이렇듯 제한된 요건 속에서 모든 사람이 혈에서 살 수는 없더라도 가급적 나쁜 터를 피하고 좋은 터를 찾는 이론을 정리해 놓은 것이 양택학인 것이다. 저자는 좋은 터를 잡는 것이 양택풍수론에서 가장 중요한 부분이라 판단하고 있다.28)

---

27) 풍수에서는 '삼대(三代)가 적덕(積德)을 해야 하나의 혈을 얻을 수 있다.'는 말을 많이 한다. 이 말은 '덕을 베풀고 좋은 일을 많이 해야 한다.'는 의미도 있지만 그만큼 혈이 귀하기 때문에 소중하다는 의미도 담겨 있는 것이다.

28) 자연 상태의 땅 성질을 인간은 어떠한 경우에도 바꿀 수 없다. 단지 인간은 풍수학술을 활용하여 좋은 성질의 터와 나쁜 성질의 터를 구분하여 좋은 터를 선택할 수는 있다.

29) 기상학은 건물의 외관이나 조형물, 출입문의 방위 등에 많은 의미를 부여하는 홍콩에서 특히 발달한 것으로 알려져 있으며, 우리나라의 풍수인들 중에서도 터를 분석하는 데 한계를 느낀 사람들이 많은 관심을 가지는 부분이다.

● 가상학-건물의 외형이나 색상 등에도 의미를 부여함

2) 가상학(家相學)[29]

사람은 일생의 대부분을 건물과 연관된 생활을 하기 때문에 지기의 영향 말고도 건물 자체의 영향을 일정 부분 받게 된다고 할 수 있다.

양택학이 좋은 터를 정리한 이론이라면 가상학은 건물의 좌향과 배치, 크기와 높이 등을 정함에 있어 풍수이론에 맞게 하여 우주의 좋은 기운을 받도록 하는 이론이다.

자연 상태의 땅 생김새가 대부분 사라진 지역에서 양택학을 적용하여 좋은 터를 잡는 것은 고도의 전문 학술 없이는 사실상 불가능한 것이다. 따라서 건물의 배치 등이라도 잘해서 좋은 천기(天氣)라도 받자는 이론이 가상학인 것이다.

● 양기풍수-도시 전체의 길흉을 따지는 집단풍수(예: 서울의 풍수)

그러나 터가 나쁘면 좌향과 배치 등 가상학을 아무리 잘한다고 하여도 사람이 평안하게 살거나 성공할 수가 없음은 주지하여야 한다.

조성규모에 의한 구분

1) 양기풍수(陽基風水)

도읍지나 신도시, 읍, 부락 등의 규모가 크고 집단을 위한 풍수가 양기풍수이다. 수도(首都)는 정치, 경제, 사회, 문화의 중심지로서 보국이 크고 명당은 평탄하여야 하고 교통이나 수리(水利)가 편리해야 한다.

신도시나 마을, 촌락 등은 수도보다는 규모가 작으나 많은 사람이 생활하고 재화가 유통되는 집단의 거주와 생활의 근거가 되는 곳이다.

● 양택풍수–양기풍수 범위 안의 각 건물에 적용하는 개별풍수(예 : 청와대의 풍수)

2) 양택풍수(陽宅風水)

통상 양택풍수는 개인의 주택이나 건물과 관련된 풍수를 말한다. 양기풍수의 범위 내에 포함된 개별적인 건물의 풍수인 것이다. 즉 도시, 마을, 아파트단지가 양기풍수가 된다면 그 안의 개개인의 주택이나 각 동과 각 호의 아파트 또는 각 빌딩들과 관련된 풍수는 양택풍수가 되는 것이다.

6. 양택풍수(陽宅風水)와 음택풍수(陰宅風水)

풍수를 어떤 용도로 활용하느냐에 따라서는 양택풍수와 음택풍수로 구

구 분	양택(건물)풍수	음택(묘지)풍수
풍수대상	산 사람이 머무는 건물과 관련한 풍수	망자의 무덤과 관련한 풍수
수혜자	소유자가 아닌 거주자에게 영향 (잉태, 출생, 성장은 예외)30)	후손에게 두루 영향
전달방식	건물에 머무는 동안 직접 영향	망자의 유골을 통한 간접 전달 (동기감응 - 동일유전자 감응)
반응시기	이사(입주)후 3개월부터 느낄 수 있음	고조, 증조 묘의 영향이 가장 큼

● 양택풍수와 음택풍수의 구분

분할 수 있다. 양택풍수는 앞에서 언급한 양택(건물)과 관련된 풍수를 말하며 음택풍수는 죽은 사람을 매장하였을 경우 묘지와 관련한 풍수의 다른 표현이다.

양택풍수나 음택풍수 모두 자연 현상과 땅의 성질에 따라 영향을 받는다는 점은 같으나 양택풍수는 건물에 머무는 사람이 직접 땅의 영향을 받는 것이고, 음택풍수는 망자의 유골을 통하여 그 망자와 유전자가 같은 후손이 영향을 받는다는 점에서 차이가 나는 것이다.

사람이 죽어 땅속에 매장을 하게 되면 살은 썩고 뼈가 남게 되는데 뼈가 놓여 있는 땅속의 기운이 좋다면 뼈가 좋은 기운을 흡수해 유전자가 같은 후손에게 좋은 기운을 전달해 주지만 뼈가 놓여 있는 곳이 나쁜 기운이 있

---

30) 양택풍수는 원칙적으로 현재 생활하는 건물(주택, 사무실, 공장, 학교 등)의 영향을 받는 것이다. 다만 잉태지, 출생지, 어릴 때 성장한 곳 등은 계속 영향을 받는다는 것이 풍수의 생각이다. 특히 출생지(생가)는 출생하는 아이의 사주와 관련이 있기 때문에 현 거주지 못지않게 중요하다.

● 도시 안에서 조화를 이루는 양택과 음택

는 곳이라면 나쁜 기운을 흡수할 수밖에 없고 이 기운이 후손에게 전달된다는 개념이다.

양택풍수는 음택풍수와 달리 직접 기운을 받으므로 빠르게 영향이 나타난다. 요즘에는 대부분의 사람들이 이사를 하는 경우에 풍수적인 터의 영향에 대하여 깊이 생각하지 않는 경우가 많으나 건강하고 행복하게 살기 위해서는 반드시 좋은 터를 선택해야 한다.

물론 올바른 풍수지식을 가진 전문가의 도움을 받으면 좋겠지만 본래 땅의 모양을 기준으로 성질을 분석할 수 있는 풍수가가 흔치 않아 그것 또한 여의치 않은 것이 현실이다. 이럴 경우 거주하면서 직접 알아볼 수 있는 방법에 대하여 저자가 연구한 사례들을 정리하도록 한다.

첫 번째는 건물(주택)이 춥게 느껴지거나 무서운 느낌이 들면 터를 의심하여야 한다. 자연 상태의 물길에 지어진 건물에서 생활하면 무서운 느낌을 가지는 사례들을 많이 볼 수 있다.

두 번째는 주택의 경우 가족들의 잠자리가 편안한지 점검을 해보아야 한다. 가족들이 예전에 살던 집에서는 잠을 잘 잤는데 새로 이사 온 집에서는 밤새 꿈을 꾸느라 깊은 잠을 자지 못한다거나 잠자면서 가위에 자주 눌리면 역시 터를 의심해 봐야 한다.

세 번째로는 가정의 분위기를 따져 봐야 한다. 전에 살던 집에 비하여 새로 이사를 한 집에서 부부간에 다툼이 잦아진다거나 갑자기 아이의 성격이 거칠어진다면 역시 터를 의심해 봐야 한다. 터가 나쁘면 너 나 할 것 없이 본능적으로 몸이 힘들어지기 때문에 사소한 일에도 서로 짜증을 내게 되어 가족관계가 나빠지게 된다.

마지막으로 이사를 한 후 집안에 사소한 사고가 연달아 발생하는 것도 풍수적인 검토를 해보아야 하는 사항이나. 예컨대 가족 중에 예기치 못한 사고가 생긴다든지 또는 갑자기 응급실에 실려 간다든지 하는 등의 소소한 사고가 불규칙적이지만 자주 발생하는 것도 예사로 넘겨서는 안 되는 것이다.

만약 집을 이사하거나 사업장을 개업 또는 이전하였을 경우에는 3개월 정도 지난 다음 3~4개월마다 뒤돌아보고 앞에서 설명한 현상들이 나타나는 동향을 예전에 살던 집과 비교를 해보면 어느 정도 그 터의 풍수적인 판단을 할 수 있는 것이다.

저자는 이런 현상들을 땅의 기운에 의해서 나타나는 일종의 신호라고 생각한다. 자연이 보내주는 이런 신호를 빨리 알아차리고 거기에 맞는 대처를 하면 더 큰 화를 피할 수 있겠으나 알아차리지 못하거나 무시하고 넘기다 보면 나중에 감당할 수 없는 더 큰 문제가 발생할 수 있는 것이다.

7. 선현들의 풍수 가르침

홍만선 『산림경제』[31]

터를 가려 집을 지을 계획을 가지고 있는 사람은 경솔하게 살 곳을 결정하여서는 안 되는데 반드시 풍기(風氣, 지세의 기운)가 모이고 앞뒤가 안온하게 생긴 곳을 선택해야 한다.

무릇 주택지는 뒤에는 산이 있고 앞에는 넓고 트인 명당이 있으면 가장 좋으나 물 나가는 곳은 긴속(緊束, 꽉 졸라 묶임)하여야 한다.

또한 청룡, 백호, 주작, 현무가 보국을 갖춘 곳이 가장 좋으나 청룡과 백호가 긴박(緊迫)하게 가까이 있는 것은 피해야 한다.

터는 양명하며 흙이 윤기가 있고 기름진 곳은 길하나 건조하여 윤택하

---

[31] 홍만선 著 재단법인 민족문화추진회 譯, 『국역 산림경제Ⅰ』, 1967, 민문고, pp.29-31. 홍만선(洪萬選, 1643년~1715년)은 조선 후기의 실학자로 1666년(현종 7년) 진사시(進士試)에 합격하고, 1682년(숙종 8년) 30세에 음보(蔭補)로 벼슬길에 올라 의금부도사 부평부사, 상주목사 등을 역임하였다. 유형원(柳馨遠)과 동시대의 인물로서 주자학(朱子學)에 반기를 들고 실용후생(實用厚生)의 학풍을 일으켜 실학 발전의 선구적 인물이 되었다. 『산림경제(山林經濟)』는 농가경제 및 기술(技術)에 관한 종합교본(綜合敎本)이나 간행을 보지 못한 채 전사본(轉寫本)으로 전해오다가 저술된 지 약 50년 후인 1766년(영조 42년) 유중림(柳重臨)에 의하여 『증보산림경제(增補山林經濟)』로 증보되었고, 이 저술을 바탕으로 서유구(徐有榘)의 『임원경제지(林園經濟志)』가 저술되게 된다.

지 아니한 곳은 흉하며, 물맛은 감미로워야 한다.

주택의 주변에 탑, 무덤, 절, 사당, 신사, 대장간, 옛 군영터, 전쟁터, 큰 성문입구, 산등성이가 곧바로 치고 들어오는 곳, 흐르는 물과 맞닿은 곳, 주변의 물길이 모여 나가는 곳, 초목이 나지 않는 곳 등은 살 곳이 못 된다.

이중환 『택리지』[32]

무릇 사람이 살 곳을 택할 때에는 첫째, 지리(地理)가 좋아야 하고, 다음 생리(生利)가 좋아야 하며, 다음은 인심(人心)이 좋아야 하며, 또 다음은 아름다운 산과 물이 있어야 한다. 이 네 가지에서 하나라도 모자라면 살기 좋은 땅이 아니다. (중략)

지리를 볼 때는 첫째, 수구(水口)가 꽉 닫힌 듯하고 그 안에 들이 펼쳐진 곳을 구해야 한다. 만약 수구가 넓게 열려있고 텅 비어 있으면 사람과 재물이 흩어지고 망하게 된다.

둘째, 수구 안쪽에 양명한 기운을 받을 수 있는 넓고 평평한 들판이 있는지 들판의 형세, 즉 야세(野勢)를 살펴야 한다. 이런 곳에서 인재가 많이 나고 질병도 적게 된다. 만약 집터 주변 사방의 산이 높아서 하늘이 좁게 보이며 북두칠성이 보이지 않는 곳은 양명한 빛을 적게 받으므로 사람들이 쉽게 질병을 얻는다. 그러나 높은 산에 둘러싸인 곳이라도 넓은 들이

---

[32] 이중환 著 이익성 譯, 『택리지』, 1993, 을유문화사, pp.121-124. 이중환(李重煥, 1690~1752)은 조선후기의 실학자로 성호 이익의 재종손(再從孫)으로 그의 문하에서 학문을 배워 실사구시의 학풍을 이어받았다. 이중환은 1722년(경종 2년)의 임인옥사(壬寅獄事)와 관련되어 1726년 절도에 유배되었다가 풀려난 후 전국 각 지역의 교통, 지리, 문화, 인물, 특산물 등을 정리하여 인문지리서인 『택리지(擇里志)』 異名 『팔역지(八域誌)』를 저술하였다.

있다면 좋은 터가 될 수 있다.

셋째, 산의 모양, 즉 산형(山形)은 마을 뒤 주산이 수려하고 단정하며 청명하고 아담한 것이 제일로 좋고, 뒤에서 내려온 산맥이 들판을 지나 계속 이어지다가 높고 큰 봉우리로 솟아나고, 지맥(支脈, 사신사)이 감싸 돌면서 동부(洞府, 신선이 사는 곳)를 만들어 궁성 안에 들어온 기분이 나며, 주산이 중후하고 부드러워 큰 집이나 궁전 같으면 그 다음이다.

또 산맥이 평지에 뻗어 내렸다가 물가에 그쳐서 들판 터를 만들고 사방의 산이 멀리 있어서 평탄하고 넓은 것이 또 다음이나 산의 내맥(來脈)이 약하고 산의 모양이 부서지고 비뚤어진 곳은 가장 꺼리는 곳이다.

넷째, 토색(土色)을 살펴야 하는데 흙이 조밀하고 단단하고 밝으면 우물이나 샘물이 맑고 차서 살 만한 터이나, 붉은 찰흙(赤粘)과 검은 자갈(黑礫), 황토(黃細) 등은 죽은 흙이며 이러한 땅에서 나는 물은 풍토병에 걸리기 쉬워서 살 곳이 못 된다.

다섯째, 물이 없는 곳은 살 곳이 못 되고, 또한 물의 들고 나감이 지리에 합당하여야 정기를 모아 길함이 이루어지기 때문에 수리(水理)를 살펴야 한다. 물은 재록(財祿)을 맡은 것이므로 큰 물가에 유명한 마을과 부유한 집이 있다. 비록 산중이라도 계곡물이나 시냇물이 모이는 곳이라야 오랫동안 살 수 있는 터가 된다.

여섯째, 산은 멀리서 보아 맑고 빼어나 보이고 가까이서 볼 때 깨끗하여 보는 이의 기분을 좋게 하면 길한 것이다. 그러나 마을의 전후좌우 조산(朝山)에 추악한 돌로 된 봉우리가 있거나, 비뚤어진 외로운 봉우리가 있거나, 무너지고 떨어지는 형상이 있거나, 엿보고 넘겨보는 모양이 있거나, 괴이

한 바위가 있거나, 긴 골짜기로 된 충사(沖砂)가 전후좌우에 보이면 살 수 없는 곳이다.

일곱째, 물 너머의 물을 조수(朝水)라 하는데 작은 시냇물이 거슬러 들면 길하나 큰 강이나 하천이 거슬러 드는 곳은 집터나 묘터를 논할 것 없이 쓸 수 없다. 이런 곳은 처음에는 흥왕하여도 오래되면 패망하지 않는 곳이 없다. 또 들어오는 물은 길고 멀리서 구불구불하게 들어와야 하며 일직선으로 곧게 들어오는 것은 좋지 않다.

서유구 『임원경제지』[33]

터를 잡아 집을 짓고자 하는 사람은 먼저 지리를 잘 선택해야 하며 주거지를 경솔하게 결정해서는 안 되는 것이다.

첫째, 주거지 선택에는 기술이 있는데 무엇보다 풍기가 모여 갈무리되는지 여부와 면배가 안온한지를 잘 살펴야 한다.

둘째, 산을 등지고 호수를 내려다보는 지형이 가장 빼어난 곳이기는 하나 반드시 수구에 나성(羅星, 수구에 둥근 산이나 언덕이 솟아 있는 것)이 있어 주밀하게 막혀야 한다.

---

[33] 서유구 著 안대희 譯, 『임원경제지(林園經濟志), 書名 산수간에 집을 짓고』, 2005, 돌베개, pp.98-191. 서유구(徐有榘, 1764~1845)는 서울에 살면서 중앙 핵심 관직에 진출한 대표적인 경화거족(京華巨族) 가문 중의 하나로 '농학'을 가학으로 전수하는 가문으로 이조판서를 역임한 아버지 서호수(徐浩修)는 『해동농서(海東農書)』를 지었고 1806년부터 1824년까지 18년에 걸쳐 아들 서우보(徐宇輔)의 도움을 받으며 『임원경제지(林園經濟志)』를 저술하였다. 『임원경제지』는 조선의 농업과 일상생활경제를 집대성한 책이라 할 수 있으며 『산림경제(山林經濟)』, 『택리지』, 『증보산림경제』 등 여러 문헌을 발췌하여 수록하는 형식을 취하였고 본문 끝에 그 문헌을 밝혔다. 이 책에서는 『임원경제지』의 내용 중에서 『택리지』에서 발췌한 내용을 제외한 것 중에서 저자가 공감하는 부분만을 요약·정리하였다.

셋째, 주변의 산은 높더라도 험준하게 솟은 정도가 아니고, 낮더라도 무덤처럼 가라앉은 정도는 아니어야 한다. 동산은 완만하게 이어지면서도 한곳으로 집중되어야 좋고, 들판은 널찍하면서도 빛이 잘 들어야 한다. 또한 사방의 산들이 고압(高壓)하는 형상의 터는 절대 피해야 하고, 사방 어디든지 요풍(凹風)이 불어오면 기운이 흩어져서 좋지 않다.

넷째, 집 주변에는 남새밭이 있어야 하고 남새밭 옆에는 논밭이 있고 논밭의 가장자리에는 물을 댈 수 있는 냇물이 있어야 한다.

다섯째, 보국 안에는 여러 집이 있어서 도적에 대비하고 생활필수품을 쉽게 조달할 수 있어야 한다.

여섯째, 집은 화려하더라도 지나치게 사치의 정도는 아니어야 좋다.

일곱째, 인가와 거처는 높고 청결해야 길하며 주택은 평탄한 곳에 자리 잡아서 좌우가 막히지 않은 곳이 좋다.

십승지(十勝地)

일반적으로 풍수를 이야기할 때 십승지를 떠올리는 경우가 많은데 정확한 의미의 십승지란 큰 재난을 피하고 살 수 있는 곳을 말한다. 지형적으로 분석을 해보면 깊은 산속이며 높은 산으로 둘러싸여 있는 곳으로, 산을 넘어 들어가기에는 어려움이 많아 긴 계곡을 따라 거슬러 올라가야만 동네에 당도하는 곳이다.

산으로 둘러싸인 마을 안에는 먹고살 수 있을 정도의 제법 넓은 전답이 있어 외부에서 식량을 조달하지 않아도 생존이 가능하고 웬만한 가뭄에도 주변의 산에서 내려오는 물로 농사를 지을 수 있기 때문에 가뭄으로 인

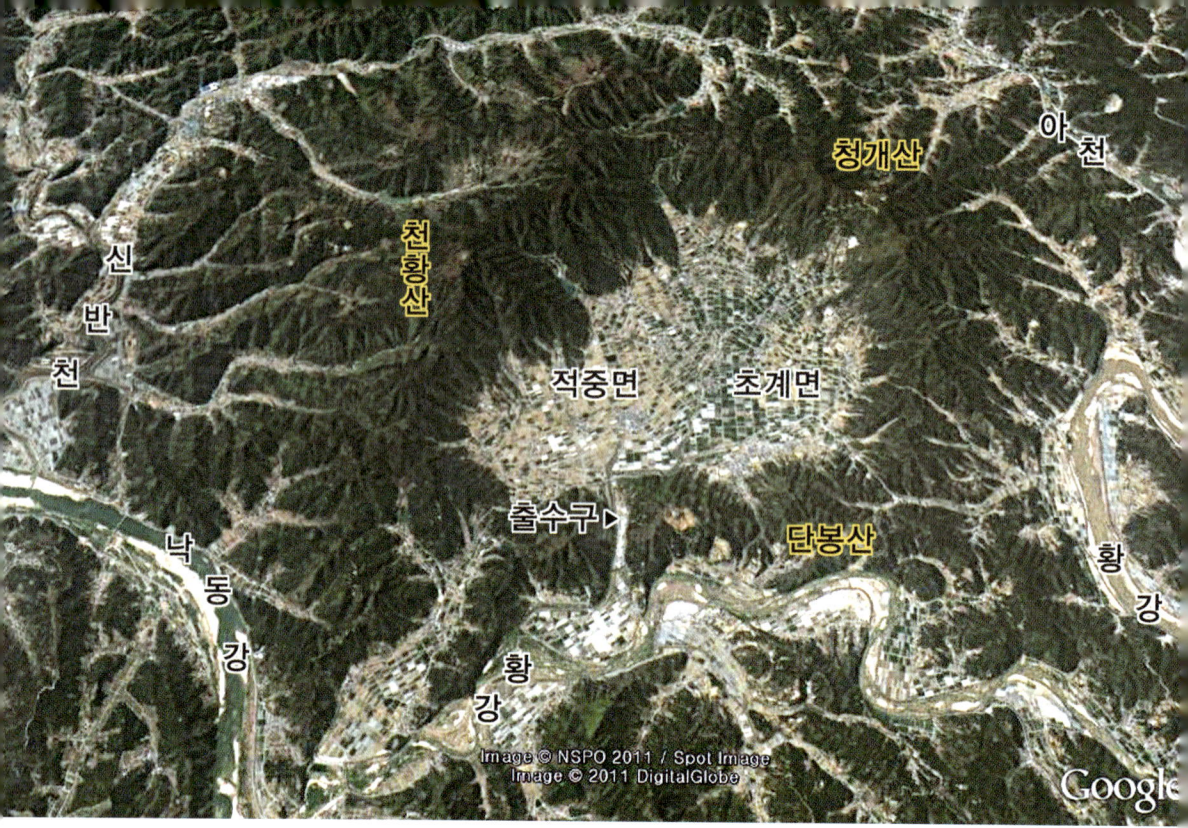

● 십승지의 전형-경남 합천군 초계면과 적중면(천황산, 청개산, 단봉산이 환포)

한 흉년을 걱정하지 않아도 되는 곳이다.

또한 이러한 지형은 공기가 깨끗하고 외부인의 출입이 빈번하지 않으므로 전염병이 쉽게 오지 않기 때문에 크게 질병 걱정을 하지 않아도 된다.

그리고 전쟁이 나도 외부와 격리된 지역이기 때문에 군대의 출입이 수월하지 않아 피해를 덜 입게 되고 만약 군대가 들어올 경우에는 주변의 산 속으로 피신을 하여 인명이 상하는 것을 피할 수 있는 것이다.

이처럼 흉년, 전염병, 전쟁 등 세 가지 악재가 들어올 수 없는 땅이 십승지이며 이를 삼재불입지지(三災不入之地)라 부르기도 한다.

앞에서 설명하였듯이 풍수에서 말하는 가장 좋은 터는 혈(穴)이 있는 곳인데, 십승지는 사방의 산이 둘러싸 장풍의 기본 조건을 갖춘 곳이기는 하지만 그렇다고 그 안의 모든 땅이 혈인 것도 아니고 혈이 깊은 산속에만 있는 것이 아니기 때문에 십승지와 풍수적인 좋은 터가 반드시 일치하는 것은 아니다.

『정감록』[34] 등의 고서에서는 강원 영월 정동 상류지역, 경북 봉화 춘양 일대, 충북 보은 난중항 일대, 충남 공주 유구 마곡, 경북 풍기 차암 금계촌, 경북 예천 금당동 북쪽, 경남 합천 가야산 남쪽 만수동, 전북 무주 덕유산 아래 방음, 전북 부안 변산 동쪽, 전북 남원 운봉 동점촌 등을 십승지라고 기록하고 있으나 현재는 도로나 터널이 뚫리고 통행과 왕래가 수월해졌기 때문에 옛날 개념의 십승지는 존재하지 않는다고 보아야 한다.

---

[34] http://www.naver.com 지식백과. 조선 중기 이후 민간에 성행하였던, 국가운명·생민존망(生民存亡)에 관한 예언서·신앙서. 『정감록』의 원전 격인 『감결』은 조선의 선조인 한륭공(漢隆公)의 두 아들 이심(李沁)·이연(李淵)과 조선 멸망 후 일어설 정씨(鄭氏)의 조상이라는 정감(鄭鑑)이 금강산에서 마주 앉아 대화를 나누는 형식으로 엮어져 있다. 그 내용은 조선 이후의 흥망대세(興亡大勢)를 예언하여 이씨의 한양(漢陽) 도읍 몇백 년 다음에는 정씨의 계룡산(鷄龍山) 도읍 몇백 년이 있고, 다음은 조씨(趙氏)의 가야산(伽倻山) 도읍 몇백 년, 또 그다음은 범씨(范氏)의 완산(完山) 몇백 년과 왕씨(王氏)의 재차 송악(松嶽:개성) 도읍 등을 논하고, 그 중간에 언제 무슨 재난과 화변(禍變)이 있어 세태와 민심이 어떻게 되리라는 것을 차례로 예언하고 있다. 저작 시기를 고려 초 혹은 조선 초로 추정하기도 하지만, 대체로 조선 중기 선조 대 이후 특히 임진왜란과 병자호란 이후에 나타난 것으로 여겨진다.

중요 풍수격언

▶ 기 승풍즉산 계수즉지(氣 乘風則散 界水則止)

　　기는 바람을 타면 흩어지고 물을 만나면 멈춘다.

이 개념은 혈에서 분출되는 지기는 외부에 노출되면 흩어져 버리므로 건물이 깔고 앉아야 하고 벽이 제대로 만들어져야 한다는 의미이다.

▶ 용관인정 수관재물(龍管人丁 水管財物)

　　음(陰)인 용(산)은 자손을 관리하고 양(陽)인 물은 재물을 관리한다.

용은 자손의 번창과 관련이 있고 물은 재물의 많고 적음과 관련이 있다는 의미이다.

▶ 고일촌산 저일촌수(高一寸山 低一寸水)

　　한마디만 높으면 산이 되고 한마디만 낮아도 물길이 된다.

땅은 작은 높낮이에 따라 능선이 되기도 하고 물길이 되기도 하므로 땅을 살필 때는 주의 깊게 자세히 관찰하여야 한다는 의미이다.

▶ 용수동거 용간계 계간용(龍水同去 龍間溪 溪間龍)

　　용과 물은 같이 흘러간다. 두 능선 사이에 물길 있고 두 물길사이에 능선 있다.

두 능선 사이에는 물길이 있고 두 물길 사이에는 능선이 있다는 말로 누구나 알고 있는 평범한 진리이지만 양택에서 지형을 분석할 때 기억하고 적용하면 많은 도움이 되는 격언이다.

제2장 풍수를 적용한 택지개발(터잡기)

최근 비약적인 경제발전을 이루면서 인류는 그 유례를 찾을 수 없을 정도로 편리하고 풍요로운 생활을 하고 있음에도 불구하고 더 나은 삶을 추구하고 있다.

그와 더불어 최신의 과학기술로 개발된 장비를 부동산개발에 적극 이용하면서 어떠한 불가능도 없는 것처럼 착각과 오만에 빠져 있다.

이 같은 위험천만한 생각이 널리 퍼지면서 자연스럽게 여러 가지 환경문제가 대두되게 되었다. 크게 보면 지나친 화석연료의 사용으로 오존층에 구멍이 뚫리고 그로 인하여 지구 온난화가 생겨 지구 곳곳에서 이상기후가 나타나는 등의 문제가 발생하고 있다.

풍수적으로 구분되는 땅의 위치별 성질은 전혀 고려하지 않은 채 능선을 깎고 골을 메워 택지나 공장용지 등을 확보하거나 각종의 도로교통망을 확충하는 과정에서 산줄기를 자르고 뚫는 형태가 당연한 것으로 받아들여지고 있는 실정이며 이로 인하여 물길과 바람길이 바뀌어 나중에 커다란 문제가 발생한다는 점을 모르고 있는 것이다.

물론 경제성과 편리성을 감안하면 이러한 개발행위는 부득이한 일이라 할 수도 있으나 풍수적으로 분석한 땅의 성질과 자연의 중요한 요소 가운데 하나인 물과 바람의 영향을 무시하고 터를 잡고 건물을 짓는 것은 국가

사회전체에 재앙이 되어 돌아온다는 것을 간과해서는 안 될 것이다.[1]

땅의 개발과 이용이 인간의 건강하고 행복한 생활에 도움이 되려면 풍수에서 주장하는 자연을 정교하게 살펴서 조화롭게 어우러지는 방법을 찾아야 한다. 인간의 무지와 오만에 의해 잘못 이용되는 자연은 반드시 우리에게 대가를 치르게 한다는 것을 결코 잊어서는 안 될 것이다.

땅의 개발과 이용과정에서 고려해야 할 가장 중요한 사항은 땅의 위치별 성질을 파악하는 것이라는 점을 강조하고자 한다. 앞에서 설명하였듯이 땅은 위치별로 성질이 다르기 때문에 생기가 분출되는 혈은 반드시 활용하고 건물을 앉히기에 적합하지 않은 성질의 부분에는 가급적 건물을 짓지 않도록 하여야 한다.[2]

건물 지을 터를 잡는 데 있어서 가장 중요하게 고려해야 하는 것은 도랑이나 계곡 등 자연 상태 지표상의 물길과 지맥이 통과하는 능선의 등성이 부분이다. 이 두 부분은 풍수적으로 보면 가장 좋지 않은 곳이기 때문에 가능하면 건물이 닿지 않도록 하여야 한다.

태초에 물길이었던 터는 땅의 성질이 습하고 차갑기 때문에 물길에 지어진 건물에서는 영향을 직접 받고 빠르게 나타난다. 설사 건축을 하면서

---

1) 터가 좋지 않은 곳에서 나타나는 질병, 사고, 가정불화, 사업실패 등 저자가 접했던 사례들을 보았을 때 각 개인에게는 신체적 또는 정신적 고통과 경제적 어려움이 문제가 되고 여기에서 발생되는 기회비용이 국가나 사회적으로도 큰 손실이 된다. 예를 들면 어느 개인이 질병이나 사고로 경제활동을 못하게 되었다면 개인은 수입활동을 하지 못하면서 치료비를 지불하게 되어 경제적으로 이중의 부담을 지게 되며, 국가나 사회적으로도 생산이 줄고 지출이 발생하게 된다는 것이다.

2) 저자는 풍수에서 터의 영향이 90% 이상이고 건물의 외형이나 배치, 조경 및 인테리어는 모두 합해 10% 정도의 영향을 준다고 판단하고 있다. 따라서 혈이 있는 좋은 터를 선택하면 건축이나 인테리어 등이 다소 미흡해도 이겨내지만 터가 나쁘다면 건물의 구조나 배치, 조경과 인테리어 등이 풍수이론에 완벽하게 부합하더라도 결국은 좋지 않은 상황을 맞게 된다고 본다.

방수공사를 철저히 하였다 하더라도 건물터의 근본에서는 계속적으로 습하고 차가운 기운이 올라오기 때문에《가위눌림》,《환시·환청》,《중대한 건강상 문제》,《가정불화》,《사업상 문제》등의 사례를 많이 볼 수 있다.

과룡처란 계속해서 흘러가고 있는 능선의 등성이를 말하는데, 과룡처는 땅속의 지기가 흘러가며 나타나는 영향으로 사람의 몸과 마음을 안정시키지 못하여 가정불화와 잦은 질병치레를 하게 된다. 옛날부터 전해오는 풍수격언에는 음택풍수와 관련하여 '과룡지장 삼대내 절향화(過龍之葬 三代內 絶香火)'라 하여 극도로 흉하고 두려운 자리로 여기고 있으며, 일반에서 '터가 센 집'이라 하는 곳은 대개 과룡처에 있는 집을 말하는 것이다.

땅은 겉모양이 바뀐다 해서 속 성질이 바뀌는 것이 아니다. 마치 사람들이 마음에 들지 않는 부위를 성형수술을 해서 외모가 좋아졌어도 나중에 2세를 낳으면 성형 전 부모의 모습을 닮은 아이가 태어나듯이 땅도 태초에 위치별로 정해진 성질은 겉모습이 깎이거나 메워지고 또는 평탄하게 바뀐 다음에도 그대로 품고 있게 된다는 것이다.

정리하자면 자연 상태의 물길은 땅의 잠재적 성질이 습하고 차갑기 때문에 어떠한 경우에도 건물이 닿지 않아야 한다. 또 지맥이 있는 생룡의 등성이는 땅의 기운이 계속 흘러가는 과정에 있어 터의 기운이 안정되지 않은 곳이기 때문에 역시 피해야 한다.[3]

일단 건물이 완성되고 나면 그곳이 풍수적으로 적합하지 않다 하여 이

---

[3] 저자가 제시하는 기준은 하나의 모범답안이라고 보면 된다. 현실적으로 개발이익이 최우선 목표가 되는 경우가 대부분이므로 모든 개발현장에서 완벽하게 적용하는 것은 불가능하겠지만 풍수가 자연 환경을 올바르게 알고 활용하는 것이라는 점을 인식하고 적용한다면 장기적으로 국가나 사회에 공헌을 하게 된다고 생각한다.

미 지어진 건물을 허는 것이 현실적으로 불가능하기 때문에 처음부터 땅의 위치별 성질을 알고 가급적 좋은 터에 건물을 지을 수 있도록 하는 것이 가장 중요하다 하겠다.

1. 대규모 택지조성 시 고려해야 할 풍수

인류가 수만 년의 주거역사를 가지고 있지만 특별히 수도를 옮긴다거나 집단으로 이주를 하는 등의 경우를 제외하고는 한꺼번에 대규모의 택지를 조성하는 일을 한 것은 겨우 백여 년 전부터 시작되었다고 볼 수 있다.

예전에는 주로 자연이나 야생동물 또는 주변의 적들로부터 좀 더 안전하게 살아갈 수 있는 터를 찾아 개개인이 삽이나 지게 등 단순한 도구를 사용하여 약간 다듬은 다음 건물을 짓고 생활하였으나 오늘날에는 도시의 규모가 확대되면서 많은 인구가 서주할 주택이 필요하게 되었고, 이런 필요에 따라 대규모의 택지가 조성되고 집단의 주거지가 조성되는 사례가 급증하였다.

이처럼 새로운 택지를 조성하는 경우에 활용되는 땅은 농지나 임야의 형질을 변경하기도 하고 기존의 주택지를 헐어내거나 때로는 묘지를 활용하기도 한다.

그런데 이러한 택지조성작업은 거주하는 사람의 건강과 평안을 추구하기보다는 대부분 경제성을 우선으로 하기 때문에 풍수적으로 판단하는 터의 길흉을 따지는 경우는 거의 없다. 따라서 능선을 깎고 골짜기를 메

● 개발 시작 전

● 택지조성 공사 중

● 건축 공사 중

● 건축 완료

워서 터를 조성하다 보니 많은 건물들이 물길이나 과룡처에 지어지고 있는 실정이다.

   여기서 저자는 풍수원칙에 부합하는 택지를 조성하기 위한 대원칙을 제시하고자 한다. 흔히 경제성을 맞추기 위해서는 풍수를 적용하거나 반영할 수 없다는 선입관을 가지고 있으나 도시를 설계하고 택지를 조성할 때 아래의 세 가지 생각만 버린다면 풍수적으로 친환경적인 도시를 만들 수 있다.

첫 번째로 반듯반듯한 바둑판 모양의 도시를 만들겠다는 생각을 버려야 한다. 자연 상태의 땅은 능선이든 물길이든 대부분 구불구불하기 때문에 바둑판 모양의 도시, 직선형의 도로, 사각형의 부지를 만들어야 한다는 강박관념을 버린다면 얼마든지 풍수적으로 좋은 도시와 건물을 설계하고 건축할 수 있다는 점을 먼저 밝혀둔다.

두 번째는 규모가 큰 건물의 경우에 전체가 하나로 된 건물로만 지어야 한다는 생각을 버려야 한다. 우리나라의 지형에서는 아주 폭이 넓은 능선이 많지 않기 때문에 건물을 한 덩어리로 크게 짓기 위해 건물의 폭을 넓게 하거나 길이를 길게 하면 능선의 좌우에 따라오는 물길을 피할 수 없게 된다.

만약 건물이 물길에 닿게 지어지면 건물 전체에 습기와 냉기가 전달되어 나중에 문제가 발생하게 된다. 따라서 하나의 큰 건물을 짓는 것보다는 물길이었던 부분은 띄워서 건물을 짓고 나중에 통로를 연결하여 사용하는 것이 물길의 피해를 줄일 수 있는 방법이라고 본다.

세 번째로는 남향으로만 건물의 방향을 정해야 한다는 생각을 버려야 한다. 풍수적으로 좋은 건물은 남향 건물이 아니라 좋은 성질의 땅에 지어진 건물이다. 물론 자연지형상 남향을 할 수 있으면 더할 나위 없이 좋겠지만 동향이나 서향 심지어는 북향을 하여야 풍수의 원칙에 맞는 지형이 있는데 굳이 남향만을 고집하면 남향을 해서 얻는 이익보다 훨씬 더 큰 피해를 입을 수 있다는 것을 명심해야 한다.

앞에서 제시한 원칙에 맞게 도시나 주거지를 만들기 위해서는 능선이나 물길 등 자연 상태의 땅 모양이 훼손되지 않은 상태의 지표상에 나타난 물길과 능선의 과룡처에 위치를 표시하여 이 부분은 공원이나 도로로

● 자연 상태의 물길을 잘 활용한 택지개발 사례(경기 수원시 금곡지구)

● 자연 상태의 물길에 건축된 사례

● 광교신도시(구글 위성사진)

사용하고 건물이 세워지지 않도록 도시설계를 하는 것이 바람직하다.

만약 이미 자연 상태의 땅 모양이 대부분 사라진 경우, 예컨대 평야나 도시 재개발을 하는 경우에는 우선 육안으로 지표상의 물길이 있던 부분을 찾고 최종적으로는 지표하의 수맥체계를 확인하여 건물이 들어서서는 안 되는 물길이나 과룡처 부분을 명확히 한 후에 설계와 공사가 진행되어야 한다.

여기서는 앞에서 제시한 세 가지의 기준을 가지고 경기 광교신도시와 경북도청 이전 예정지인 경북 안동·예천 지역을 사례로 실제 현장에서 어떻게 풍수를 적용할 수 있는지를 분석해 본다.

경기 광교신도시는 수원시 매탄동, 이의동, 원천동과 용인시 상현동, 영

● 경기 광교신도시 배치도4)

덕동 일대 11,301,699㎡가 2004년 6월 택지개발예정지구로 지정되어 2012년 1월 현재 택지조성공사는 마무리 단계이고 일부 아파트 건축공사는 상당한 진척을 보여 입주를 한 단지도 있다.

[표-1]에서 알 수 있듯이 광교신도시의 전체 면적 11,301,699㎡ 중에서

---

4) 출처 : 경기도시공사 홈페이지(http://www.gwanggyonewtown.or.kr)

건물이 지어지는 용도로 정해진 부지면적은 4,120,274㎡로 전체 면적의 36.46%이나 각 부지 안에 실제로 건물을 지을 때는 건폐율이5) 적용되어 건물의 1층 바닥면적은 부지면적보다 훨씬 적은 2,310,363㎡(전체면적대비 20.44%)가 되는 것이다. 이 내용을 바꾸어 설명하면 전체 부지면적의 약 80%인 8,991,336㎡에는 건축물을 짓지 않는다는 것이 된다. 이처럼 전체 부지 면적 중에서 실제 건물이 지어지는 면적은 크지 않으므로 이것을 잘 활용하면 풍수적으로 가장 나쁜 터에 해당하는 자연 상태의 물길과 과룡처는 피하고 적어도 피해가 없는 터에 건물을 지을 수 있다는 것이다.

앞에서 보았듯이 광교신도시의 경우 전체 면적의 약 80%(8,991,336㎡)정도가 건축물을 짓지 않게 되는 땅이므로 자연 상태에서 물길이나 과룡처인 부분은 건물을 짓지 않도록 도시설계를 해도 아무 문제가 없는 것이다.

먼저 공원에 대해 생각해 보자. 여러 종류의 공원면적이 전체부지면적의 41.86%(4,731,170㎡)나 되므로 택지지구 안의 물길 대부분을 공원으로 조성하면 될 것이다. 광교신도시의 경우 실제 공원으로 조성되는 지역이 크게 3구역으로 나뉜 형태이다. 비교적 큰 산줄기의 일부분을 공원으로 남겨둔 것이다. 그러나 이렇게 만든 공원보다는 구불구불한 자연 상태의 물길을 따라 개천을 정비하고 양옆에 숲과 산책로를 함께 만들면 풍수이

---

5) 건폐율이란 대지면적에 대한 건축면적의 비율을 말한다. 예를 들어 대지 면적이 1,000㎡일 때 건폐율이 50% 이하라면 건물의 1층 바닥면적은 500㎡이하가 되어야 한다는 뜻이다.

6) [표-1]의 자료는 저자가 신도시 개발과정에서 전체 부지 중에서 건축물이 지어지는 면적을 알아보고 이를 바탕으로 땅의 위치별 성질에 따른 활용이 가능한지를 분석하기 위하여 경기도시공사 홈페이지(http://www.gwanggyonewtown.or.kr)의 자료를 활용하여 작성하였으며 상업용, 공공용 건축물의 건폐율은 상한선을 적용한 것이며 비건축용 토지는 유사한 용도를 묶어 정리한 것임.

구 분		면적 (㎡)	비율 (%)	건폐율 (%)	건폐율 반영		비고
					면적(㎡)	비율(%)	
총면적		11,301,699	100.00	—	—	—	
건축용토지	주거용 공동주택	1,748,536	15.47	50%이하	874,268	7.74	연립, 아파트
	주거용 단독주택	265,012	2.34	60%이하	159,007	1.41	
	주거용 근린시설	105,206	0.93		63,123	0.56	
	상업용 주상복합	198,355	1.76	70%이하	138,848	1.23	
	상업용 업무복합	167,951	1.48		117,565	1.04	
	상업용 상업시설	158,611	1.40		111,027	0.98	
	공공용 학교부지	394,361	3.49	50%이하	197,180	1.74	
	공공용 도시지원	389,189	3.44	60%이하	233,513	2.07	
	공공용 공공청사	260,911	2.31	60%이하	156,546	1.39	업무시설, 업무복합
	공공용 문화복지	166,361	1.47	60%이하	99,817	0.88	종교, 컨벤션, 문화복지, 의료
	공공용 기 타	265,781	2.35	60%이하	159,469	1.41	수도, 가스, 하수, 집단에너지 등
	소 계	4,120,274	36.46	—	2,310,363	20.44	
비건축용토지	공원용지	4,731,170	41.86				공원, 녹지, 유원지, 하천 등
	도로용지	1,623,889	14.37				도로, 보행자도로
	교통광장	284,025	2.51				
	철도용지	163,087	1.44				
	기 타	97,859	0.87				
	소 계	6,900,030	61.05				
유보지		281,395	2.49				

● [표-1] 광교신도시 토지이용계획안6)

● 광교신도시 택지개발공사 초기 모습

론에도 맞고 어느 건축물에서나 바로 접할 수 있어 훨씬 친밀감을 느끼는 공원이 될 것이다.

다음으로 도로에 대하여 생각해 보자. 광교신도시의 도로면적은 전체 부지면적 1,623,889㎡의 14.37%이다. 이것은 차도나 인도로 사용될 순수한 공용의 도로부지만 표시된 것이며, 건축용 부지안의 도로는 포함되지 않은 것이어서 실제 도로부지는 더 많다고 볼 수 있다.

풍수적으로 땅의 성질을 따져 용도를 정하는 데 있어서 도로는 능선의 등성이 부분을 활용하는 것이 좋다. 생룡 능선의 등성이는 지맥이 있는 과룡처가 되기 때문에 자연 상태의 물길 다음으로 좋지 않은 부분이며 무

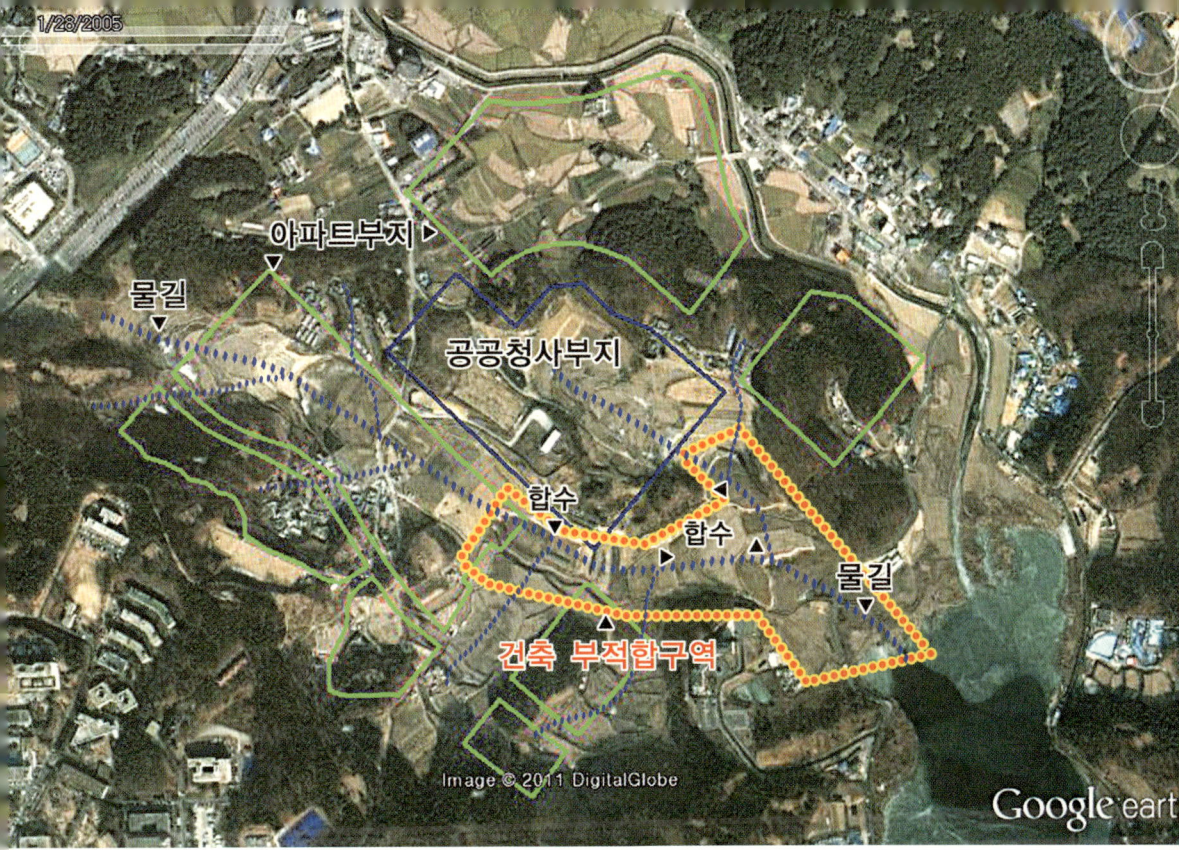

● 자연 상태의 물길이었기 때문에 공원이나 도로를 설치해야 할 부분(건축 부적합구역)

맥지의 등성이인 경우는 땅의 성질에 의해 입는 피해는 없지만 나중에 건물이 지어지면 수맥들의 간격이 촘촘하기 때문에 수맥을 피해 잠자리를 잡는 것이 쉽지 않기 때문이다.

이렇게 자연 상태의 물길 주변에는 공원이나 도로를 조성하고 능선의 등성이 부분을 활용하여 도로를 만들면 전체부지면적의 56.23%(6,355,059㎡)가 사용되게 된다. 나머지 43.77%(4,946,640㎡)의 땅에 먼저 건물이 지어지는 부지를 배정하면 풍수적으로 주의를 기울여야 하는 땅에 건물이 지어질 확률이 줄어들게 되는 것이다.

위 위성사진의 도시설계를 보면 풍수를 전혀 고려하지 않았기 때문에

형기풍수 77

주거용이나 공공용의 건물이 세워질 구역 안에 물길이 지나는 것을 볼 수 있다. 최근에는 부지의 지하 전체에 주차장을 만드는 경우가 많아서 물길이 구역 안을 관통하게 되면 물길의 습기와 냉기의 영향이 단지 안의 모든 건물에 미치게 된다.

이처럼 큰 물길이 지나는 곳에 단지를 배치하는 것도 문제가 되지만 특히 '건축 부적합구역'으로 표시된 지역처럼 주변의 물길이 합쳐지는 곳은 절대로 건물이 들어서면 안 된다는 점도 주지하여야 한다.[7]

앞에서 공원이나 도로를 만드는 데 물길과 능선 등성이 부분을 배정하였으나 여기서 언급하는 물길이나 산등성이는 비교적 규모가 큰 것들이다. 큰 규모의 건축(주거용, 상업용, 공공용 등 모두 포함)을 위하여 만들어지는 부지 안에는 크고 작은 능선과 물길이 함께 있으므로 세심한 주의를 기울여 터를 조성하여야 한다.[8]

이제부터 양택풍수에서 가장 중요한 주거용 건축물에 대하여 알아보도록 한다. 먼저 공동주택의 경우는 부지면적은 1,748,536㎡(전체면적대비 15.47%)이나 건폐율 50%를 적용하면 실제로 아파트 1층이 땅에 닿는 면적은 874,268㎡(전체면적대비 7.74%)가 되는 것이다. 신도시조성사업의 주된 목적이 많은 주택의 공급에 있으므로 단독주택의 경우는 공동주택에 비하여 면적이 적은 편이다. 부지면적은 265,012㎡(전체면적대비 2.34%)이나

---

7) 여기서는 광교신도시의 한 구역을 표본으로 하였을 뿐 이곳을 제외한 광교신도시의 다른 구역은 문제가 없다는 것은 아니다.

8) 자연 상태의 능선이나 물길은 큰 것만을 의미하는 것이 아니다. 풍수의 '고일촌산(高一寸山) 저일촌수(低一寸水)'라는 격언은 땅의 작은 높낮이 차이가 성질과 관련이 있다는 것을 의미하는 것으로 작은 능선이나 작은 물길도 가볍게 보아서는 안 된다는 뜻이다.

• 풍수를 최대한 바르게 반영한 사례(대전 유성구 학하지구 아파트)

건폐율 60%를 적용하면 실제로 모든 단독주택의 1층이 땅에 접하는 면적은 159,007㎡(전체면적대비 1.41%)가 되는 것이다.

여기서 건폐율이 적용되어 건물을 짓지 않는 부분은 공동주택에서는 단지 안의 공원이나 도로 또는 주차장 등을 만들면 되고 단독주택에서는 각 집의 앞뒤 마당이나 정원으로 활용하면 된다. 앞에서 말했듯이 모든 땅에는 물길과 등성이가 있는 것이므로 각각의 부지 안에서도 땅의 성질을 가려서 좋거나 무난한 곳에는 건물을 세우고 피해야 하는 부분에는 단지 안의 공원이나 도로, 주차장 또는 마당이나 정원 등을 만들면 되는 것이다.

상업용이나 공공용의 부지도 위에서 제시한 주거용과 마찬가지 원칙을 적용하여 터를 잡고 건물을 짓는다면 그 건물에서 일을 하는 사람들이 최

● 경북도청 이전예정지(구글 위성사진)

소한 무난하게 사업을 꾸려 나가고 일을 하게 될 것이다.

유사한 사례로 경북도정 이전 예정지의 경우를 다시 분석해 보도록 한다. 경북도청 이전 예정지는 경북 안동시 풍천면과 예천군 호명면 일대 10,966,000㎡가 2010년 5월 사업예정지구로 지정되어 2012년 1월 현재 일부 구역은 공사가 시작된 상태이다.

경북도청 이전 예정지의 경우는 [표-2]에서 알 수 있듯이 총 면적 10,966,000㎡의 토지 중에서 건축용 토지(주거용지, 상업용지, 행정용지, 산업용지, 공공문화용지, 학교용지 등)를 모두 포함한 면적이 5,467,000㎡로 전체부지 면적의 49.9%에 해당하지만 여기에 광교신도시와 같은 기준의 건폐율을 적용하면 25.5%인 2,799,000㎡의 부지에만 건물이 지어지게 된다.

구 분		면적(㎡)	비율(%)	건폐율(%)	건폐율 반영		비고
					면적(㎡)	비율(%)	
총면적		10,966,000	100.00	—	—	—	
건축용토지	주거용지	3,299,000	30.1	50%이하	1,469,500	13.4	
	상업용지	202,000	1.8	70%이하	141,400	1.3	
	행정용지	380,000	3.5	60%이하	228,000	2.1	
	산업용지	662,000	6.0	70%이하	463,400	4.2	
	공공문화용지	347,000	3.2	60%이하	208,200	1.9	
	학교용지	577,000	5.2	50%이하	288,500	2.6	
	소 계	5,467,000	49.9		2,799,000	25.5	
비건축용토지	공원녹지	3,871,000	35.3	—			
	도로용지	1,126,000	10.3	—			
	기타용지	502,000	4.6	—			
	소 계	5,499,000	50.1				

● [표-2] 경북도청 이전 예정지 토지이용계획안[9)]

여기서도 마찬가지 원칙을 적용하여 건물이 세워질 터는 가급적 능선을 선택하고 물길을 피해야 한다. 앞에서도 설명하였듯이 자연 상태의 물길 주변은 도로나 산책로 등으로 활용하고 건물은 능선의 비탈면을 활용하여야 풍수적으로 무난한 입지선정이 되는 것이다.

다만 경북도청 이전 예정지의 경우는 검무산(劍舞山) 주봉의 서쪽 능선

---

9) [표-2]의 자료는 경북도청이전추진본부(http://newplan.gb.go.kr)의 자료를 활용하여 저자가 작성하였다.

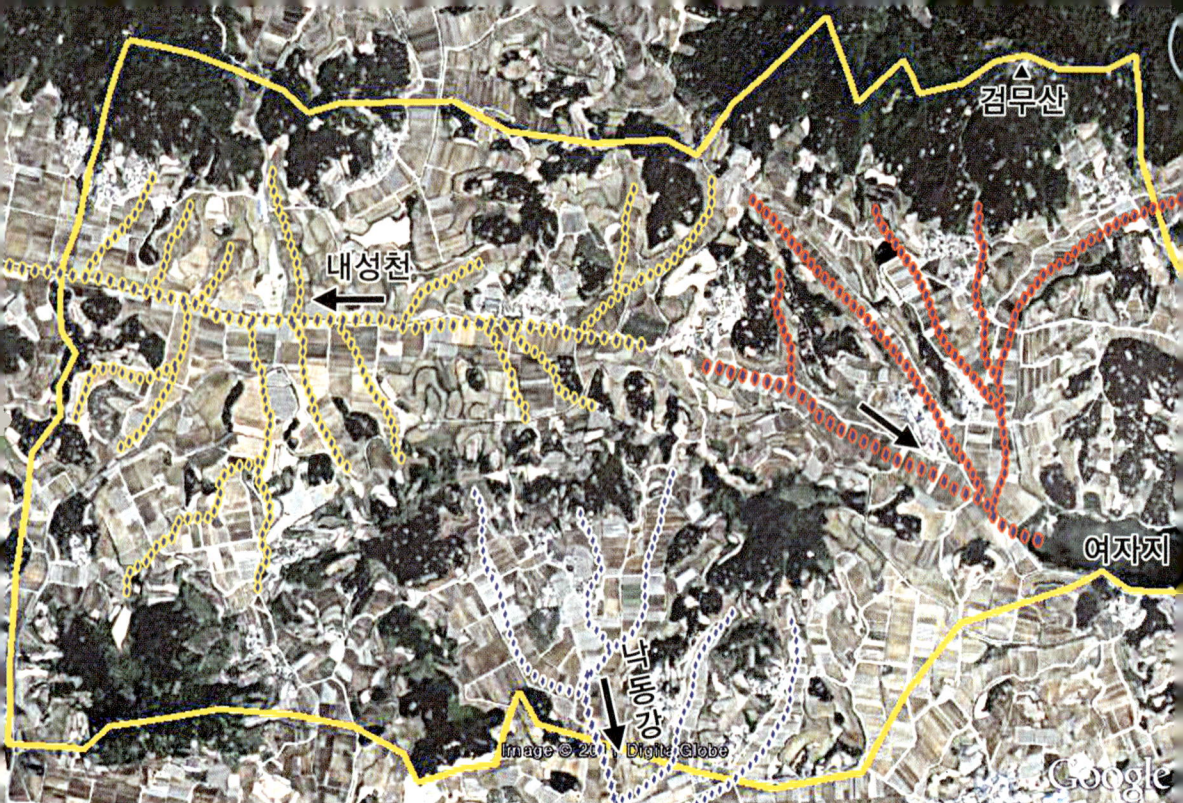

● 경북도청 이전 예정지의 세 갈래 수세(水勢)

이 남서쪽으로 길게 뻗어 내려감으로 해서 위의 위성사진에서 보는 것처럼 물길이 크게 세 갈래로 만들어졌고 흐르는 방향도 모두 다르다는 점을 고려해야 한다. 예정지 안의 큰 물줄기 가운데 중앙부에서 동쪽의 여자지 방향의 물길과 서쪽의 내성천으로 흘러가는 물길이 부지의 동서를 관통하는 형상인 것이다.

개발조감도를 보면 중앙에 동서를 관통하는 수로를 만들도록 하였는데 이것은 아주 잘한 결정이라고 저자는 판단한다. 자연 상태의 가장 큰 물길에 건물을 짓지 않고 수로를 조성함으로써 풍수적으로 건물을 지어서는 안 되는 땅의 활용도를 높이게 된 것이다.

경북도청 이전신도시의 중앙에 하천공원을 조성한다는 것은 잘한 결정

● 경북도청 이전 예정지 개발조감도10)

이나 반드시 그림에 표시된 주된 물길을 활용하여야 풍수적으로 가장 적합하다는 것을 기억해야 한다.

  이번에는 풍수를 바르게 적용하지 못하는 사례를 보자. 조감도를 보면 경북도청이 이전하게 되면 행정타운을 대표하는 세 개의 건물이 세워지는데 세 개의 건물 중에서 가운데는 도청건물일 것이고 좌우의 건물은 도의회와 주민복지동 건물일 것이다.

  그런데 청사 뒤쪽의 지형을 보면 검무산에서 내려오는 아주 큰 물길이 보인다. 조감도대로라면 경북도청사나 좌우에 있는 어느 건물은 검무산

---

10) 출처 : 경북도청이전추진본부(http://newplan.gb.go.kr)

● 경북도청과 도의회 및 주민복지동 조감도11)

● 행정타운이 입지할 위치의 실제지형

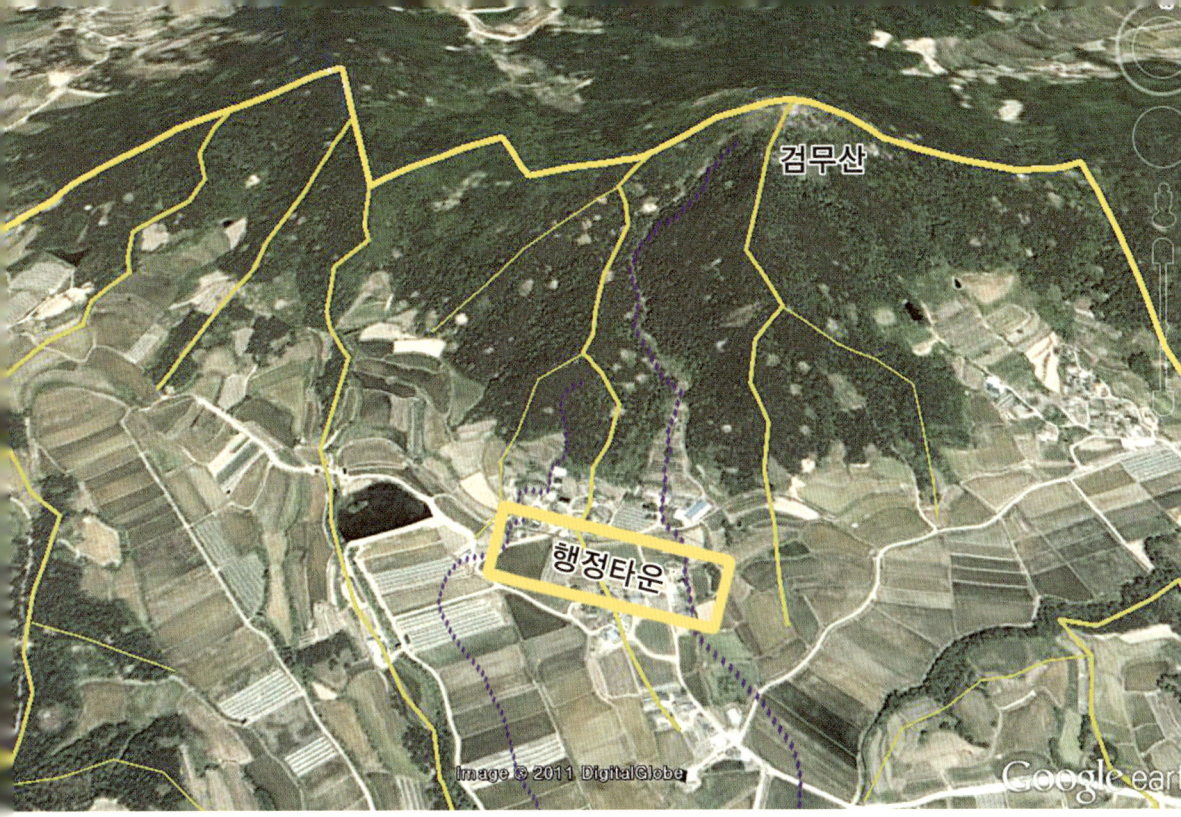

● 행정타운 주변의 지형 및 수세

에서 내려오는 물길을 피하지 못하고 물길 위에 지어질 것으로 보인다.

  사람들이 보통 물길이라고 생각하지 않는 작은 물길 위에 건물을 지어도 피해가 큰 것인데 위성사진으로도 뚜렷이 확인되는 물길 위에 건물을 앉힌다는 것은 참으로 잘못된 입지선정이 된다. 땅은 겉모습이 바뀌더라도 속 성질은 그대로 간직하고 있기 때문에 이 조감도대로 건물을 짓는다면 물길에 지어지는 건물에서 근무하는 사람은 건강상 또는 업무상 좋지 않은 일을 많이 겪게 되는 것이다.

---

11) 출처 : 경북도청이전추진본부 홈페이지(http://newplan.gb.go.kr)

2. 소규모 택지조성 시 고려해야 할 풍수

이번에는 비교적 규모가 작은 주택단지나 단독필지를 개발하는 경우에 대하여 설명하도록 한다. 소규모 택지개발의 경우는 규모가 큰 개발지의 경우와 다르게 개발자의 소유부분만을 개발하기 때문에 대개 주변의 지형을 파악할 수 있는 경우가 많다. 그렇기 때문에 풍수를 알고 반영할 의지만 있다면 터를 가려서 건물을 짓는 것은 크게 어렵지 않다고 할 수 있다.

만약 자연지형을 구분하기 어려운 경우에는 개발지 전후좌우를 세밀히 살펴보면 자연 상태의 땅 모양을 분간할 수 있는 경우가 많다. 기존의 주택가 골목길 등을 살펴보면 능선이나 물길을 판단할 수 있는 경우가 많으므로 자신의 땅만 보지 말고 동네를 돌아보고 자연지형을 유추해서 판단하여야 한다.

앞에서 설명한 대규모 택지개발의 경우와 마찬가지로 개인이 자신의 주택을 건설하기 위하여 땅을 선택할 때도 가급적 작은 물길이라도 있는 땅은 피하되 부득이하게 개발부지안에 물길이 들어온다면 역시 정원이나 마당으로 이용이 되도록 건축을 하면 된다.[12]

또 능선이 흘러가는 과룡처에 건물을 짓게 되는 경우 등성이에 있는 지맥은 비켜서 건물을 지을 수 있도록 택지를 조성하여야 하며 무맥지의 경우는 터로 인하여 크게 문제되는 경우는 없다고 할 수 있다.

---

[12] 자연 상태의 물길 부분에 마당이나 정원을 두는 것은 문제가 없으나 주차장을 만들어 자동차 등 기계를 세워두면 땅의 성질에 의해서 쉽게 손상되게 된다.

● 택지개발 이전(부지 안에 물길이 있음)

● 택지개발 이후(택지개발 과정에서 물길이 사라짐)

● 소규모 택지개발(주변 지형지세를 보고 과룡처 등을 판단)

형기풍수 87

3. 택지조성 규모에 관계없이 공통적으로 반영해야 할 풍수

앞에서도 여러 차례 강조하였듯이 양택풍수는 건물에 거주하는 사람들이 좋은 지기를 얻음으로써 건강하고 행복한 삶을 살게 하자는 것이다. 그것을 추구하기 위해서는 좋은 터에 건물을 지어야 하는데 풍수적으로 가장 좋은 혈이 있는 곳이거나 적어도 무맥지로서 무해무익한 자리를 선택해야 하는 것이다.

저자는 풍수에서 가장 중요한 것은 땅의 위치별 성질이라고 보기 때문에 터를 선택하고 활용할 때에는 땅의 위치별 성질을 파악하여 거기에 맞도록 해야 한다고 강조한다. 그래서 앞에서는 택지의 개발이나 이용에 최우선적으로 적용할 사항을 설명하였다.

여기서는 자연 상태의 물길이나 과룡처보다는 영향이 다소 적지만 터잡기를 할 때 고려해야 할 또 다른 환경요소인 바람과 시각적 영향 등을 정리하도록 한다.

보국이 갖추어져 바람이 갈무리되는 터

기준이 되는 터에서 사신사가 사방을 둘러싼 모양을 보국이라 하는데, 보국이 갖추어진 곳에서는 밖으로부터 강한 바람이 직접 불어오지 않게 되고 보국 안의 공기가 차분하게 안정이 되어 그곳에 머무는 사람은 심리적으로 안정을 얻을 수 있으며 그에 따라 신체적인 건강도 뒤따르게 된다. 또한 풍수에서 궁극적으로 추구하는 터인 혈(穴)은 보국이 갖추어진 곳에만 만들어지기 때문에 보국이 중요한 것이다.

● 보국이 갖추어진 터(충남 논산시 명재 종택)

배산면수(背山面水)의 터

배산면수는 배산임수(背山臨水)라고도 하는데 '뒤에는 산을 등지고 앞에는 물을 본다.'는 의미로 기준이 되는 터의 뒤에는 아담한 산이나 능선이 있고 앞에는 평평한 공간(논, 밭, 광장 등)이 있는 지형을 말한다.

풍수는 산의 능선을 통하여 생기가 전달된다고 보기 때문에 배산을 하는 지형, 즉 산을 등지고 있는 곳이 혈이 결지될 가능성이 높아지는 것이다. 또한 산을 등지고 있으면 뒤에 있는 산(현무)이 뒤쪽에서 불어오는 바람을 막아주어 편안해지고 심리적인 안정감을 가질 수 있는 것이다.

그리고 앞에는 물을 저장할 수 있는 평평한 공간, 즉 명당이 있어야 한

● 배산면수의 터

다는 의미가 면수인데 이것은 채광이나 생활의 여유공간을 확보하기 위하여 기준이 되는 터의 앞에 평평한 공간이 필요하다는 의미가 담겨 있는 것이다.

굽은 물길이 감싸주는 안쪽 터

풍수는 동양사상의 하나로 음양론을 근간으로 한다. 풍수에서는 산을 음이라 보고 물을 양이라 하는데 음인 산과 양인 물이 유정하게 만나는 곳에 혈(穴)이 만들어진다고 판단하고 있다. 물길이 용맥의 앞에서 합해지거나 감싸고 돌아 흐르면 용맥이 끝나는 것으로, 이러한 곳 근처에 혈(穴)이 결지되는 경우가 많다.

● 굽은 물길 안쪽에 있는 경북 예천 회룡포

또 자연 상태의 물길은 바람이 지나다니는 통로가 되는데 물길이 굽어 감싸주는 안쪽 터는 바람이나 물의 침범을 받지 않게 되어 좋은 터가 된다.

동네나 택지 주위에 단정하고 깨끗한 봉우리가 많이 보이는 터

집터나 묘 터에서 보이는 모든 산과 바위, 그리고 인간이 만든 건축물 등을 통틀어 '사격'이라 하는데, 풍수에서는 이처럼 눈에 보이는 사격이 터에 영향을 준다고 생각한다. 각각의 사격은 제 나름의 고유한 에너지를 가지고 있고, 보이는 사격이 터에 영향을 준다는 것이다. 따라서 터 주변의 사격이 깨끗하고 반듯하게 생겼으면 부귀의 기운을 받게 되지만, 험하고 부서지고 기울고 무정하면 나쁜 영향을 받게 된다는 것이다.

● 택지 주변의 단아한 사격(1)   ● 택지 주변의 단아한 사격(2)

　이번에는 자연 상태의 물길처럼 지극히 나쁜 것은 아니지만 나름대로 피해를 줄 수 있기 때문에 터를 잡을 때 고려해야 할 사항들을 정리하도록 한다.

수구(水口)가 벌어져 바람을 맞는 터[13]

　사방이 산으로 둘러싸인 보국의 물이 밖으로 빠져나가는 곳을 '수구'라 한다. 보국이 갖추어진 곳에서도 수구가 벌어진 곳이 있는데 이럴 경우 많은 양의 바람이 들이치게 된다. 강한 바람이 들이치면 공기가 안정이 되지 않아 사람과 재물이 흩어져 망하게 된다. 그래서 우리 선조들은 수구가 벌어진 곳에는 바람을 막아주는 비보(裨補)숲을 조성하여 해(害)를

---

13) 초등학교 과학시간에 가르치는 '풍화작용(風化作用)'은 물이나 바람이 바위에 부딪히면 바위가 닳거나 삭는 현상을 말한다. 이처럼 지속적으로 불어오는 바람은 바위를 마모시키는 정도의 강한 힘이 있으므로 항상 바람을 두려워해야 한다. 강한 바람은 불면증, 우울증, 정신질환 등 사람을 정신적으로 병들게 한다.

● 수구가 정면에 있어 바람맞는 터   ● 마을 어귀에 식목을 하여 비보한 사례

줄이도록 지혜를 발휘하였다.

과협처(過峽處)에 있어 바람을 맞는 터

과협처란 산 능선이 지나가는 중간중간에 나타나는 고개를 말하는데, 대관령, 한계령, 미시령 등의 큰 고개부터 동네 주변에 있는 작은 고개들까지 모두를 말한다. 이곳은 고개를 넘나드는 바람이 모여들기 때문에 이곳에 건물이 있으면 강한 바람을 맞게 되는 것이다.

또한 자연 상태 땅의 생김새를 볼 때 고개 부분은 반드시 물길이 시작되는 지점이므로 세심하게 주의를 기울이지 않으면 물길에 건물을 짓게 되어 만사(萬事)가 불행(不幸)하게 된다.

그리고 도로를 만드는 과정에서 인위적으로 산줄기가 잘려 과협처와 비슷한 환경이 만들어지는 경우도 있다. 이때도 자연 상태의 과협처와 마찬가

- 과협처에 있어 바람 맞는 터
- 산줄기가 잘려 바람 맞는 터

지로 강한 바람이 불어오는 통로가 되므로 산줄기가 잘린 부분에서 불어오는 바람을 잘 분석하여 피해가 있을 것으로 추정되면 대비를 하여야 한다.

주변 지형보다 돌로(突露)해서 바람을 맞는 터

터가 높은 곳에 돌출되어 있어 사방팔방으로부터 불어오는 바람을 맞는 곳을 풍수에서는 '팔풍받이'라고 한다. 요즘에는 보통 이런 터를 전망이 좋다고 하여 선호하는 경향이 있지만, 이런 터는 강한 바람이 불어와 주변의 공기가 안정이 되지 못하게 되고, 이로 인하여 사람들의 성격이 예민해지고 포악해지며, 심하면 정신질환이 생기고 관재가 빈발한다. 뿐만 아니라 재산 손실이 많아 가난해지고 집안이 망한다.

•돌로해서 바람 맞는 터(1)   •돌로해서 바람 맞는 터(2)

골짜기에 인접해 있어 골바람을 맞는 터

자연 상태에서 물길은 기본적으로 물이 흘러내려 가는 길이지만 바람이 이동하는 통로이기도 하다. 이렇게 골짜기가 앞이나 옆에 가까이 있다면 골짜기를 지나다니는 바람의 영향을 받는 터가 된다. 따라서 주변 골짜기 바람의 영향을 받거나 골짜기 가장자리에 위치하여 밤낮없이 골바람을 받게 되면 부지불식간에 사람이 다치거나 건강을 해친다.

풍수에서는 골짜기에서 부는 바람을 음곡살풍(陰谷殺風)이라 하여 아주 흉하게 보기 때문에 각별히 주의하여야 한다.

낭떠러지 주변의 터

낭떠러지나 절벽 주위는 지기가 모이거나 전달될 수가 없으며, 그 아래에는 물길이 있기 때문에 물길을 타고 부는 바람의 영향을 받게 되어 거주

● 물길(골짜기)에 인접해 있어 골바람을 맞는 터(1)　　● 물길(골짜기)에 인접해 있어 골바람을 맞는 터(2)

자에게 온갖 재난과 질병, 불행을 가져다준다.

또한 이런 터는 인간의 몸이 본능적인 불안감을 느끼는 자리이기 때문에 무의식중에 신체적으로 많은 스트레스를 받게 되어 불행의 근원이 된다.

저지대를 매립하거나 보토(補土)한 터

지대가 낮은 곳에 있는 논이나 늪에 옹벽을 쌓고 흙을 메워 택지를 조성한 땅은 지반이 약하고 습기가 많다.[14] 이런 택지에서는 잠을 자고 일어나면 몸이 개운하지 않고 무겁게 되며 오래 살게 되면 온갖 질병에 시달리고 의욕상실로 결국은 파산하게 된다.

---

[14] 여기서 말하는 논은 벼농사를 짓는 모든 논을 말하는 것은 아니다. 논이라 하더라도 계단식으로 되어 있거나 지대가 높은 곳에 있는 논은 자연 상태에서는 능선이었던 곳을 개간한 것으로 저지대의 문제가 생기지는 않는다.

• 낭떠러지 위에 있는 터(1)

• 낭떠러지 위에 있는 터(2)

• 저지대를 매립한 터(추수가 끝난 논에 물이 흥건)

형기풍수 97

• 높은 곳에 있는 험한 바위가 겁박하는 터

주변의 산이나 바위가 겁박(劫迫)하는 터

풍수는 터 주변에 산이나 바위가 높고 험준하여 터를 위압하듯 있으면 살기가 뻗쳐 재앙이 끊이지 않게 되고, 잦은 병치레 등 사람이 상하고, 재물도 흩어진다고 보고 있다.

바위나 큰 돌은 더울 때는 주변 온도를 더 덥게 끌어 올리고 추울 때는 주변 온도를 더 차갑게 끌어 내리는 성질인 살기(煞氣)를 가지고 있어 사람에게 더 많은 부담을 주게 된다고 풍수는 판단하므로 터 가까운 곳에 석산이나 큰 바위가 있는 터는 피해야 한다.

또한 산이 험준하면 주변의 골이 깊게 있을 수밖에 없고, 골짜기를 통하여 강한 바람이 드나들게 되어서 공기가 안정되지 못한다.

제3장 풍수를 적용한 건축

앞에서도 설명하였듯이 풍수는 땅의 위치별 성질을 분석하여 혈이 있는 터를 찾아 건물을 짓고 살아가는 것이 최상의 목표이나 부득이 그럴 수 없는 경우에는 적어도 땅으로부터 피해를 받지 않는 곳에 건물을 짓고 살아감으로 해서 건강하게 살고 그것을 바탕으로 뜻한 바를 이루고자 하는 환경선택에 관한 것이다.

풍수가 자연 환경을 고려한 중요한 사항이기는 하지만 모든 것을 풍수의 원칙에만 맞출 수는 없다. 그렇다 하더라도 많은 노력을 기울여 터를 골랐으면 이제는 자연의 이치에 맞는 건물을 지어야 한다.

정해진 터에서 건물을 지을 때는 위치를 정하는 것이 첫 번째 단계이고 방향을 정하는 것이 두 번째 단계가 된다. 건물의 방향을 정할 때는 경관이나 심리적 안정을 위해서 주변의 지형지물과 조화를 이루도록 해야 하며, 땅의 위치마다 각기 다른 성질을 감안하고 또 지표하에 흐르는 수맥의 방향과 간격도 고려해야 건강하게 살 수 있는 건물이 된다.

1. 건물의 방향을 정하는 기준

일상생활을 하기 위한 주택이나 빌딩 등 건물은 차량이나 사람이 이용하게 되는 도로를 비롯한 동선도 중요한 요소이고, 일조권, 조망권, 사생활 등이 보호되기 위해서는 인접건물 등과의 관계도 고려해야 할 중요한 사항이 된다. 이러한 제반 여건들을 고려하여 건물의 방향을 정하고 그에 따라 주출입문 등을 만들어야 할 것이다.

일반적으로 건물의 방향은 남향을 으뜸으로 꼽고 다음으로 동남향 그 다음은 동향순으로 친다. 본래 남향을 하고자 하는 가장 큰 이유는 채광에 있는 것으로, 채광에 문제가 없는 지형이라면 북동향이나 북향의 경우에도 크게 문제가 되지 않는다는 것이 풍수의 견해이다. 그런데 요즘은 지형과는 관계없이 건물의 방향을 남향으로만 하려는 경향이 지나치게 강하다. 그렇다면 과연 풍수를 적용하여 건물의 방향을 정하는 올바른 방법은 무엇인지 알아보도록 한다.

건물의 방향을 정하는 기준은 크게 형기풍수적으로 정하는 방법과 이기풍수를 적용하여 정하는 방법이 있으나 여기서는 먼저 형기풍수적으로 정하는 방법을 설명하고 이기풍수를 적용하여 방향을 정하는 방법은 뒤에서 따로 설명하도록 한다.[1]

형기풍수적으로 건물의 방향을 정하는 방법에는 지형의 좌우균형을 맞추는 방법과 내려오는 능선을 등지는 방법으로 구분할 수 있는데 가능하

---

[1] p.166 이기풍수 참조

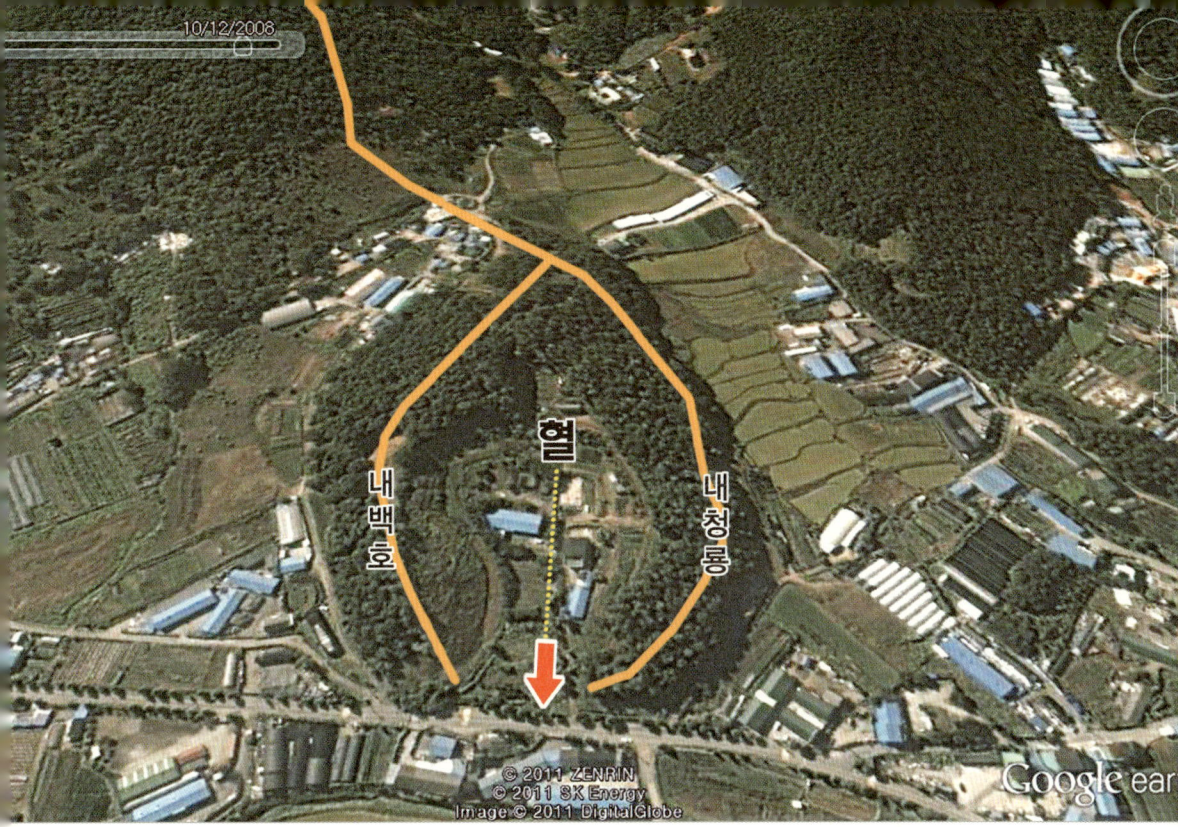

● 보국의 좌우균형에 맞는 좌향(구글 위성사진)

면 이 두 가지 원칙을 모두 적용하는 것이 가장 이상적이라 할 수 있다.[2]

먼저 지형의 균형을 맞추어 건물의 방향을 정하는 방법이란 건물을 짓고자 하는 터에서 보이는 자연지형 중에서 좌측과 우측의 산 능선, 즉 청룡과 백호의 자연지형을 살펴서 내청룡과 내백호가 만드는 내보국을 이등분하는 중간지점을 바라보도록 방향을 정하는 것을 말한다. 이 방법은 자연 상태의 혈이 있는 터이고 자연지형이 유지되고 있는 지형이라면 정면의 작은 봉우리인 안산을 바라보도록 방향을 정하면 되는 방법이다.

---

2) 여기에서 제시하는 두 가지 방법은 모두 자연 환경에 맞추는 방법으로서 특정의 위치에 특정의 건물을 지을 때 적용할 풍수내용인 것이다. 만약 여러 개의 건물이 주변에 만들어지고 모든 건물에 여기서 제시하는 방법을 적용한다면 각 건물의 방향이 서로 달라질 가능성이 높다.

● 능선의 방향에 맞는 좌향

　만약 자연지형이 사라져 좌우의 능선을 찾을 수 없을 때에는 가장 가까이에 있는 건물을 능선으로 보고 그 건물들을 기준으로 좌우의 균형을 맞춰야 한다.

　이 방법은 건물과 지형 지물이 조화를 이루도록 하여 경관측면에서나 심리적으로 안정감을 얻고자 하는 것이므로 가급적 지켜야 하는 기준이라 할 수 있다.

　다음으로 내려오는 능선을 등지고 건물의 방향을 정하는 방법이 있다. 산봉우리에서 내려온 능선을 등지고 건물을 짓는 것이 가장 편안하고 이상적이므로 원칙적으로 내려오는 산줄기를 뒤에 두도록 방향을 정하는 방법이다.

수맥은 능선이 움직이는 모양과 똑같은 패턴으로 되어 있기 때문에 앞에서 말한 것처럼 봉우리에서 내려오는 능선을 바르게 등지고 좌향을 정하면 수맥을 피해 잠자리를 정하는 문제도 자연스럽게 해결된다. 건물의 방향을 능선이 흐르는 방향과 나란하게 정하면 수맥도 나란하게 되어 나중에 용이하게 잠자리를 정할 수 있지만 능선의 방향과 45° 정도 대각선이 되게 건물의 방향을 정하게 되면 건물 안의 수맥도 대각선으로 흐르는 구조가 되어 수맥을 피하는 잠자리를 잡기가 어렵게 된다.

앞에서 설명한 보국의 균형에 맞게 좌향을 정하는 방법은 기본적으로 적용하여야 하는 방법이지만 약간의 융통성은 있는 방법이다.

그러나 수맥을 고려하여 건물의 방향을 정하는 방법은 반드시 지켜야 한다. 앞에서 설명하였듯이 모든 땅에는 수맥이 있으며 수맥과 연관있는 수맥파는 투과력이 강하여 잠을 자거나 장시간 자리를 지키고 있을 때는 반드시 피해야 하는 것이다.

다만 위의 두 가지 방법은 자연지형이 남아 있어 육안으로 볼 수 있을 때만 적용이 가능하다는 한계성이 있다. 요즘같이 대규모 공사로 택지가 조성된 곳이나 이미 자연지형이 대부분 훼손된 곳은 육안으로 자연지형이나 내려오는 능선 등을 판단할 수 없어서 적용하기가 쉽지 않기 때문에 적용이 불가능한 경우도 많다.

2. 건물의 높이를 정하는 기준

건물의 높이를 어느 정도로 해야 좋은지에 대해서는 '땅의 기운이 몇 m 까지만 올라간다더라.', '아파트의 경우 몇 층까지가 좋다더라.' 하는 등 으로 의견이 분분하다.

저자는 이 문제에 대해서 풍수적으로 세 가지를 감안해야 한다고 생각한다. 첫째는 건물 내에서 지기(地氣)가 어느 정도의 높이까지 전달되는가 하는 문제를 고려해야 하고, 둘째는 건물의 높이에 따른 기압의 차이가 있다는 점이고, 셋째는 건물의 높이에 따라 만나게 되는 바람의 강도가 다르고 그에 따라 건물의 파동이 차이가 있다는 점을 생각해야 한다고 본다.

먼저 지기(地氣)가 어느 정도의 높이까지 전달되는가 하는 문제를 풀기 위해서는 건물 내에서 지기가 어떻게 전달되는지에 대해서부터 생각을 해야 한다. 저자는 건물 내에서의 지기는 벽과 기둥을 통하여 전달되는 것이 아닌가 추측하고 있다. 그렇게 보았을 때 건물의 벽이 꼭대기 층까지 쭉 이어져 바람(공기의 소통)을 막아주는 경우에는 가장 높은 층까지도 지기(地氣)는 전달이 된다고 본다. 다만 높아질수록 전해지는 강도가 점차 약해질 수는 있을 것이다.

다음으로 건물의 높이를 정할 때는 고도에 따라 기압의 차이가 있다는 점을 고려해야 한다는 것이다. 해발고도가 100m 높아지면 0.01기압이 낮아진다는 것이 과학 분야에서의 설명이다. 예를 들어 1개 층의 높이가 3m인 건물을 30층으로 짓는다고 가정을 하면 꼭대기 층의 해발고도는 90m가 된다. 이 높이의 기압을 산술적으로 단순하게 따지면 1층의 지표

● 지기, 기류, 기압을 고려해야 하는 건물의 높이

면보다 0.009기압이 낮다는 것이 된다. 이 경우 30층에 거주하는 사람이 1층에서 엘리베이터를 타고 30층으로 올라가면 0.009기압이 낮은 곳으로 올라가는 것이고 반대로 30층에서 1층으로 내려온다면 0.009기압이 높은 곳으로 움직인다는 것이다. 차를 타고 큰 고개를 넘어가기 위해서 올라갈 때나 내려올 때 중간에서 귀가 막혀 답답한 것을 경험하게 된다. 이 증상은 기압이 다른 곳으로 빠르게 이동하는데 아직 몸이 적응이 되지 않아 나타나는 것인데, 이처럼 기압 등의 환경이 바뀌면 우리 몸은 적응을 하기 위해서 개조를 하게 되는 것이다. 이런 개조의 횟수가 잦으면 잦을수록 몸에는 무리가 가는 것이다. 이처럼 건물의 높이에 따라 기압이 달라지는 곳으로 이동을 하는 것은 우리 몸으로 하여금 환경에 적응하도록 강

형기풍수 105

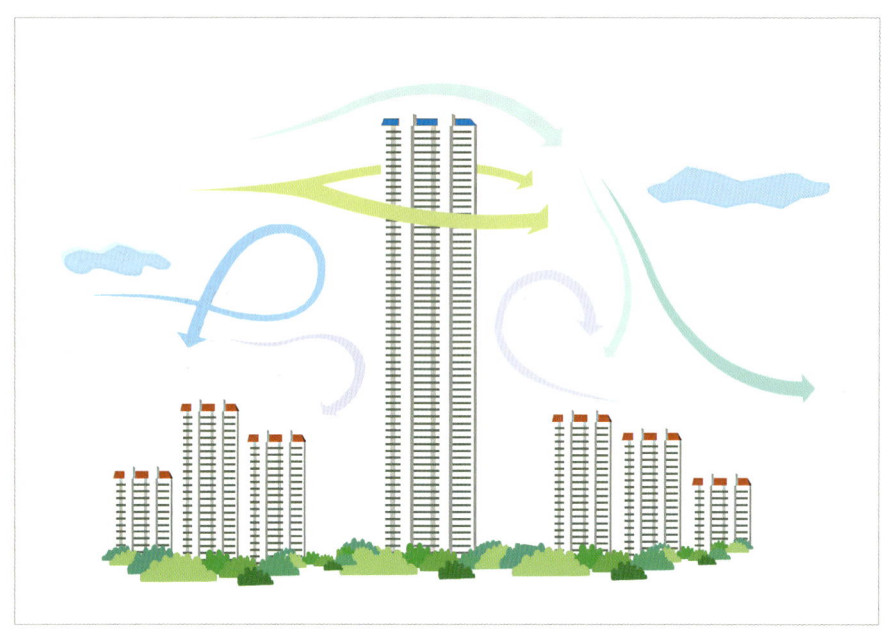

● 초고층건물 주변의 기류

요하는 것이 되므로 가급적 높은 건물은 짓지 않는 것이 좋다.3)

  셋째로 건물의 높이에 따라 건물이 만나게 되는 바람이 강해지고 그로 인하여 건물에 파동(흔들림)이 생기는 문제를 따져 보아야 한다. 어릴 적에 연을 날려본 경험이 있는 사람은 연이 낮은 곳에 있을 때는 스스로 잘 날지 못하지만 일단 한번 높이 올라가면 떨어지지 않고 저절로 날게 된다는 것을 알고 있다. 이것을 보면 아래쪽의 바람이 약할 때도 위쪽에는 강한 바람이 지나간다는 것을 알 수 있는 것이다.

  위에서 설명한 내용과 관련하여 2008년 4월 23일에 방송된 KBS-TV의

---

3) 해발고도의 절대적인 높낮이에 따라 문제가 되는 것은 아니다. 예를 들어 해발 3,000m의 고지대에도 장수촌이 있는데 여기에 사는 사람들은 오르락내리락하지 않고 계속 그곳에 머물기 때문에 문제가 되지 않는 것이다.

[환경스페셜-초고층 건물 대안인가 재앙인가] 프로그램에서는 10층 이상 높은 층에서 살고 있는 임산부들이 9층 이하 낮은 층에서 살고 있는 임산부들보다 이상분만율, 조산율, 유산율 등이 급격히 높아진다는 일본 동해대학 의학부 오사카 후미오 교수의 연구결과를 밝힌 바 있다.

(단위 : %)

구 분	1~2층	3~5층	6~9층	10층 이상
이상분만율	19.1	20.3	20.6	30.8
조산율	15.9	15.0	15.1	22.2
유산율	8.9	9.2	16.1	19.4

● 층고에 따른 이상분만율, 조산율, 유산율(출처 : KBS 환경스페셜 2008. 4. 23)

이것은 지면에서 높아질수록 바람은 강해지기 때문에 높은 건물의 높은 층은 낮은 층보다 강한 바람에 부딪히고 이때 발생하는 파동도 심하기 때문에 나타나는 현상이라고 설명하고 있다.

앞에서 설명한 지기가 미치는 강도, 기류로 인한 파동, 기압 등을 감안하였을 때 지나치게 높은 건물은 짓지 말고 30m(1층 약 3m기준, 10층) 이하로 건축하는 것이 좋다고 본다.

3. 건물의 외관을 정하는 기준

풍수를 적용하여 건물의 외관을 정할 때는 크게 두 가지를 생각하여야

● 혈처의 지면에 붙여 건축한 전통주택

● 필로티 구조로 건축 후 혈처를 연결한 사례

한다. 먼저 건물을 건축하고 이용하는 주(主)의 입장에서 풍수 적합성, 공간의 효율적 활용, 건물의 유지관리 등을 따져 가장 좋은 외관을 정해야 할 것이고, 다음으로는 주변의 건물이나 사람들에게 주는 영향을 고려하여 외관을 정해야 한다.

건물을 이용하는 입장에서 건물의 외관을 정할 때는 첫 번째로 풍수의 핵심인 지기를 제대로 취할 수 있도록 건물의 바닥이 지면에 밀착되도록 짓는 것이 좋다. 양택풍수에서는 앞에서 말한 '기는 바람을 만나면 흩어진다(氣 乘風則散)'는 말을 건물과 지면이 떨어져 있으면 땅속에서 올라오는 지기가 중간에서 흩어져 버리고 건물로 전달되지 않는다고 해석해야 한다고 본다.

따라서 땅의 지기를 올바로 받아들이기 위해서는 건물을 지면에서 띄우는 필로티 구조는 피하는 것이 바람직하지만 주차장 확보 등을 위하여 지면과 띄워야 하는 경우라면 혈이 있는 부분을 건물 윗부분과 벽으로 연결하거나 계단 등을 만드는 것이 좋다.

건물을 이용하는 주(主)의 입장에서 외관을 정하는 두 번째 원칙은 바람의 영향을 최소화할 수 있으면서 가장 효율적으로 사용이 가능하도록 건축하는 것이다.

바람의 영향을 고려할 때 가장 적합한 건물의 외관은 원통형이다. 원통형은 사방 어디에서 바람이 불어오더라도 강한 힘을 받지 않고 돌아나가므로 원통형 건물이 바람의 영향을 가장 적게 받아 풍수적으로 좋은 형태가 된다.

그러나 풍수적으로는 원통형의 건물이 가장 바람직하지만 내부공간을

• 바람의 영향을 가장 적게 받는 원통형 건물

효율적으로 활용하기에는 최상의 구조가 되지는 못한다. 아파트든 사무실이든 원통형 건물의 내부에서 둥글게 된 부분은 가구배치 등을 하기에 적합하지 않은 경우가 많다.4)

따라서 풍수는 바람의 영향은 다소 있지만 건물을 가장 효율적으로 활용할 수 있기 때문에 원통형보다는 사각형의 건물을 짓도록 권한다.

세 번째로 주(主)의 입장에서 건물의 외관을 정하는 원칙은 단순하게 해야 한다는 것이다. 건물의 외벽에 돌출이나 함몰된 부분이 많거나 불필요한 부착물이 많으면 건물로 불어온 바람이 건물주변에서 소용돌이를 일으키게 되어 풍수적으로 좋지 않게 생각하며, 현실적으로는 건물에 하자가 발생할 가능성이 높아지는 것이다.

• 가장 효율적으로 활용할 수 있는 사각형 건물

• 중앙이 요함(凹陷)한 건물

• 외관이 불필요하게 복잡한 건물

4) 원통형뿐만 아니라 건물을 효율적으로 사용하지 못하는 건물 형태는 삼각형이나 오각형의 건물도 마찬가지이다.

• 외벽이 유리로 된 건물

　네 번째로 창(窓)을 풍수에 맞게 건축하는 것이 주(主)의 입장에서 외관을 정할 때 반영하여야 할 사항이다.

　최근에 건축되는 대형건물들은 외벽을 유리로 만드는 경우가 많은데 이는 풍수적으로 좋은 평가를 얻지 못한다. 유리로 된 외벽은 안에서 밖이 쉽게 보이기 때문에 높은 층에서 생활하는 사람이 아래를 내려다보면 본능적으로 불안감을 갖게 되어 풍수적으로 좋지 않다.

　또한 차광(遮光)이나 단열(斷熱)에도 어려움이 많아 비효율적이기도 하므로 건물의 외벽은 채광(採光) 등을 고려하여 유리로 된 부분이 한쪽 벽면의 $\frac{1}{3}$ 이내가 되도록 하는 것이 좋다.

　이번에는 건물이 주변에 미치는 영향을 고려하여 외관을 정하는 사항

● 중간에 구멍 뚫린 건물

에 대하여 정리하도록 한다. '내 건물을 내 마음대로 짓고 살면 그만이지 왜 남까지 생각해야 하느냐?'라고 한다면 필요하지 않을 수 있지만 어차피 건물을 지을 거라면 국가나 사회, 그리고 국민에게 기여하는 건물을 건축하고 최소한 주변 건물이나 사람들에게 피해는 주지 않도록 건축하는 것이 좋다는 것이다.

첫째, 건물의 중간에 구멍을 뚫어놓는 것은 좋지 않다. 최근에 지어지는 몇몇 건물들이 건물의 중간을 뚫어놓는 것을 볼 수 있는데, 바람이 불어오면 건물의 구멍 뚫린 부분으로 몰리게 되어 강한 바람이 만들어지고 소용돌이가 발생한다.

이렇게 만들어진 강하고 소용돌이치는 바람이 부딪치는 건물이 주변에

● 모서리로 옆 건물에 피해를 주는 건물

있게 되면 그 건물에서 생활하는 사람은 아주 큰 피해를 입게 되기 때문에 건물의 중간에 구멍을 뚫지 않도록 해야 한다.

둘째, 건축하는 건물의 날카로운 모서리를 주변 건물이 바라보지 않게 하는 것이 좋다. 사각형으로 건축하든 삼각형으로 건축하든 주변의 건물이 날카로운 모서리를 바라보게 하는 건물은 매우 좋지 않은 것이다.

이것은 건물의 면에 부딪친 바람이 튕겨 나와 모서리를 바라보는 주변 건물에 부딪쳐 피해를 주기 때문이다.

셋째, 건물은 바라보는 사람이 안정감을 갖도록 지어야 한다. 위가 넓고 아래가 좁은 건물도 있고 마치 쓰러질 것처럼 보이는 건물도 있는데 이런 건물은 보는 사람들로 하여금 불안감을 가지게 하여 풍수적으로 좋은 인

● 아래가 넓어 안정감을 주는 건물　　● 위가 넓고 아래가 좁은 건물

상을 주지 못한다.

따라서 위와 아래가 같거나 아래로 내려갈수록 점점 넓어지는 형태와 반듯하고 건장하게 서 있는 느낌을 주는 건물이 좋다.

넷째, 삼각형처럼 날카로운 모서리가 나타나는 형태의 창(窓)이나 조형물은 설치하지 않는 것이 좋다. 사람은 환경에 동화되는 동물이기 때문에 날카롭고 뾰족한 모습을 자주 보는 사람의 성격은 날카롭고 도전적이 된다.

따라서 건물의 지붕, 창문, 그 밖의 조형물 등은 원형이나 사각형, 또는 아치형으로 만드는 것이 좋고 삼각형이나 창(槍)같이 뾰족한 형태의 지붕이나 조형물은 바람직하지 않다고 할 수 있다.

형기풍수　115

● 창문이나 조형물이 날카로운 건물

4. 건물 내외부 시설물의 설치

담장과 대문의 설치

담장은 외부와 경계로 삼는 건축물로, 일반적으로 외부인의 침입을 막는 용도로만 생각하나 풍수에서는 그에 못지않게 밖에서 부는 바람이 집의 건물에 부딪치지 않도록 막아주는 역할을 한다고 본다. 외부에서 강한 바람이 불어올 때 막아주는 담장이 없다면 사람이 거주하는 건물이 바람에 노출되는 것인데, 풍수에서는 바람을 타면 백사불성(百事不成)이라 하여 아주 흉한 것으로 판단하고 있다.

담장의 높이는 건물의 높이에 따라 차이가 있을 수 있으나 외부에서 불

● 바람을 막을 튼실한 담장

● 바람을 막아주지 못하는 담장

어오는 바람이 담장에 부딪힌 다음 위로 떠서 건물에 닿지 않을 정도의 높이와 거리를 적용하여야 한다. 일반적으로 단층건물에서는 사람의 키보다 약간 높은 180㎝ 정도면 적당하다고 할 수 있으나 2층 이상의 건물을 짓게 되면 담장과 함께 담장보다 높이 자라는 나무를 심어 보조적으로 활용하는 것이 좋다.

담장의 형태는 철망이나 틈이 벌어진 나무판 등으로 만들면 아무 의미가 없으며 나무나 화초로 담장을 만들 때는 촘촘히 심고 높이도 어느 정도는 되어야 한다.

또한 담장에 구멍이 뚫리거나 허물어진 곳이 생기면 그곳으로 강한 바람이 몰려와 건물에 부딪히거나 울타리 안에 회오리바람을 만들기 때문에 아주 흉하다.[5]

다음으로 대문은 담장으로 둘러싸인 안쪽으로 사람이나 차량이 출입하는 통로가 되는 부분이면서 풍수적으로는 담장 밖의 공기와 담장 안의 공기가 들고나는 바람의 통로가 되는 것이다.

대문은 설치되는 위치가 가장 중요한데 대문의 위치를 선정할 때는 먼저 주변의 도로나 물길, 인접건물의 배치 등을 살펴보아야 한다. 자연 상태의 물길이나 도로, 두 건물 사이의 띄워진 틈 등은 바람이 지나다니거나 불어오는 지점이므로 이런 것들이 보이는 위치에는 대문을 만들어서는 안 된다. 만약 그 위치에 대문을 설치하면 강하고 많은 바람이 대문을 통

---

[5] 서유구 著 안대희 譯, 『임원경제지(林園經濟志), 書名 산수간에 집을 짓고』, p.175. 담장에는 비를 가릴 덮개가 있어야 하고, 담쟁이덩굴이 담장에 얽혀 있으면 재앙과 화가 닥치며, 비스듬하게 기운 담은 길하지 못하다고 하였다.

● 가림막을 설치하여 바람의 영향을 줄인 대문

하여 불어오게 되고 그로 인하여 부지불식간에 상당한 피해를 입는다.

특히 주택의 경우 대문 밖에서 생활하는 내부가 보이는 것은 좋지 않다. 이것은 풍수적으로 보면 대문을 통하여 들어오는 바람이 건물에 직접 들이쳐 좋지 않게 되고, 현실적으로는 사생활이 외부에 쉽게 노출되기 때문에 대문과 생활하는 건물은 일직선상에 위치하지 않도록 설치해야 하며 부득이한 경우에는 가림막을 설치하는 것이 좋다.

대문의 크기는 집의 크기와 균형을 이루어야 한다. 『황제택경』에서는 집이 작은데 대문이 너무 큰 것은 나쁘다고 하고, 집이 작으면 대문이 좁은 것이 좋은 형상이라 하였다.

● 대문과 현관문의 적합한 배치(담장과 대문이 바람을 막아주지는 못함)

현관문의 배치

　대문이 기준이 되는 터로 사람과 바람이 들고나는 곳이라면 현관은 건물의 안팎으로 사람과 바람이 주로 출입하는 지점이다. 풍수적 관점에서 현관을 통하여 들어온 바람이 건물 안을 순환하고 다시 밖으로 빠져나가기 때문에 대문과 마찬가지로 현관을 만들 때도 바람의 출입을 고려하여야 한다.

　먼저 주택의 경우를 설명하도록 한다. 주택에서 현관의 위치를 정할 때는 먼저 대문과 일직선상에 놓이지 않도록 하여야 한다. 대문을 통하여 불어온 바람이 현관으로 곧장 가면 건물 안으로 강한 바람이 들어갈 가능성이 높기 때문이다.

● 전면 도로의 바람을 맞는 정문과 현관6)

또한 건물 안으로 들어오는 바람길을 고려해서 현관에서 침실이나 주방, 화장실이 마주 보이게 설치하는 것은 좋지 않다.

침실이 현관에서 바로 보이면 사생활이 노출되는 경우도 있고 현관을 통하여 들어온 바람이 침실로 들이쳐 건강을 해치게 된다.

주방과 현관을 마주 보게 설치하면 사람의 출입 시 번잡스럽게 될 뿐만 아니라 현관에서 들어온 바람이 들어와 화기(火氣)를 산란하게 만들기도 한다.

화장실을 현관과 일직선이 되게 설치하면 현관을 통하여 들어온 바람

---

6) 시유구 著 인대희 譯, 『임원경제지(林園經濟志), 書名 산수간에 집을 짓고』, p.173. 문을 향하여 직선으로 도로가 있는 것을 충파(衝破)라고 표현하고 대문 앞의 도로는 구불구불해야 길하다고 하였다.

이 습기가 많고 아무래도 지저분한 화장실을 먼저 들어갔다 나와 건물 안을 순환하므로 좋지 않게 된다.

다음으로 사무실용 건물의 경우에도 출입문에서 불어 들어오는 바람길에 책상을 놓는 것은 좋지 않다. 사무실에서 출입문의 정면에 책상을 놓으면 손님응대에 유리할 것으로 생각하는 경우가 많으나 실제로는 바람의 영향으로 득보다는 실이 크다는 점을 알아두어야 한다.

침실문의 배치

자연의 공기는 실내외를 막론하고 순환하고 있다는 사실은 누구나 알지만 그 영향에 대해서는 크게 신경을 쓰지는 않는 편이다. 그러나 실내공기

• 침실 문의 위치를 고려해야 하는 침대 위치

의 순환은 건강에 많은 영향을 주기 때문에 풍수에서는 중요하게 다룬다.

    침실 문은 거실에서 들어가는 문과 침실에 딸린 욕실이나 드레스룸의 문을 모두 포함하는 것이다. 어느 문이나 문틀의 가운데에 서서 방 안을 바라보았을 때 정면에 보이는 위치에 머리를 두고 잠을 자게 되면 문틈에서 들어오는 바람으로 목이나 코가 건조해져 감기나 비염이 자주 걸리게 된다.

    따라서 주택에서는 먼저 수맥을 고려하여 풍수적으로 가장 적합한 위치의 잠자리를 선택하고, 그 위치에 누운 상태에서 상체가 순환하는 실내공기의 영향을 받지 않도록 침실 문의 위치를 정해야 한다.

거실의 배치

    예전에는 주택에서 주된 역할을 하는 곳은 안방(침실)이었으나 요즘은 거실이 거주하는 사람들이 제일 많이 머무는 공간이 되면서 안방 못지않은 주요한 공간이 되었다.

    이런 점을 고려하여 거실의 배치에도 풍수를 적극적으로 반영하면 좋은데 거실에서 가장 먼저 고려해야 할 풍수사항은 주방과의 관계를 따져보는 것이다.

    현대식 건물들은 대개 거실과 주방이 바로 이어지는 구조로 만들어지는데, 거실의 소파(소파가 없는 경우에는 주로 앉게 되는 위치)에 앉아 있는 사람에게 주방에서 가사일을 하고 있는 사람의 뒷모습이 보이는 위치는 주방에서 일하는 사람이 부담을 느끼게 되므로 좋지 않다.

    또 소파에 앉은 상태에서 현관에서 들어오는 사람을 쳐다볼 때 고개를

● 거실, 주방, 현관의 관계설정

뒤나 옆으로 돌리지 않고 자연스럽게 볼 수 있는 위치에 소파를 놓도록 하는 것이 좋다.

계단과 계단실의 설치

최근 지어지는 단독주택이나 타운하우스는 복층구조로 짓는 경우가 많아 실내에 계단이 설치된다. 계단을 설치할 때는 경사가 완만하게 하여야 하고, 안전을 위하여 계단에는 반드시 난간을 달아야 한다.

또 계단실(아래층에서 위층으로 들어가는 입구)에는 아래층과 위층의 공기흐름을 막아주는 문을 설치하는 것이 좋다.

공기는 온도에 따라 위아래로 순환하는데 아래층에서 난방을 하면 공

● 발코니를 확장한 높은 건물의 안에서 내려다 본 지상

기가 데워지고 데워진 공기는 위로 올라가고 위에 있던 찬 공기는 아래로 내려오게 된다.

이렇게 되면 아래층은 계속해서 난방을 해야 해서 연료비가 많이 들고 위층은 덥게 되어 쾌적하지 못한 환경이 되는 것이다.

발코니의 확장문제

발코니란 거실이나 방의 앞이나 뒤에 만들어지는 별도공간으로 우리나라 아파트에서는 서비스 면적으로 제공되고 있다. 발코니는 개인의 취향에 따라 별도공간으로 그대로 사용하기도 하지만 대부분 가정에서는 확장을 해서 거실이나 방 등의 주거 공간으로 사용하는 경우가 많다.

그러나 풍수적으로는 두 가지 이유로 발코니를 확장하지 않는 것이 바람직하다고 본다. 강한 바람이나 겨울철의 찬 공기가 건물에 닿거나 밖에서 소음이 발생했을 때 발코니가 완충공간이 되어 외부의 바람이나 찬 공기, 소음 등을 걸러주기 때문에 거실이나 방에 전달되는 강도가 상당히 약해져 생활이나 건강에 도움이 된다는 것이 첫 번째 이유이다.

또 한 가지 이유는 발코니가 있으면 높은 층이라 하더라도 거실이나 방에 앉은 상태에서 건물의 바로 아래쪽은 보이지 않게 되어 심리적 안정감을 얻을 수 있게 된다는 것이다. 발코니를 확장한 고층아파트의 거실이나 방의 창가에서 아래를 내려다보면 눈의 초점이 잘 맞지 않고 어지럼 증상까지 나타나는 것을 경험하게 되는데, 이런 현상은 우리 몸이 높은 층에 적응하지 못하고 있다는 반증이 되는 것이다.

이처럼 풍수를 고려할 때 발코니를 확장하는 것은 바람직하지 않지만 많은 가정에서 생활공간을 넓게 사용하기 위해 확장을 하고 있는 추세이므로 이에 대한 비보(裨補)는 꼭 해야 할 것이다.

발코니를 확장한 고층아파트에서는 창가에 앉아 있을 때 건물의 가까운 지상층이 보이지 않도록 바깥 창의 아래 부분에 1m 정도 높이로 시트지를 붙여주는 것이 좋다. 시트지를 붙이게 되면 가까운 아래는 보이지 않고 먼 곳의 경치만 보이게 되어 높은 곳에 올라와 있다는 느낌을 받지 않게 되어 심리적으로 받는 불안감은 줄일 수 있게 된다.

기둥과 천장의 마감

먼저 기둥에 대하여 설명하도록 한다. 건물의 규모가 큰 경우에는 기둥을 세우게 되는데, 가급적 실내의 중간에 기둥이 세워지거나 기둥의 각진 모서리 부분이 돌출되지 않도록 설계하고 공간을 구획하는 것이 필요하다. 실내에 기둥이 세워지거나 기둥의 돌출된 모서리 부분이 있으면 공간의 효율적인 사용에도 지장을 주지만 실내공기의 순환이 부드럽지 못하게 되기 때문이다.

만약 부득이하게 기둥 전체가 건물 실내의 중간에 설치되어야 하거나 벽면에서 돌출이 되어야 하는 경우에는 기둥 부분을 둥근(라운드)형으로 처리해 주면 실내공기의 순환에는 어느 정도 도움이 된다.

다음으로 천장은 지붕과 실내공간의 중간에 완충공간을 만들어 주어 열을 관리하는 데 효과가 있기 때문에 설치하는 것이 좋다.

천장의 형태는 평평하거나 중앙부분이 위로 올라간 아치형은 바람직하지만 들쑥날쑥하거나 어느 한 부분이 아래로 처진 형태는 시각적으로 좋지 못한 것이다.

전원(電源) 등의 배치

앞에서 침실의 잠자리와 거실의 소파를 놓는 위치에 대하여 설명하였다. 이와 관련하여 전기콘센트 등을 설치하는 벽 위치를 정하는 것도 중요한 사항이라 하겠다. 전기나 전자파 등은 고전적 의미의 풍수와는 거리가 있지만 잠자는 위치나 거실의 소파 가까이에 전기콘센트나 스위치 등이 있으면 전자파로 인한 피해가 있을 수 있는 것이다.

풍수를 고려하여 선택한 잠자리 등을 좀 더 편안하게 하기 위해서는 가급적 고려하는 것이 좋다.

제4장 기성지역(旣成地域)에서의 풍수 적용

앞에서는 새로 택지를 조성하거나 건물을 지을 때 적용하는 풍수에 대하여 설명하였으나 실제로는 이미 완성된 도시나 마을에서 기존 건물을 선택하는 경우가 더 많다고 할 수 있다. 따라서 여기서는 기성지역에서 풍수를 반영하여 주거나 사업용 건물을 선택할 때 적용하여야 할 풍수를 정리하도록 한다.

1. 터를 분석하여 풍수를 적용하는 방법

물길과 과룡처가 아닌 곳을 선택한다.

앞에서 여러 차례 강조하였듯이 풍수적으로 가장 나쁜 터는 자연 상태에서 물길이었던 곳이고 다음으로 피해야 할 곳은 용맥이 지나가는 과룡처인 것이다. 이 두 부분을 피한다면 적어도 땅의 성질로 인한 피해는 없다고 보면 되기 때문에 각별히 주의를 기울일 필요가 있는 것이다.

기성지역에서 물길과 능선을 구분하기 위해서는 도로를 잘 살펴보면 도움이 된다. 최근에 조성되는 신도시처럼 자연지형을 완전히 바꾸는 경우라면 도로를 보고 물길과 능선을 구분하는 것이 불가능하지만 예전에

● 도로의 높낮이를 보고 지형을 분석

● 도로를 보고 물길과 능선(과룡처)을 판단

는 마을이 생기거나 점차 도시가 확장되는 과정에서도 자연지형을 크게 바꾸지 않는 경우가 많았으므로 크고 작은 도로를 보면 자연지형을 어느 정도는 파악할 수 있는 것이다.[1]

특히 골목길을 자세히 살펴보면 어느 지점이 능선의 등성이였고 어느 지점이 물길이었는지를 대략은 알 수가 있다.

도로가 치고 들어오는 건물은 피한다.

풍수의 관점에서 보면 도로는 바람이 지나가는 통로이다. 도시에서는 도로 주변에 건물들이 많이 서 있기 때문에 바람은 도로를 통하여 흐르는 것이다. 여기에다 차량들이 빠르게 이동을 하기 때문에 바람의 강도는 더욱 강해지게 되는데, 직선도로가 정면을 치고 들어오는 터나, 굽은 도로의 바깥쪽에 있는 터는 도로를 타고 오는 바람의 영향으로 건강이나 생명에 영향을 줄 수 있을 뿐만 아니라 재산 또한 급격히 소멸한다.

도로보다 낮은 터는 피한다.

도로는 사람이나 차량의 이동에 사용되는 길을 말하지만 여기서는 차량이 다니는 도로만을 말한다. 만약 도로보다 집터가 낮다면 도로를 이용하여 차량들이 운행을 하면서 발생되는 매연과 먼지가 내려앉게 되어 가족의 건강을 해칠 가능성이 커 피하는 것이 좋다.

---

[1] 도로는 원칙적으로 국유에 해당하므로 사유지가 개발되는 과정에서도 함부로 깎거나 돋우지 못하기 때문에 자연지형을 분석하는 데 많은 도움이 된다.

● 일직선 도로에 맞닥쳐 바람이 부딪히는 건물

● 굽은 도로 바깥쪽에 있어 바람이 부딪히는 건물

● 도로보다 낮은 터

경사가 심한 지역은 피한다.

최근에는 주택난 문제로 인하여 노시인근이라면 지형이나 시세에 구애받지 않고 건물들을 짓다 보니 풍수적으로 적합하지 않은 경사가 심한 산비탈에도 아파트나 주택이 지어지고 있는 상황이다.

풍수에서는 물이 넉넉한 평평한 지형에서는 재물을 모으기 쉬우나 물을 구하기 어려운 비탈진 곳에서는 재물이 모이지 않는다고 하는데, 실제로 전 세계 어디든지 지형이 평평한 곳에만 번화가가 만들어지는 것을 보면 이 말이 크게 틀리지는 않는다고 본다.

그리고 비탈진 곳은 겨울철에 눈이 올 때는 빙판길이 자주 생겨 위험하고 무더운 여름철에는 걸어서 다닐 때 땀을 많이 흘려야 하는 등 현실적으

● 급경사지에 조성된 아파트 단지

● 풍수에서 바람직하다고 판단하는 평탄지형

로도 불편한 곳이기도 하다.

2. 지형지물을 분석하여 풍수를 적용하는 방법

이미 조성된 지역에서 풍수적으로 터를 분석해서 어느 정도 선택의 윤곽이 잡혔다면 이번에는 주변의 지형지물 등을 고려해서 사용할 건물을 선택하여야 한다.

사용에 적합한 건물의 높이는 30m 이하

앞에서 설명을 하였듯이 건물의 층수가 높아지면 기압으로 인한 환경적응의 문제와 바람으로 인한 파동의 영향으로 좋은 것보다는 나쁜 것이 더 많아진다.

또 좋은 터라면 지기가 미치는 강도가 약해진다고 추정할 수 있으므로 건물은 30m(1층 약 3m기준, 10층) 이하 낮은 층을 선택하는 것이 좋다.

초고층 건물 주변은 피한다.

지상에 부는 바람의 강도는 높낮이에 따라 큰 차이가 나는데, 보통 지표면의 바람이 약할 때에도 지상에서 높아진 곳의 바람은 굉장히 강한 것이다.

주변에 초고층 건물이 있다면 초고층 건물의 높은 부분에 부딪친 바람이 빌딩의 주위에서 난기류를 형성하고 이것이 아래쪽에 있는 건물들에게 영향을 주므로 초고층 건물 주변은 피하는 것이 좋다.

● 건물의 적정 높이는 10층 이하

● 바람의 영향을 많이 받는 초고층 건물

● 건물과 건물 사이에 있어 바람 맞는 건물

동(건물)과 동(건물) 사이의 건물은 피한다.

최근에는 아파트 단지나 사무용 건물 등이 단지 형태로나 또는 개별적으로 지어지지만 좁은 땅에서 가장 경제적으로 건축을 하다 보니 여러 건물들이 군집하게 되는 경우가 많다.

이 과정에서 필연적으로 동과 동 사이가 띄워지게 되는데 이때 띄워진 공간이 바람길이 되고 여기로 강한 바람이 지나다니게 되어 동과 동 사이에 있는 건물은 강한 바람을 맞게 되는 것이다.

고가도로, 육교, 지하차도 주변은 피한다.

기류, 즉 공기의 흐름은 장애물이 나타나지 않는 한 방향을 바꾸는 등

● 고가도로로 인한 바람의 영향을 고려해야 할 지역(1)

● 고가도로로 인한 바람의 영향을 고려해야 할 지역(2)

● 비선호 시설 가운데 하나인 고압선

큰 변화가 없이 진행되는데 장애물이 생기면 소용돌이가 생기고 그 과정에 세기도 강해지는 특징이 있다.

따라서 주변에 고가도로나 지하차도 등이 있을 경우에는 주로 바람이 부는 방향과 소용돌이가 생겼을 때에 미치는 영향을 따져 선택해야 한다.

비선호 시설 인근은 피한다.

전통적인 풍수의 개념에는 없었으나 고려해야 할 사항 중의 하나가 산업화 이후 나타난 고압선이나 변전소, 쓰레기 소각장이나 매립장, 하수나 분뇨처리장, 주유소나 충전소 등 생활환경에 영향을 주는 비선호 시설들이 있다.

최근 여러 연구기관의 발표나 언론매체의 보도를 보면 고압선 주변 등에서는 전자파의 영향으로 암 환자가 특히 많이 발생한다고 하므로 변전소나 고압선과는 최대한 멀리 떨어진 곳을 선택하여야 한다.

그 밖에 쓰레기 소각장이나 매립장, 하수나 분뇨처리장, 주유소나 충전소, 기타 화공약품을 다루는 곳 등 인근의 터를 선택할 때는 정화시설이나 안전시설이 잘 갖추어져 있는지 충분히 고려하여야 한다.

제5장 풍수를 활용한 조경과 인테리어

　풍수에 적합한 터를 잡고 건물을 지은 다음 마무리를 하는 단계가 조경과 인테리어이다. 또 기존의 건물에서 좀 더 좋은 기운을 얻을 수 있도록 보다 편안하게 꾸미는 것도 풍수 인테리어에 포함된다.

　최근 각종 매스컴에서 풍수에 대하여 많이 다루고 있으나, 주로 다루어지는 주제와 내용이 풍수 인테리어와 관련된 것이다 보니, 풍수 인테리어가 풍수의 전부인 것으로 일반인에게 잘못 알려지고 있는 실정이다.

　저자가 앞에서 여러 차례 언급하였듯이 풍수에서 가장 중요한 것은 좋은 터를 선택하는 것이고, 그 다음이 건축이며, 조경과 인테리어는 적은 영향을 주는 것이라고 보면 된다.

　그렇다 하더라도 조경이나 인테리어가 아에 영향을 미치지 못하는 것은 아니므로 거주자가 육체적으로나 심리적으로 가장 편안하게 생활할 수 있도록 풍수를 활용한 조경과 인테리어를 하는 기준을 제시하고자 한다.

● 대문을 비보할 수 있는 화단의 모양

1. 건물 외부의 조경

대문의 비보

풍수적 관점에서 대문은 바람이 드나드는 곳이기 때문에 대문에서 바라보아 일직선상에 주된 건물이 있는 것은 좋지 않다고 하였다. 만약 대문에서 바라보아 정면에 주된 건물이 있다면 동선에 지장을 주지 않는 대문과 건물의 중간부분에 화단을 설치하면 대문을 통하여 들어오는 바람이 주된 건물에 직접 들이치지 않게 되어 피해를 최소화할 수 있다.

정원수의 관리[1]

『산림경제』와 『임원경제지』에서는 『거가팔용』과 『산거사요』, 『지리신서』 등의 책을 인용하여 집 주변에 심는 나무의 종류와 위치에 대하여 구체적으로 정리하고 있다.

먼저 나무를 심어 좋은 예로는 중문에 회화나무를 심거나 대청 앞에 석류나무를 심으면 후손이 번성하고, 집 주변의 사방에 대나무만을 심어 푸른빛이 울창하게 하면 생기가 왕성해지고 속된 기운이 사라지며, 집 뒤에 느릅나무를 심으면 잡기(雜氣)가 접근하지 못한다고 하였다.

반대로 나무를 심어 해가 되는 예로는 주택 안에 뽕나무, 무궁화, 복숭아나무를 심으면 평안하게 지낼 수 없고, 뜰 앞의 오동나무는 주인의 일을 방해하므로 심지 말도록 하고, 문밖에 버드나무가 늘어져 있는 것도 좋지 않다고 하였다.

그리고 안마당 가운데에는 종류와 관계없이 나무를 심으면 주인이 이별을 겪거나 재물이 흩어지게 된다고 하였는데, 이것은 한자(漢字) 한(閑)이 문밖에서 볼 때 큰 나무가 보이는 모양이고, 곤(困)은 담장이 둘러쳐진 안에 큰 나무가 있는 모양이기 때문에 좋지 않게 보는 것이다.[2]

또 큰 나무가 난간에 가까이 있거나 마루 앞에 있으면 질병이 끊이지 않는다고 하였다. 이는 큰 나무가 가지를 뻗어 건물의 지붕을 덮으면 집이

---

[1] 서유구 著 안대희 譯, 『임원경제지(林園經濟志), 書名 산수간에 집을 짓고』, pp.160-161와 홍만선 著 재단법인 민족문화추진회 譯, 『국역 산림경제Ⅰ』, pp.39-40의 내용을 정리하였다.

[2] 현대적으로는 집 대문이나 사무실 출입문 부근에 가로수나 전주(電柱) 등이 있는 것도 유사한 의미로 보면 될 것이다.

● 지붕을 덮는 큰 나무는 나쁨

● 비틀어진 나무는 조경수로 적합하지 않음

채광이 되지 않아 습해지고 그로 인하여 곰팡이나 벌레가 많아져 결국 가족들의 건강을 해치게 되기 때문이다.

　마지막으로 등나무 등과 같이 비틀어진 나무는 사람의 마음을 바르지 못하게 하므로 심지 않는 것이 좋다.

정원석 수량과 모양

　무더운 여름철 낮에 달궈진 돌은 밤이 깊어도 쉽게 식지 않아 온도를 올리는 역할을 하고 반대로 겨울철에는 한낮에도 돌이 차가워 온도를 끌어내리는 역할을 한다. 이렇게 돌은 더울 때는 주변 공기를 더 덥게 만들고 추울 때는 주변 공기를 더 차갑게 만들어서 사람을 더 힘들게 하는 특성이 있어서 집 담장 안에 큰 돌을 많이 가져다 놓는 것은 좋지 않다.

　그리고 우리나라 풍수에서는 돌의 모양도 중요하게 보는데 둥글둥글하고 매끄러운 돌은 그나마 좋게 보지만 흉한 모양의 돌은 절대로 두어서는 안 되는 것으로 알려져 있다.

마당의 관리

　여름철에 도시지역에서 나타나는 열대야 현상의 주원인이 아스팔트로 포장된 도로와 시멘트건물이라는 것은 누구나 잘 아는 사실이다. 아스팔트나 시멘트도 돌과 유사하게 더울 때는 온도를 끌어 올리고 추울 때는 끌어 내리는 성질을 가지고 있다.

　그래서 마당을 아스팔트나 시멘트 또는 돌로 포장하는 것은 좋지 않고 흙으로 그냥 두는 것이 좋지만 개인의 취향에 따라 잔디를 심는 것은

● 적정한 수량의 정원석이 좋음

● 흉한 형상의 돌은 나쁨(북경-속칭 패가석)

● 마당을 포장하기에 적합한 점토벽돌

무방하다고 할 수 있다. 다만 잔디밭은 관리가 쉽지 않으므로 대안으로 마당포장용 점토벽돌을 사용하는 것이 적합한 방법이 될 수 있다고 본다.

담장 안의 연못이나 수영장

물은 기본적으로 성질이 차가운데, 특히 가두어진 물은 순환이 제대로 이루어지지 않아 나쁜 기운이 뿜어지기 쉬워 좋지 않다고 본다. 따라서 집 안 마당에 연못을 파고 물을 끌어들여 가두어두는 것은 좋지 않다.[3]

---

3) 서유구 著 안대회 譯, 『임원경제지(林園經濟志), 書名 산수간에 집을 짓고』, p.183. 연못이 집의 좌우와 뒤에 위치하는 것, 문 앞에 세 개의 연못을 파는 것, 집의 앞뒤에 2개의 연못이 있는 것 등이 꺼리는 것이라 하였다.

● 울타리 안에 인공의 연못을 파면 나쁨

그리고 펜션업을 하는 사람들이 손님들을 유치하기 위하여 수영장을 만들어놓는 경우가 있는데 미끄럼 사고나 익사사고 등이 발생하면 건물주가 책임을 져야 하는 문제가 있으므로 심각히 고민하고 설치여부를 결정하여야 한다.

또 최근에 짓는 전원주택들도 간혹 마당에 수영장을 만드는 경우가 있는데 이때에도 물을 가두어두는 시간을 가능하면 짧게 하는 것이 좋다.

그러나 자연 상태의 물이 고이는 웅덩이가 있었다면 이것은 메워서는 안 된다. 자연 상태로 물이 고이는 곳이 있다면 원형을 크게 바꾸지 않는 범위에서 손질을 해 잘 활용하면 되는 것이다.

● 정원의 구석에 조명을 세우면 좋음

마당이나 정원의 조명관리

풍수는 음양의 조화를 가장 바람직한 것으로 보는데 마당이나 정원의 구석진 곳 코너에 어두운 곳이 생기면 음의 기운이 강하게 자리 잡기 때문에 흉한 것으로 본다.

또한 땅의 모양이 뾰족하게 나갔거나 들어와 구석진 곳도 날카로운 기운을 가져오는 것으로 보아 좋지 않게 생각한다.

이런 곳에는 작은 조명을 밝혀두어 음의 기운을 눌러주고 양의 기운으로 키워주는 것이 좋다고 본다.

● 현관을 비보한 중문

2. 건물 내부의 인테리어

현관의 비보

주택(단독주택, 아파트, 빌라)의 현관에서 침실이나 주방, 화장실이 마주 보이면 사생활이 노출되거나 바람의 영향으로 건강을 해치게 된다. 이런 구조의 주택에서는 중문을 설치하는 것으로 문제를 해결할 수 있다.

중문을 설치하면 현관문과 중문사이에 완충공간이 만들어져 사생활도 보호되고 바깥의 강한 바람이 직접 들이치지 않게 되는 것이다. 만약 중문을 설치하는 것이 적합하지 않다면 커튼을 달아도 어느 정도의 효과는 얻을 수 있다.

● 고급스럽고 중후한 조명

● 구석진 곳에 조명 설치

그리고 현관에 쓰레기통이나 쓰레기 봉지 등을 두면 문을 열 때마다 악취와 함께 나쁜 기운이 안으로 들어오게 되므로 절대 피해야 한다.

건물 안의 조명관리

풍수에서는 건물은 음으로 보고 사람은 양으로 보는데, 양인 사람이 음인 건물에 치이지 않도록 양의 기운이 음의 기운보다 크거나 적어도 균형이 맞는 것이 바람직하다고 본다. 그래서 양의 기운을 키워주어 음양이 조화를 이루게 하는 방법으로 집 안의 조명을 밝게 하는 방법을 권한다.

조명을 설치할 때는 약간의 비용을 더 지불하더라도 고급스럽고 중후한 느낌을 주는 것이 생활하는 사람에게 좋다.

특히 집 안의 조명은 분산하여 설치하는 것이 좋고, 정원에서와 마찬가지로 음의 기운을 눌러주고 양의 기운을 키워주기 위해 그늘이 생기는 구석진 곳에는 작은 조명을 설치하는 것이 좋다.

도배지의 색상과 무늬

주택에서의 벽면도배 색상은 각자 사용하는 사람에게 맞으면 좋은데, 본인의 사주를 풀어서 필요한 오행에 맞게 하는 법 등이 있으나 번거롭다면 가장 선호하는 색상을 선택하면 된다.

다만 벽지나 커튼의 무늬는 너무 뚜렷한 것은 좋지 않은 것이다. 예를 들어 수직의 줄무늬가 뚜렷하면 경직된 느낌을 주고, 사선의 줄무늬가 뚜렷하면 불안한 심리를 가지게 된다. 그러므로 무늬가 있어도 눈에 확 띄지 않고 은은한 무늬가 있는 것이 좋다.

• 용도별로 생산되는 도배지

최근에는 용도별로 기능성 벽지가 많이 생산되고 있으므로 색상, 무늬, 용도를 함께 고려하여 선택하면 좋을 것이다.

화장실의 관리

생활공간에서 화장실은 반드시 있어야 하지만 지극히 사적(私的)이고 조심스러운 공간이어서 우리 조상들은 화장실을 설치하고 관리하는 데 각별히 신경을 썼다. 때문에 화장실을 설치하는 장소도 안채에서 가급적 먼 곳에 설치하였고, 방위를 가려서 안방을 기준으로 남서쪽과 북동쪽을 피하여 설치하였다.

그러나 주거문화의 변화로 이제는 모든 화장실이 실내로 들어왔고 심

● 건조에 각별히 신경을 써야 하는 화장실

지어는 거실이나 침실에 붙어 있는 상황이 되었다. 따라서 풍수에서도 화장실에 대하여 무조건 멀리해야 한다는 기존관념을 버리고 가까이 있는 화장실을 어떻게 관리해야 한다는 새로운 적용이론이 필요하게 되었다.

　화장실에 대한 새로운 적용이론의 핵심은 '건조(乾燥)'이다. 현대의 화장실은 단순히 용변을 보는 것에 한정되어 있지 않고 욕실의 개념이 함께 들어 있어 많은 물의 사용이 필연적이다. 따라서 화장실에는 항상 습기가 많으므로 곰팡이 등이 생기지 않도록 낮에는 문을 조금 열어두거나 환풍기를 트는 등의 방법으로 건조에 각별히 신경을 써야 한다.

　또 한 가지 화장실에 대해 신경을 써야 하는 부분이 변기와 배수트랩[4]이다. 변기나 배수트랩에는 항상 물이 고여 있기 때문에 바닥이 건조해졌

형기풍수 153

● 거울의 위치 및 모양

다고 해도 화장실 안에는 습기가 많게 마련이다.

따라서 잠자는 시간에는 거실에 있는 화상실이든 침실에 딸린 화장실이든 변기 뚜껑은 반드시 덮고 화장실 문도 꼭 닫아서 변기와 배수트랩에 있는 깨끗하지 못한 물로부터 오는 습기를 피해야 한다.

거울의 크기와 거는 위치

거울은 빛을 반사시키는 성질을 가지고 있기 때문에 기(에너지)도 반사

---

4) 화장실에는 목욕이나 용변에 사용한 물을 건물 밖으로 내보내는 관이 묻혀 있는데 이 관을 통하여 악취나 벌레가 들어오지 못하도록 파이프의 바닥부분 한 지점을 U자형으로 구부려서 물이 고여 있도록 만든 부분을 배수트랩이라고 한다.

● 실내분수는 물소리가 나지 않도록 해야 좋음

시키는 것으로 본다. 간혹 현관에서 거실에 들어서면 정면 거실벽 전체에 거울이 있는 집이 있는데 이는 거울이 기를 반사시켜 풍수에서는 좋지 않은 것으로 본다.

거울을 달 때는 거주하는 사람 중에서 가장 키가 큰 사람을 기준으로 높이를 맞추어야 하고, 거울은 주방이나 화장실을 비추는 위치나 침대에 누운 상태에서 자신의 몸을 비추는 위치는 좋지 않다.

또 거울의 모양은 네모나 둥근 형태의 거울이 좋고, 세모나 별 모양 등의 거울은 좋지 않으며, 깨진 거울은 좋지 않으므로 빨리 치우는 것이 좋다.

● 편안함을 느끼게 하는 정물사진

수족관이나 실내분수 등의 관리

집 안에 있는 수족관이나 실내분수 등은 물과 관련이 있는 것들로 풍수에서는 차가운 음의 기운으로 분류하기 때문에 지나치게 큰 것은 좋지 않다.

또한 거기에서 발생하는 소음은 공기의 파장을 일으켜 그 영향으로 가족의 건강을 해치게 된다. 수족관의 기포발생기나 분수의 물 떨어지는 소리는 가급적 적게 나도록 조치하는 것이 좋다.

사진이나 그림의 종류

현관이나 거실의 눈에 잘 띄는 곳에 가족사진이나 정물화, 산수화 등을 걸어두면 집안 분위기를 더욱 좋게 한다. 반면 추상화나 혼자 찍은 사진

● 집 안의 분위기를 밝게 해주는 풍경화

등을 많이 두는 것은 아주 좋지 않다.

화초의 종류 및 관리

대부분의 집에서 기르고 있는 화초도 풍수적으로 선택하고 관리할 필요가 있다. 사람마다 선호하는 화초가 다르겠지만 화초에 풍수를 적용하는 원칙은 시각적 영향과 침실의 화초관리로 구분할 수 있다.

사람은 환경에 동화되는 성질이 있어 날카로운 것을 보면 예민해지고 둥근 것을 보면 원만해지는데 이것을 시각적 영향이라 한다. 그래서 집 안에 두는 화초도 뾰족한 것은 눈에 띄지 않는 곳에 두고 눈에 띄는 곳에는 둥글둥글하고 소담스러운 것을 놓는 것이 좋다.

• 부드러운 느낌을 주는 잎이 둥근 화초

그리고 침실에는 두 가지 이유로 어떤 종류나 형태의 화초도 두지 않도록 해야 한다. 첫째는 식물의 호흡을 따지는 것인데, 식물은 낮에는 산소를 뿜고 이산화탄소를 먹지만 밤이 되면 산소를 흡수하고 이산화탄소를 뿜어내기 때문에 침실에 화초를 두고 문을 닫고 자면 아침에 머리가 맑지 않게 된다. 또 한 가지는 화초가 심어져 있는 화분 속의 거름이 발효되면서 나오는 가스가 있을 수 있으므로 화초는 침실에 두지 않는 것이 좋다.

그리고 비슷한 맥락으로 집 안의 각종 손잡이 및 장식물 등이 날카로우면 집안 기운이 날카로워진다고 볼 수 있다.

공부방과 책상의 위치

● 벽을 바라보아 집중력이 향상되는 책상의 위치

　학생의 공부방은 집중이 잘되는 곳에 두어야 하는데 북쪽은 햇빛이 잘 들지 않으므로 집중하기에 가장 적합한 방위로 본다.
　또 집중력을 높이기 위해서는 벽을 바라보고 창문이나 방문을 옆에 두는 위치에 책상을 놓도록 하는 것이 좋다. 창이나 방문을 보게 되면 외부의 작은 움직임 등에도 시선을 주게 되어 집중하는 데 방해가 되는 것이다.
　만약 부득이하게 창을 바라보도록 책상을 놓아야 하는 경우라면 창문에 불투명 시트지를 붙여주면 크게 도움이 된다.
　그런데 10층 이상의 건물이면서 발코니를 확장한 공부방이라면 가급적 창에서 멀리 떨어져 앉는 것이 좋다. 공부를 하기 위해 의자에 앉았을 때 창밖으로 1층 바닥이 보이면 본능적으로 불안감이 생겨 집중에 방해가 되기 때문이다.

그리고 같은 자리에서 장시간 앉아서 공부를 해야 하기 때문에 수맥의 영향을 고려하지 않을 수 없으므로 앞에서 설명한 버드나무가지로 수맥 찾는 법을 활용하여 의자를 놓고 앉는 부분은 잘 선택해야 할 것이다.[5]

참고로 영향은 크지 않지만 책상이나 의자는 차갑고 딱딱한 느낌을 주는 철재보다는 부드럽고 친근감을 주는 밝은 톤의 원목제품이 좋다는 것도 밝혀둔다.

3. 잠자리의 선정과 가구의 배치

사람은 잠을 자는 동안 하루의 피로를 풀고 다음날 사용할 에너지를 보충하기 때문에 잠자는 시간은 매우 중요하다. 잠을 푹 자면 활력이 생기지만 잠을 제대로 자지 못하면 몸은 무거워지고 정신은 혼미해지기 때문에 에너지원이 되는 음식을 잘 섭취하는 것 못지않게 우리의 삶 중에 중요한 부분이 숙면을 취하는 것이다.

여기서는 건강하고 행복한 일상의 기초가 되는 숙면을 취하기 위하여 반드시 고려해야 할 몇 가지 풍수적 방안을 설명하도록 한다.

첫째, 침실의 위치는 지나치게 밝은 곳은 피하는 것이 좋다. 대부분의 사람들이 잠을 잘 때는 불을 끄고 자는데, 이것은 밝은 환경은 숙면에 방

---

[5] p.40 수맥과 수맥파 참조.

● 온화하고 아늑한 느낌의 침실 분위기

해가 된다는 의미가 되는 것이다. 따라서 조명을 꺼도 외부의 불빛 등으로 환하게 되는 방은 숙면에 도움이 되지 않으므로 침실로 사용하지 않는 것이 좋다.

둘째, 침실이 정해지면 분위기를 온화하고 아늑하게 꾸미는 것이 좋다. 침대 커버, 이불, 벽지, 커튼 등의 색상을 차가운 느낌을 주는 것은 피하고 포근하고 따뜻한 느낌을 주는 것으로 장만해서 심리적으로 안정이 되도록 한다.

셋째, 정돈된 분위기가 숙면에 도움이 되는 것이므로 침실에는 가급적 가구나 장식물 등을 적게 두어 공기의 흐름을 단순화시키는 것이 좋다.

앞에서 기본적으로 침실 꾸미는 사항을 설명하였으니 이제는 침실의 어느 지점을 잠자리로 해야 하는지를 알아보도록 한다.

우리나라 사람들은 잠자리를 정할 때 북쪽으로 머리를 두지 않아야 하는 것으로 알고 있으나 이것은 크게 개의치 않아도 된다. 근거가 불분명할 뿐만 아니라 직접적으로 영향이 있는 것이 아니기 때문이다.

저자는 잠자리를 선택함에 있어서 가장 중요한 것은 수맥을 피하는 것이라고 생각한다. 앞에서 설명하였듯이 수맥파는 콘크리트도 균열시킬 만큼 강력한 힘을 가지고 있음이 확인되었고, 서양의 의사들이 암 발생의 원인이라고 주장하기도 하므로 무조건 수맥은 피해서 잠을 자야 한다고 본다.

다음으로 실내공기의 순환을 고려해서 잠자리를 잡아야 한다. 보통 잘 느끼지는 못하지만 건물 안의 실내공기는 항상 순환한다. 주방에서 조리를 할 때 방에서도 음식냄새가 나는 것을 보면 실내공기가 순환한다는 것을 알 수 있다.

이처럼 순환하는 공기를 감안하여 잠자리를 선택하는 것이 건강을 위해 중요하기 때문에 앞의 '풍수를 적용한 건축부분―침실 문을 내는 방법'에서 언급하였으나 중요한 내용이므로 여기서 다시 한 번 정리하도록 한다.

실내공기의 순환을 고려하여 잠자리를 선택할 때는 거실에서 침실의 문을 열고 문틀 가운데에 서서 방 안을 바라보고 문틀 앞에 보이는 위치에는 머리를 두지 않도록 하여야 한다. 이곳에 머리를 두고 잠을 자게 되면 문틈으로 들어오는 바람의 영향으로 목이나 코가 건조해지고 그로 인하여 감기나 비염이 쉽게 걸리게 된다. 특히 문틈의 아래쪽으로 들어오는 바람의 영향이 크기 때문에 침대를 사용하지 않는 경우에는 반드시 지켜

● 누운 상태에서 가구의 모서리가 보이는 사례

야 한다.

결국 침실의 문에서 대각선 지점에 머리가 있도록 잠자리를 잡으면 되며 부득이한 경우에는 문의 옆에 상체가 와도 된다.

그런데 방 안에 책장이나 옷장 등의 가구가 있을 때는 위의 그림처럼 순환하는 실내공기의 패턴이 달라지기 때문에 누운 상태에서 가구의 모서리가 보이면 가구의 위치를 바꾸던지 눕는 지점을 옮기던지 해야 한다.

마지막으로 침대는 벽으로부터 전해오는 차가운 기운을 피하기 위해서 원칙적으로 벽에서 20㎝~30㎝정도 떨어지게 놓는 것이 좋다. 다만 수맥을 피하기 위해서 벽에 붙여야 한다면 그때는 수맥을 피하는 것이 더 우선이 되기 때문에 벽에 붙이도록 한다.

理氣風水

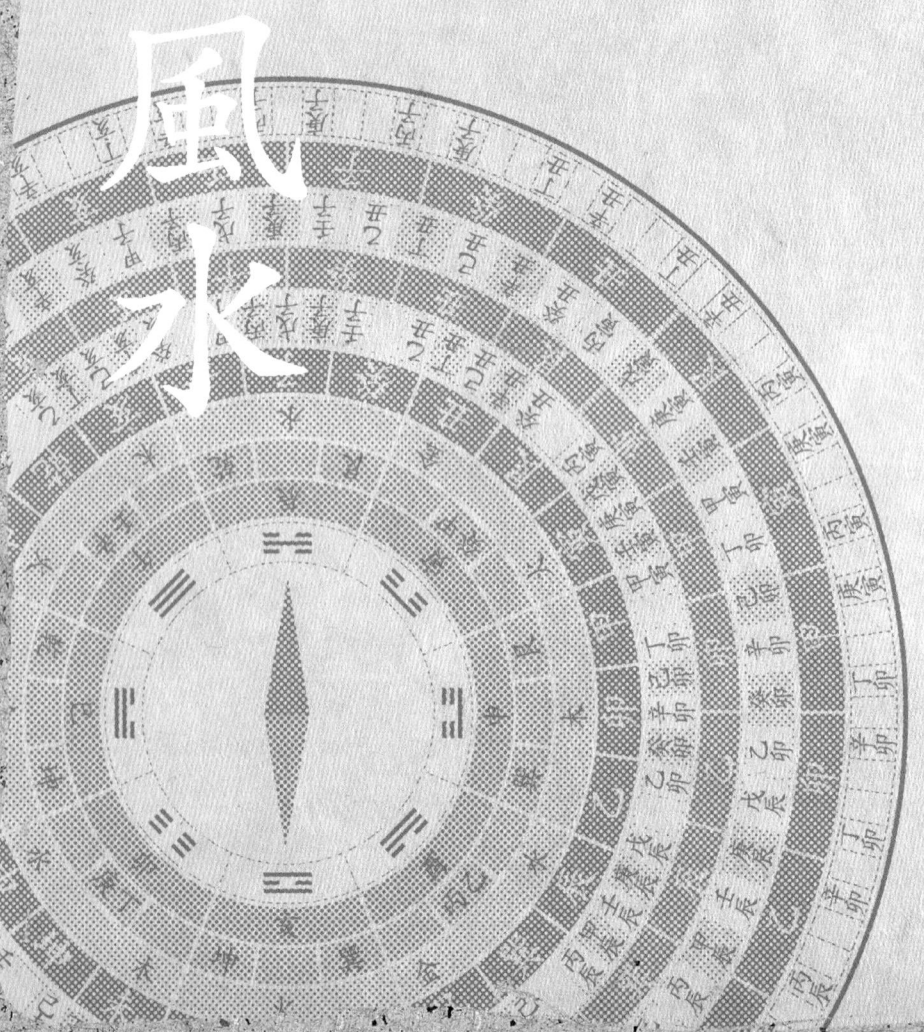

이기풍수

제1장 이기풍수의 이해

제2장 양택배치법 Ⅰ- 팔택법

제3장 양택배치법 Ⅱ- 현공풍수론

제4장 택일법(擇日法) · 택방법(擇方法)

제1장 이기풍수의 이해

1. 음양론(陰陽論)[1]

음양(陰陽)

음양오행설은 옛날 중국 상고시대에 발생되어 발달된 것으로 보여지나 그 유래는 언제 어느 곳에서 누구에 의하여 창설된 것인지에 대한 정설은 없다.

그중에서 음양론은 역(易)의 근거가 되는 것으로, 자연현상을 해석하고 그 법칙에 순응하여 행동하려는 하나의 사유(思惟)이며 오행론과 더불어 철학, 사상, 윤리는 물론 천문, 지리, 의학 등 생활전반에까지 큰 영향을 미친 고대 동양사상 근본의 하나인 것이다.[2] 즉 음양론은 우주만물의 존재에 필요한 기본요소를 음양의 합일(合一)로 보며 음기(陰氣)와 양기(陽氣)의 동정(動靜)에 의해 우주 일체의 현상이 현멸(現滅)하고 소장(消長)하는 것이라고 한다.[3]

---

[1] 촌산지순 著 정현우 譯, 『조선의 풍수』, 명문당, 1991, p.159. '양음'을 '음양'으로 부르는 것은 실생활상 땅(地)을 직접적인 것으로 보고 하늘(天)을 간접적인 것으로 본 동시에 생산적인 면에서도 하늘보다는 땅을 중요시했던 선입관념이 용어상으로 표현된 것으로 보여진다.

[2] 손두호, 「조선 전통주거에서의 풍수사상과 그 건축적 해석에 관한 연구」, 서울대학교 석사학위논문, 1980, p.15.

쉽게 설명하자면 동양사상 가운데 음양론은 우주를 형성하고 있는 근원을 기(氣)로 보는 것이다. 곧 세상의 삼라만상은 무엇이나 음기와 양기의 상대적인 두 기운으로 이루어졌다는 것이다.

예를 들면 하루라는 시간은 밤과 낮으로 이루어져 있는데 낮은 양기가 지배하고 밤은 음기가 지배하여 하루가 만들어진다는 것이다. 이렇게 하루는 양기의 시간과 음기의 시간에 의해서 만들어지는데 하루라는 개념을 하나의 구성체로 볼 때 전체의 상태를 무극(無極, 형상=○)이라 부른다.

여기서 하루라는 개념을 양기가 지배하는 시간과 음기가 지배하는 시간으로 분리하여 보면 하루는 양기와 음기의 두 기운으로 이루어져 있음을 알 수 있는데, 이처럼 무극의 상태인 삼라만상을 들여다보고 양(陽)과 음(陰)으로 분리된 상태를 태극(太極, 형상=☯)이라 하고 이를 부호인 효(爻)로 나타내서 양의(兩儀)라고 하며 양효(陽爻) (一)와 음효(陰爻) (--)로 표시한다.4)

그런데 음양은 세 가지의 특징을 가지고 있다. 하나는 음과 양은 하나의 장(場)에 같이 존재하는 일원성(一圓性)이다. 이것은 하루라는 시간 속에 낮과 밤이 같이 존재한다는 의미이다. 두 번째는 음양은 음과 양이 동시에 존재하는 상대성(相對性)이다. 아침에 해가 뜨면 음은 모두 사라지고 양만 존재하는 것이 아니고 양지 옆에 그늘진 곳이 있는 것처럼 음과 양은 항상 동시에 존재한다는 것이다. 세 번째는 조건의 변동에 따라 음과 양

---

3) 촌산지순 著 정현우 譯, 『조선의 풍수』, pp.136-140.
4) 일설에 의하면 음양의 표시는 문자가 없었을 당시 길쭉한 남자의 생식기 모양을 따서 양효(-)를 만들고 중간에 틈이 있는 여자의 생식기 모양을 따서 음효(--)로 표시했다고도 한다.

의 크기가 늘었다 줄었다 하며 서로 견제와 균형을 이루는 역동성(力動性)을 가지고 있는 것이다. 이것은 낮이 길어지면 밤이 짧아지고 반대로 밤이 길어지면 낮이 짧아지는 것처럼 음양이 고정되어 있지 않고 움직인다는 것이다.[5]

앞에서 설명하였듯이 모든 삼라만상은 음양으로 구성되어 있다. 하늘이 있으면 땅이 있고, 낮이 있으면 밤이 있다. 여름이 있으면 겨울이 있고, 오르막이 있으면 내리막이 있다. 움직여 동하는 것이 있으면 움직이지 않고 정지된 것이 있고, 삶이 있으면 죽음이 있는 등 우주의 모든 현상은 음양으로 구분되지 않는 것이 없다.

구 분	양(陽)	음(陰)
하 루	낮	밤
사 람	남자	여자
밝 기	양지, 환함	그늘, 어두움
절 기	하지	동지
사 물	물(水)	땅(地)
	동물	식물
상 태	긴 것	짧은 것
	동적	정적

● 음양의 분류

---

5) 전창선 어윤형 著, 『음양이 뭐지?』, 세기, 1994, pp.65-70.

사상(四象)

음양 양의(兩儀)는 서로 대립적이면서도 상호 제휴를 하면서 만물을 형성하고 있다. 따라서 양과 음을 다시 조금 더 가까이 들여다보면 양(—)은 다시 양중의 양(⚌)과 양중의 음(⚍)으로 분리할 수 있는데 이것을 태양(⚌), 소음(⚍)이라 하고, 음(--)도 역시 음중의 양(⚎)과 음중의 음(⚏)으로 분리할 수 있게 되는데 이를 소양(⚎), 태음(⚏)이라 하며 이 네 가지의 상태를 사상(四象)이라고 부른다.

구 분	태 극(太極 ☯)			
양의(兩儀)	양(陽 —)		음(陰 --)	
사상(四象)	태양(太陽 ⚌)	소음(小陰 ⚍)	소양(小陽 ⚎)	태음(太陰 ⚏)

● 양의(兩儀)와 사상(四象)

사람을 예로 들면 양으로 분류되는 남자와 음으로 분류되는 여자로 나누어진다. 그런데 남자 중에는 외모가 우락부락한 모습의 남자도 있지만 평범한 여자 못지않게 곱상한 남자도 있는 것이다. 남자인데 우락부락한 남자는 태양으로 분류할 수 있고 여자의 기운이 많이 나타나 곱상한 남자는 소음으로 분류할 수 있는 것이다. 반대로 여자의 경우를 보면 평범한 여자의 곱상한 모습을 한 사람이 많지만 간혹 분명 여자인데 남자의 골격을 가진 여자도 있는 것을 볼 수 있다. 이 경우 여자인데 곱상한 여자는 태음으로 분류하고 여자인데 양의 기운이 많이 드러나 남자같이 생긴 여자는 소양으로 분류할 수 있는 것이다.

한의학(韓醫學)에서 사람의 체형을 태양인(太陽人), 소음인(少陰人), 소양인(少陽人), 태음인(太陰人)으로 분류하는 것도 바로 이와 같은 이치를 따른 것이다.

팔괘(八卦)

사상을 좀 더 자세히 들여다보고 음양의 상태를 정밀하게 분류하여 표시한 것이 괘(卦)가 된다. 태양(⚌), 소음(⚏), 소양(⚎), 태음(⚏)의 사상을 기본으로 하고 다시 하나씩의 음과 양의 효(爻)를 추가하여 괘가 완성되는 것이다. 즉 음양 양의를 분류한 1단계가 사상이라면 팔괘는 사상을 다시 분류하므로 2단계가 되는 것이다.

먼저 태양(⚌)을 기본으로 하여 그 위에 양효(—)와 음효(--)가 추가되면 건괘(☰)와 태괘(☱)가 만들어진다. 다음으로 소음(⚏)을 기본으로 하여 그 위에 양효(—)와 음효(--)가 추가되면 이괘(☲)와 진괘(☳)가 만들어지고, 소양(⚎)을 기본으로 하여 그 위에 양효(—)와 음효(--)가 추가되면 손괘(☴)와 감괘(☵)가 만들어지며, 태음(⚏)을 기본으로 하여 그 위에 양효(—)와 음효(--)가 추가되면 간괘(☶)와 곤괘(☷)가 만들어지는 것이다. 이와 같이 세 개의 효(爻)로 이루어진 여덟 개의 괘를 팔괘(八卦)라 한다.

다시 사람을 예로 들어보도록 한다. 앞에서 남자인데 우락부락한 남자는 태양(⚌)으로 분류할 수 있다 하였다. 그런데 우락부락한 남자 모두가 힘이 센 것은 아니더라는 것이다. 그래서 우락부락한 남자 중에 힘이 센 남자는 건(☰)으로 분류할 수 있고 건장하고 우락부락하지만 힘은 없는 남자는 태(☱)로 분류할 수 있다는 것이다. 마찬가지로 남자인데 곱상한 남자는 소음(⚏)으로 분류할 수 있다 하였는데 곱상하면서도 힘이 센 남자는 이(☲), 곱상하면서 힘도 없는 남자는 진(☳)으로 분류할 수 있다는 것이다. 여자의 경우도 여자로서 남자의 골격을 가지고 있으면 소양(☱)으로 분류할 수 있다 하였는데 그러면서 기력도 센 여자는 손(☴), 남자의 골격을 가지고는 있으나 기력은 없는 여자는 감(☵)으로 분류할 수 있으며, 천생(天生) 여자같이 생긴 여자를 태음(☷)으로 분류할 수 있다 하였는데 그런 여자 중에서 기력이 센 여자는 간(☶), 곱상하게 생겼으면서 기력도 없는 여자는 곤(☷)으로 분류할 수 있다는 것이다.[6]

음양론은 그 깊이가 워낙 심오하기 때문에 풍수에서는 음양(陰陽)과 팔괘(八卦)에서 약간만을 응용하여 사용하고 있는 실정이다.

풍수에서 주로 사용하는 음양의 개념은 땅(龍)을 음으로 보고 물(水)을 양으로 보아 음양교합, 즉 용과 물의 만남이 있어야 혈이 결지되는 것으로 보고 있다. 또 땅의 형상을 위로 돌출(凸)되어 있으면 음으로 보고 낮게 꺼져(凹) 있으면 양으로 보아 유혈(乳穴)과 돌혈(突穴)은 음혈로 보고 와혈(窩穴)과 겸혈(鉗穴)은 양혈로 구분하는 정도이다.

풍수에서 응용하여 사용하고 있는 팔괘의 내용은 방위명칭과 가족관계를 나눌 때 사용하고 이기풍수 중에서 유년가(遊年歌)를 적용하는 경우에 팔괘의 괘상을 가지고 변효작괘(變爻作卦)를 하여 길흉을 판단하는 정도에 불과하다.[7]

---

[6] 여기서 든 사람의 예는 음양이 사상으로 1차 분류되고 다시 여덟 종류로 분류될 수 있다는 것으로 앞에서 가족관계를 분류한 것과는 전혀 관계가 없는 것이다.

[7] 유년가를 적용하는 이법(理法)에는 선천산법, 후천수법, 보성수법 그리고 양택에서 대유년법(가택구성법) 등이 있는데 이것들은 기준이 되는 방위의 괘상을 손가락으로 만들고 상지, 중지, 하지, 중지, 상지, 중지, 하지, 중지 순으로 손가락의 모양을 바꾸며 괘를 만드는 변효작괘를 하는 이기풍수의 일종이다.

구 분		태 극(太極 ☯)							
양의(兩儀)		양(陽 —)				음(陰 --)			
사상(四象)		태양(太陽 ⚌)		소음(小陰 ⚎)		소양(小陽 ⚏)		태음(太陰 ⚍)	
팔괘 (八卦)	괘상(卦象)	☰	☱	☲	☳	☴	☵	☶	☷
	괘명(卦名)	건(乾)	태(兌)	이(離)	진(震)	손(巽)	감(坎)	간(艮)	곤(坤)
	선천(先天)	천(天)	택(澤)	화(火)	뇌(雷)	풍(風)	수(水)	산(山)	지(地)
	가족(家族)	아버지	삼녀	중녀	장남	장녀	중남	삼남	어머니
	방위(方位)	서북	정서	정남	정동	동남	정북	동북	남서

● 음양의 변화과정과 풍수응용

▶ 팔괘 쉽게 외우는 방법

건삼연(乾三連) : 건(☰)괘는 모든 효가 연결되어 있다.

태상절(兌上絶) : 태(☱)괘는 맨 위 효가 끊어졌다.

이허중(離虛中) : 이(☲)괘는 가운데 효가 끊어져 허하다.

진하련(震下連) : 진(☳)괘는 맨 아래 효만 연결되어 있다.

손하절(巽下絶) : 손(☴)괘는 맨 아래 효가 끊어져 있다.

감중연(坎中連) : 감(☵)괘는 가운데 효만 연결되어 있다.

간상련(艮上連) : 간(☶)괘는 맨 위 효만 연결되어 있다.

곤삼절(坤三絶) : 곤(☷)괘는 모든 효가 끊어져 있다.

2. 오행론

오행론(五行論)의 개요

앞에서 설명한 음양론이 음기와 양기로 이루어진 우주 삼라만상의 구성에 관한 이론이라면 오행론은 삼라만상이 각각의 성질을 품고 있다는 이론이다. 즉 모든 개념이나 물질 등 삼라만상은 음양으로 이루어져 있으면서 동시에 목, 화, 토, 금, 수라는 다섯 종류의 성질을 담고 있는 것으로 보는 것이 오행론인 것이다. 다시 말하면 삼라만상이 품고 있는 오행의 작용과 상호관계에 따라 변화가 발생되고 인간생활에 절대적인 영향을 준다고 보는 것이다.

오행론을 이해하기 위해서는 목, 화, 토, 금, 수 오행의 개념과 성질을 바르게 이해하고 서로의 상호작용을 같이 알아야 한다.

오행론에서 삼라만상이 지니고 있는 성질을 목, 화, 토, 금, 수라고 이름 붙이고 오행이라 부르지만 이것은 우리가 쉽게 떠올리는 나무, 불, 흙, 쇠, 물의 실체를 말하는 것이 아니고 삼라만상의 성질을 이 다섯 종류의 물질에 빗대어 추상적으로 표현한 것이라 이해를 하여야 할 것이다.

먼저 목(木)이란 싹트고 자라는 나무의 속성처럼 삼라만상 중에 싹트고 자라는 성질이 있거나 그러한 상태에 있는 것을 표현한 것이며 이것을 생(生)의 과정이라고 한다.

다음으로 화(火)란 계속해서 활활 타오르는 불꽃처럼 끊임없이 자신을 발산하는 특성을 가진 삼라만상의 성질을 화(火)로 표현을 한 것이며 이것은 장(長)의 과정이라고 한다.

셋째로 토(土)란 생장(生長)의 단계를 거치며 일어난 삼라만상의 변화에 템포와 패턴을 바꾸어 주는 성질을 표현한 것이다. 삼라만상이 목의 성질인 생(生)의 단계나 화(火)의 성질인 장(長)의 과정을 영원히 지속하는 경우는 없기 때문에 토(土)는 목, 화, 토, 금, 수 오행의 성질을 모두 품고 있다가 오행의 상호작용에서 콘트롤타워 역할을 하게 된다.

넷째로 금(金)이란 토(土)가 싹트고 자라는 성질의 목(木)과 계속해서 발산하는 화(火)의 과정을 변화시킨 것을 정리하고 거두어들이는 성질을 표현한 것이며 이 과정을 수(收)의 과정이라고 한다.

마지막으로 수(水)는 정리하고 거둬들이는 금(金)의 단계를 마무리하여 저장을 하는 과정을 표현한 것이다. 이 단계를 장(藏)이라 하는데 오행에서 저장을 하는 수(水)가 필요한 것은 다시 새로운 생(生), 즉 목(木)을 위한 준비가 되는 것이다.

앞에서 설명한 오행의 각 성질(과정)을 식물에 비유하면 봄에 땅속에 있던 씨앗이 싹이 트는 단계는 목(木)이라 할 수 있고, 새싹이 햇빛과 양분을 섭취하여 줄기와 가지를 부지런히 뻗치는 단계는 화(火)가 되고, 줄기와 가지가 자라는 것을 멈추며 열매를 맺기 위해 꽃을 피우는 단계는 토(土)가 되고, 열매가 맺혀 탐스럽게 익는 단계는 금(金)이 되고, 완전히 여문 열매가 땅으로 떨어져 다시 새롭게 싹틔우기 위해 기다리는 단계는 수(水)가 되는 것이다.[8]

---

[8] 전창선 어윤형 著, 『오행은 뭘까?』, 세기, 1994, pp.50-53, pp.146-149.

오행의 상생상극(相生相剋)

우주의 삼라만상이 음양의 합일로 이루어지고 존재하듯이 오행의 상생(相生)과 상극(相剋) 작용을 통해 만물은 생성·변화한다. 즉 오행의 상생과 상극작용이 있음으로 해서 음양의 역동성이 나타나는 것이다.

여기서 오행의 상생이란 목, 화, 토, 금, 수라는 오행의 각 요소가 다른 요소를 지원해 주는 관계를 말하는 것이다. 또 오행에는 절대적인 강자가 있는 것이 아닌 상대적인 천적이 있어 통제하게 된다는 것이 오행의 상극이다.

1) 상생(相生)

목생화(木生火) : 나무는 불을 더 잘 타게 한다.
화생토(火生土) : 불타고 난 재가 모이면 흙이 좋아진다.
토생금(土生金) : 흙 속에서 광물이 생긴다.
금생수(金生水) : 금속은 공기 중의 물을 엉기게 한다.
수생목(水生木) : 물은 식물을 잘 자라게 한다.

2) 상극(相剋)

목극토(木剋土) : 나무는 흙에 뿌리를 내리므로 흙의 천적이 된다.
토극수(土剋水) : 흙은 물의 흐름을 막을 수 있으므로 물의 천적이 된다.
수극화(水剋火) : 물은 불을 꺼지게 할 수 있으므로 불의 천적이 된다.
화극금(火剋金) : 불은 쇠의 형체를 바꿀 수 있으므로 금의 천적이 된다.
금극목(金剋木) : 금속은 나무를 벨 수 있으므로 나무의 천적이 된다.

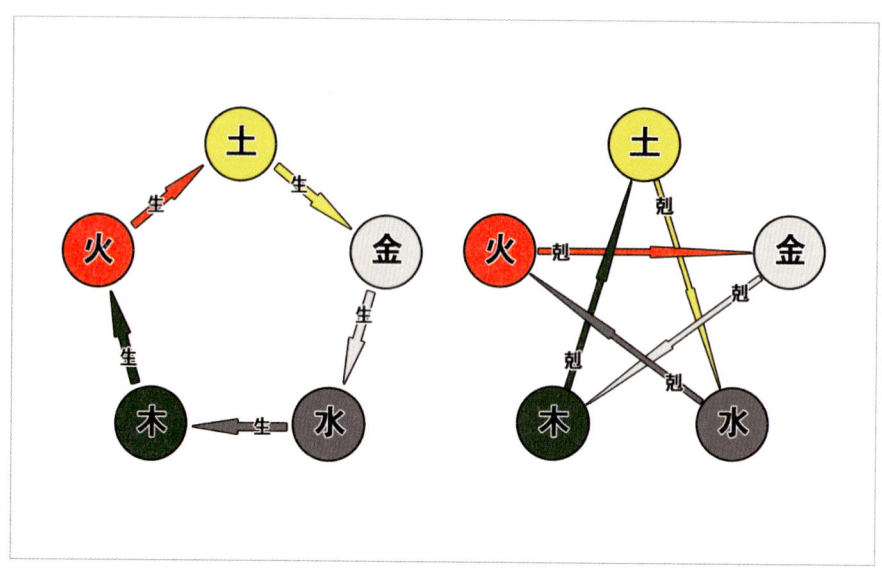

● 오행 상생상극도[9]

음양론과 마찬가지로 오행론도 우주의 심오한 변화과정이 담겨 있으나 풍수에서는 일부만을 응용하고 있다. p.177의 표에서 보는 것처럼 다양한 종류의 오행이 있으며 주로 이기론에서 방위별 길흉을 따지는 데 사용하고 있다.

그리고 형기풍수에서는 산봉우리의 모양에 따라 삼각형의 봉우리는 목성, 높고 뾰족뾰족하고 험한 봉우리는 화성, 윗면은 평평하고 양옆이 사다리 형태인 봉우리는 토성, 바구니를 엎어놓은 것처럼 둥근 봉우리는 금성, 잔잔한 물결이 이는 모양의 봉우리는 수성으로 분류하여 각각의 기운이 혈에 전해지는 것으로 보기도 한다.

---

9) 전창선 어윤형 著, 『오행은 뭘까?』, p.127.

오행의 종류

구분	오행의 종류		목(木)		화(火)		토(土)		금(金)		수(水)		비고
			양	음	양	음	양	음	양	음	양	음	
1	정오행 (正五行)	천간(天干)	갑甲	을乙	병丙	정丁	무戊	기己	경庚	신辛	임壬	계癸	
		지지(地支)	인寅	묘卯	오午	사巳	진,술 辰,戌	축,미 丑,未	신申	유酉	자子	해亥	
2	팔괘(八卦)오행		진震	손巽			이離	간艮	곤坤	건乾	태兌	감坎	구궁도 오행
3	삼합(三合)오행		해묘미 亥卯未		인오술 寅午戌				사유축 巳酉丑		신자진 申子辰		12포태 중 生旺墓
4	쌍산(雙山) 삼합(三合)오행		乾亥, 甲卯 丁未		艮寅, 丙午 辛戌				巽巳, 庚酉 癸丑		坤申, 壬 乙辰		쌍산 배합
5	사국(四局)오행		丁未, 坤申 庚酉		辛戌, 乾亥 壬子				癸丑, 艮寅 甲卯		乙辰, 巽巳 丙午		水口기준 四局 결정
6	성수(星宿)오행 (二十八宿 오행)		乾,坤,艮,巽		甲,庚,丙,壬 子,午,卯,酉		乙,辛,丁,癸		辰,戌,丑,未		寅,申,巳,亥		좌와 사격의 길흉화복
7	수(數)	선천수	3, 8		2, 7		5, 10		4, 9		1, 6		생수, 성수
		후천수	3, 4		9		2, 5, 8		6, 7		1		구궁수 오행
8	방위(方位)		동(東)		남(南)		중앙(中央)		서(西)		북(北)		
9	절기(節氣)		봄(春)		여름(夏)				가을(秋)		겨울(冬)		
10	색(色)		청색(靑)		빨강(赤)		노랑(黃)		흰색(白)		검정(黑)		
11	맛(味)		신맛(酸)		쓴맛(苦)		단맛(甘)		매운맛(辛)		짠맛(鹹)		
12	오상(五常)		인(仁)		예(禮)		신(信)		의(義)		지(智)		
13	오장육부 (五臟六腑)		간장(肝臟) 쓸개(膽)		심장(心臟) 소장(小腸)		비위(脾胃) 위장(胃腸)		폐장(肺臟) 대장(大腸)		신장(腎臟) 방광(膀胱)		

14. 납음오행(納音五行)

甲子 乙丑	丙寅 丁卯	戊辰 己巳	庚午 辛未	壬申 癸酉	甲戌 乙亥	丙子 丁丑	戊寅 己卯	庚辰 辛巳	壬午 癸未
해중금 海中金	노중화 爐中火	대림목 大林木	노방토 露傍土	검봉금 劍鋒金	산두화 山頭火	간하수 澗下水	성두토 城頭土	백납금 白蠟金	양류목 楊柳木
甲申 乙酉	丙戌 丁亥	戊子 己丑	庚寅 辛卯	壬辰 癸巳	甲午 乙未	丙申 丁酉	戊戌 己亥	庚子 辛丑	壬寅 癸卯
천중수 泉中水	옥상토 屋上土	벽력화 霹靂火	송백목 松栢木	장류수 長流水	사중금 砂中金	산하화 山下火	평지목 平地木	벽상토 壁上土	금박금 金箔金
甲辰 乙巳	丙午 丁未	戊申 己酉	庚戌 辛亥	壬子 癸丑	甲寅 乙卯	丙辰 丁巳	戊午 己未	庚申 辛酉	壬戌 癸亥
복등화 覆燈火	천하수 天河水	대역토 大驛土	차천금 釵釧金	상자목 桑柘木	대계수 大溪水	사중토 沙中土	천상화 天上火	석류목 石榴木	대해수 大海水

3. 양택이기풍수론과 나경(羅經) [10)]

양택풍수의 배치론은 앞에서 설명한 형세직으로 배치하는 방법과 좌향과 방위 등을 가려 배치하는 방법이 있는데, 방위 등을 따져 배치를 하는 것이 양택이기풍수론이다.

'형기풍수의 이해' 부분에서 지형과 지세를 살피고 그에 따른 땅의 성질을 파악하여 터를 고르고 건물을 짓는 것에 대하여 설명하였다. 풍수의 근본이 땅과 관련이 있는 것이기 때문에 좋은 터를 선택하는 것이 가장 중요한 부분임은 끝없이 강조해도 지나치지 않다고 할 것이다.

태초에 지구가 생성되는 과정에 나타난 땅의 모양은 크게 능선과 물길로 구분된다. 이렇게 구분된 땅이 농경시대에는 능선이 농지인 밭이나 논으로 개간되었고, 필요에 따라 집터를 닦거나 마을이 형성되는 과정에서도 일정부분 본래의 모양이 훼손되었다.

그 후 산업화로 공장이 지어지고 그에 따른 도시화로 도로가 만들어지고 아파트 등의 주택수요도 발생하게 되었다. 이 과정에서 땅의 본래 모양은 거의 사라져 육안으로 풍수적 분석을 하는 것이 불가능해진 것이다.

그런데 태초에 지구가 생겨날 때의 모습을 볼 수 있는 자연 상태의 땅을 분석하는 데도 중구난방 각양각색으로 의견이 갈리고 많은 오차가 있는데 하물며 정도의 차이는 있으나 사람에 의하여 어떤 형태로든 본래의 형상이 변형된 곳에서 땅의 성질을 올바로 분석하는 것은 거의 모든 사람들이 한계가 있기 때문에 새로운 대안으로 등장하는 것이 이기풍수인 것이다.

그러나 풍수는 가장 근본적으로 지기(地氣)를 분석하고 추구하고자 하는 것이기 때문에 기본적으로 형기풍수를 바탕으로 하지 않는 이기풍수는 사상누각(砂上樓閣)에 불과한 것임을 명백히 밝혀둔다.[11]

낙서(洛書)와 구궁도(九宮圖)

지금부터 4,000년 전 중국 낙수(洛水)에서 신기한 거북이가 등에 지고 나온 그림이 있었다. 문왕(文王)이 자세히 살펴보니 우주만물의 생성과 조화 그리고 천지운행의 이치가 구체적으로 나타나 있었다. 이를 낙수에서 나

---

10) 풍수에서 사용하는 나침반을 나경이라 부르는데, 우주만물의 섭리를 모두 담고 있다는 의미의 '포라만상(抱羅萬象) 경륜천지(經倫天地)'에서 '나(羅)'와 '경(經)'을 딴 말이다.

11) 풍수의 핵심은 혈(穴)이며 혈을 기본바탕으로 하지 않는 풍수는 존재가치가 없는 것이다. 따라서 이기풍수는 형기풍수를 보완하는 차원으로 접근하여야 하는 것이라고 본다.

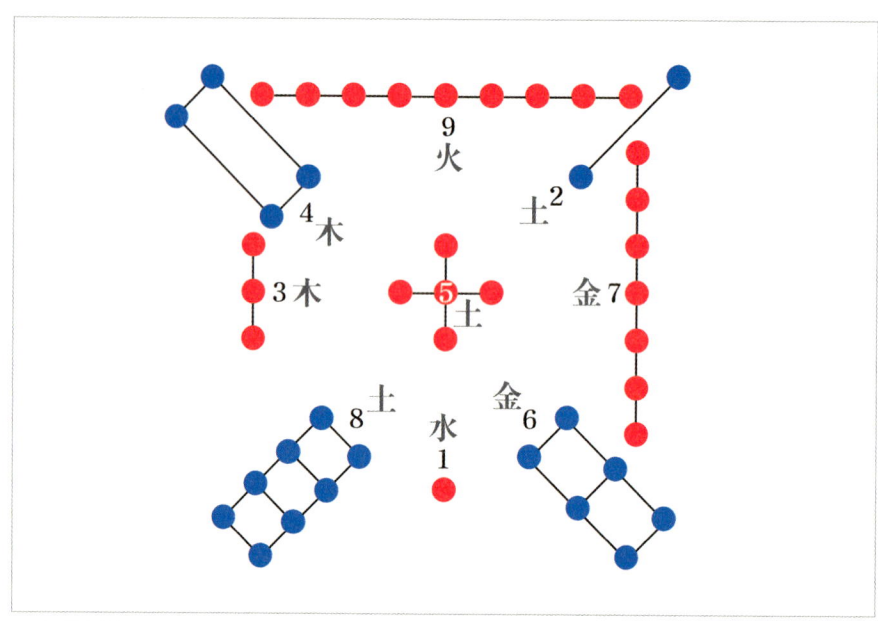

• 낙서(洛書)

온 그림이라 하여 낙서(洛書)라 부르고, 여기에 담긴 하늘과 땅 사이에서 일어나고 있는 만물의 생성소멸과 순환의 이치를 밝혀내게 되었다.

즉 천지만물은 봄(春)과 동쪽을 뜻하는 진(震)에서 나와, 춘하(春夏)교체기와 동남쪽을 뜻하는 손(巽)에서 기운을 축적하고 정제한다. 그리고 여름(夏)과 남쪽을 뜻하는 이(離)에서 왕성한 기운을 얻고, 하추(夏秋)교체기와 남서쪽을 뜻하는 곤(坤)에서 발전・성장한다. 가을(秋)과 서쪽을 뜻하는 태(兌)에서는 결실・성숙하고, 추동(秋冬)교체기와 서북쪽을 뜻하는 건(乾)에서 성취한다. 겨울(冬)과 북쪽을 뜻하는 감(坎)에서는 편히 쉬고, 동춘(冬春)교체기와 북동쪽을 뜻하는 간(艮)에서 다시 소생을 준비한다.

낙서가 담고 있는 천지변화의 이치와 질서를 가시적으로 표시한 것이

(4) 손(巽,☴) 녹목(祿木) 동남방(東南方) 진(辰) 손(巽) 사(巳)	(9) 이(離,☲) 자화(紫火) 정남방(正南方) 병(丙) 오(午) 정(丁)	(2) 곤(坤,☷) 흑토(黑土) 서남방(西南方) 미(未) 곤(坤) 신(申)
(3) 진(震,☳) 벽목(碧木) 정동방(正東方) 갑(甲) 묘(卯) 을(乙)	(5) 중궁(中宮) 황토(黃土) 중앙	(7) 태(兌,☱) 적금(赤金) 정서방(正西方) 경(庚) 유(酉) 신(辛)
(8) 간(艮,☶) 백토(白土) 동북방(東北方) 축(丑) 간(艮) 인(寅)	(1) 감(坎,☵) 백수(白水) 정북방(正北方) 임(壬) 자(子) 계(癸)	(6) 건(乾,☰) 백금(白金) 서북방(西北方) 술(戌) 건(乾) 해(亥)

● 구궁도(九宮圖)

구궁도(九宮圖)이며, 구궁의 운행순서와 오행은 다음과 같다.

일감백수(一坎白水) → 이곤흑토(二坤黑土) → 삼진벽목(三震碧木) →

사손녹목(四巽祿木) → 오중황토(五中黃土) → 육건백금(六乾白金) →

칠태적금(七兌赤金) → 팔간백토(八艮白土) → 구이자화(九離紫火)

복희씨의 선천팔괘(先天八卦)가 우주의 기본 구조인 체(體)를 표시했다면, 문왕의 후천팔괘(後天八卦)는 우주의 운용 방법인 용(用)을 표시한 것이다. 복희씨의 팔괘도가 하늘과 땅 사이에 공간적 위치를 그림으로 나타낸 것이라면, 문왕의 팔괘도는 하늘과 땅 사이에서 일어나고 있는 변화의 모습을 그림으로 나타낸 것이다.

10천간(天干) 12지지(地支)

10천간(天干)과 12지지(地支)는 약칭으로 간지(干支)라고도 부르는데 간지는 시간의 순환을 표시하는 수단으로 사용하다가 그 후 방위를 구분하고 공간적 순환이치를 설명하는 데 사용하였다.

간지의 유래는 역(易)에서 발전하였다고도 하고, 그중에서 10간은 하도에서 12지지는 낙서에서 유래하였다고도 말하며, 중국의 황제(黃帝)시기에 만들어진 것이라고도 한다.

풍수에서는 간지가 방위명칭으로 사용되는데 10천간인 갑·을·병·정·무·기·경·신·임·계(甲·乙·丙·丁·戊·己·庚·辛·壬·癸) 10글자 중에서 무·기(戊·己)를 제외한 8글자와 12지지인 자·축·인·묘·진·사·오·미·신·유·술·해(子·丑·寅·卯·辰·巳·午·未·申·酉·戌·亥)의 12글자 모두가 방위명칭으로 사용되고 있다.

더 나아가 간지는 음양과 오행의 법칙을 적용하여 방위 및 때(時)의 길흉을 판단하는 데 널리 사용되고 있다.[12]

나경과 24방위의 구성

아주 옛날 인간이 가졌던 방위의 개념은 '해나 달이 떠오르거나 지는 곳' 정도에 머물렀을 것이다. 그러다가 점차 별자리를 보게 되고 별들이 시간의 흐름과 연관되어 질서있게 움직인다는 사실을 알게 되면서 그에 따른 동서남북의 구체적인 방위개념이 만들어졌을 것이고 나중에는 점차 세분된 방위의 개념이 필요하게 되어 8방위, 12방위, 24방위 등이 등장하게 되었다고 추정할 수 있다.

나침반은 춘추전국시기(기원전 770년~기원전 221년)에 중국에서 처음 발명되었고 사남(司南)이라 불렸다. 기원전 600년경에 관중에 의해 저술된 『관중(官中)』에 '위에는 자석이 있고 아래에는 동금이 있다(上有磁石者 下有銅金).'라는 문구가 있고, 기원전 400년경에 저술된 것으로 추정되는 『산해경(山海經)』의 '관개한 산중에 자석이 많이 있다(題灌山中多磁石).'는 문구로 보아 이때 이미 자석의 존재를 파악하고 있었음을 알 수 있다.[13]

나침반은 지구지각(地球地殼, 지구껍질)으로부터 약 5,000km 깊이의 지구핵(地球核)에서 뿜어진 자기장이 남극에서 나와 북극으로 들어가는 자연현상에 의해 작동한다.

초창기의 나침반은 동서남북 정도의 방위를 판단하는 것으로 만족하였을 것이나 곳곳에서 점차 세분화의 필요성이 생겨 오늘날과 같은 나침반으로 발전한 것이다.

이렇게 발전한 나침반은 항공, 해운, 군사, 여행 등 산업의 거의 모든 분야에서 사용하고 있으며, 나침반의 발전과 함께 다양한 이기풍수도 나타나게 된 것이다.

풍수용 나침반인 나경의 기준층인 4층은 360° 원이 24방위로 나누어져 있어 하나의 방위는 각 15°가 된다.[14]

---

12) 촌산지순 著 정현우 譯, 『조선의 풍수』, pp.171-174.
13) 중국 인터넷 포털 바이두(http://www.baidu.com)
14) 12지지가 1년 12개월과 관계가 있다면 24방위는 태양의 움직임인 절기(節氣)와 밀접한 관계가 있어 계절, 기후, 풍토적 영향의 해석이 가능하고 인간의 길흉화복(吉凶禍福)을 가늠할 수 있다고 보는 것이다. 지구가 태양 주위를 한 바퀴 도는 공전주기는 1년 365일이며 24절기로 나누어지며, 1절기는 15.218425일씩이다. 이와 마찬가지로 나경의 원둘레는 360°이고 한 방위는 15°로 약간의 오차는 있지만 서로 같다고 본다.

이 24방위의 구성은 먼저 땅의 기운을 담은 12지지인 자·축·인·묘·진·사·오·미·신·유·술·해(子·丑·寅·卯·辰·巳·午·未·申·酉·戌·亥)를 북쪽부터 360°에 순차적으로 고르게 분포시킨다. 이렇게 배치를 하고 나면 4정방인 정동, 정서, 정남, 정북에 묘(卯), 유(酉), 오(午), 자(子)가 위치하게 된다.

이들 지지자 중 오행이 묘(卯)와 같이 목(木)인 갑(甲)과 을(乙)을 묘(卯)의 양옆에 앉히고, 유(酉)와 같이 오행이 금(金)인 경(庚)과 신(辛)을 유(酉)의 양옆에 앉히고, 오(午)와 같이 오행이 화(火)인 병(丙)과 정(丁)을 오(午)의 양옆에 앉히고, 자(子)와 같이 오행이 수(水)인 임(壬)과 계(癸)를 자(子)의 양옆에 자리하게 하면 20개의 방위명칭이 정해진다. 여기에다 비워진 4개 방위에는 구궁도의 4간방 명칭인 건(乾), 곤(坤), 간(艮), 손(巽)을 옮겨와서 앉히면 24개 방위명칭이 완성되는 것이다.[15]

이렇게 만들어진 24방위는 각각 낱개 방위별로 사용하는 방법도 있고, 두 개의 방위가 하나가 되도록 12개의 묶음으로 구분하여 활용하는 방법도 있으며, 세 개의 방위가 하나가 되도록 8개의 묶음으로 구분하여 8방위에 배속하여 사용하는 방법도 있다.

양택풍수 중에서 팔택법은 24방위를 임자계 방위는 정북(坎)에, 병오정 방위는 정남(離)에, 갑묘을 방위는 정동(震)에, 경유신 방위는 정서(兌)에 배치하여 동서남북 4정방(正方)으로 기둥을 세우고 축간인 방위는 동북(艮)에, 진손사 방위는 동남(巽)에, 미곤신 방위는 남서(坤)에, 술건해 방위

---

[15] 김홍식, 「조선말기 양택서에 나타난 민택의 간잡이 방법론에 대한 연구」, 한양대학교 박사학위논문, 1988, pp27-28. 신평 著, 『신 나경연구』, 동학사, 1996, p.82.

는 서북(乾)에 배치하여 4간방(間方)으로 삼아 팔괘방위(八卦方位)로 사용한다.

반면에 뒤에서 설명하게 될 현공이기론은 24개 방위를 개별적으로 사용하며, 음택에서 주로 많이 사용하는 이기론인 88향법은 12방위로 묶은 쌍산을 활용한다.

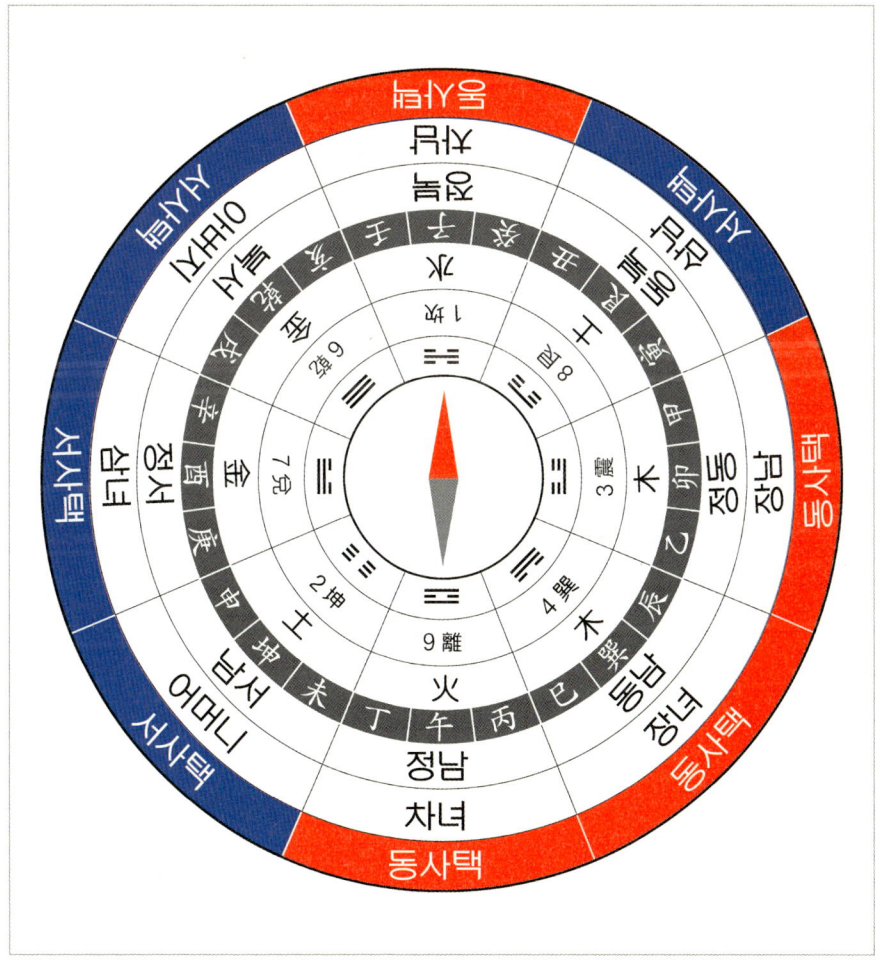

● 양택의 방위도

이기풍수 185

제2장 양택배치법Ⅰ - 팔택법

1. 동사택(東四宅) · 서사택(西四宅)

　동사택 · 서사택 배치법은 팔택법(八宅法)이라고도 하는데 청나라 시대에 가장 성행한 배치법으로 『양택촬요(陽宅撮要)』, 『양택십서(陽宅十書)』, 『양택삼요(陽宅三要)』 등에서 중요하게 다루고 있다.1) 이 이론은 8방위를 성격이 다른 2가지로 크게 구분하여 동사택과 서사택으로 부르는 것인데, 감·진·손·이는 동사택이라 하고, 간·건·태·곤은 서사택이라 부르는 것이다. 양택의 문(門)·주(主)·조(灶)2)를 삼요(三要)라 하여 매우 중요시하였는데, 가상학적으로 이 삼요의 방위가 상생과 조화를 이루면 길하나 조화를 이루지 못하면 흉하게 된다고 판단하였다.3)

팔택법의 운용

　팔택법은 대문이 기(氣)가 들어오는 입구라고 보기 때문에 가택에서 가장 중요한 곳이라고 생각한다. 이 배치법은 낙서의 구궁도를 기본으로 각 방위의 오행을 적용하되 기준이 되는 대문 방위의 오행이 안방 방위의 오행을 생(生)하여야 하고, 다시 안방 방위의 오행은 부엌 방위의 오행을 생(生)하여야 한다는 것이다.

따라서 기준이 되는 대문이 감방(坎方), 진방(震方), 손방(巽方), 이방(離方)에 있다면 안방과 부엌도 같은 방위에 있어야 길한 배치가 되고 만약 대문이 건방(乾方), 태방(兌方), 곤방(坤方), 간방(艮方)에 있다면 안방과 부엌도 같은 방위에 있어야 길한 배치가 된다는 것이다.

동사택 (東四宅)	감(坎)-정북 임자계(壬子癸)	진(震)-정동 갑묘을(甲卯乙)	손(巽)-동남 진손사(辰巽巳)	이(離)-정남 병오정(丙午丁)
서사택 (西四宅)	건(乾)-북서 술건해(戌乾亥)	태(兌)-정서 경유신(庚酉辛)	곤(坤)-남서 미곤신(未坤申)	간(艮)-북동 축간인(丑艮寅)

● 방위별 동사택 · 서사택 분류

택괘(宅卦)와 명괘(命卦)[4]

팔택법에서 주장하는 또 하나의 이론이 택괘(宅卦)와 명괘(命卦)의 조화이다. 사람은 태어난 해(年)마다 명(命)을 가지게 되는데, 이 명(命)에 맞는 택괘(宅卦)를 선택하는 것이 바람직하다는 이론인 것이다. 예컨대 p.188의 남자 명괘표에서 보는 것처럼 1958년(戊戌)에 태어난 남자는 건(乾-서북)의

---

1) 유패림, 『풍수 중국인의 환경과』, 1995, 상해삼련서점, pp.122-128.
2) 부엌을 의미하는 한자의 번체는 조(竈)이나 글자가 지나치게 어려워 간체인 조(灶)를 사용하도록 한다.
3) 문(門)은 출입문을 말하고 주(主)는 주된 방을 말하며 조(灶)는 부엌을 말한다.
4) p.188의 남자 명괘는 상원갑자에는 감궁, 중원갑자에는 손궁, 하원갑자에는 태궁에서 갑자를 시작하여 구궁을 역행하고, 중궁에 들어가는 갑자는 곤궁으로 이동시켜 서사택에 배속하여 만들어졌다. pp.189의 여자 명괘는 상원갑자에는 중궁, 중원갑자에는 곤궁, 하원갑자에는 간궁에서 갑자를 시작하여 구궁을 순행하고, 중궁에 들어가는 갑자는 간궁으로 이동시켜 서사택에 배속하여 만들어졌다.

구분	감(東)	이(東)	간(西)	태(西)	건(西)	곤(西)	손(東)	진(東)	곤(西)
출생년도	1909	1910	1911	1912	1913	1914	1915	1916	1917
	1918	1919	1920	1921	1922	1923	1924	1925	1926
	1927	1928	1929	1930	1931	1932	1933	1934	1935
	1936	1937	1938	1939	1940	1941	1942	1943	1944
	1945	1946	1947	1948	1949	1950	1951	1952	1953
	1954	1955	1956	1957	1958	1959	1960	1961	1962
	1963	1964	1965	1966	1967	1968	1969	1970	1971
	1972	1973	1974	1975	1976	1977	1978	1979	1980
	1981	1982	1983	1984	1985	1986	1987	1988	1989
	1990	1991	1992	1993	1994	1995	1996	1997	1998
	1999	2000	2001	2002	2003	2004	2005	2006	2007
	2008	2009	2010	2011	2012	2013	2014	2015	2016
	2017	2018	2019	2020	2021	2022	2023	2024	2025
	2026	2027	2028	2029	2030	2031	2032	2033	2034
	2035	2036	2037	2038	2039	2040	2041	2042	2043
	2044	2045	2046	2047	2048	2049	2050	2051	2052
	2053	2054	2055	2056	2057	2058	2059	2060	2061
	2062	2063	2064	2065	2066	2067	2068	2069	2070
	2071	2072	2073	2074	2075	2076	2077	2078	2079
	2080	2081	2082	2083	2084	2085	2086	2087	2088
	2089	2090	2091	2092	2093	2094	2095	2096	2097
	2098	2099	2100	2101	2102	2103	2104	2105	2106
	2107	2108	2109	2110	2111	2112	2113	2114	2115

● 남자 명괘표(命卦表)

명(命)을 타고나기 때문에 서사택이 적합하다는 것이며, 1968년(戊申)에 태어난 여자의 명(命)은 p.189의 여자 명괘표에서 보는 것처럼 감(坎-정북)이기 때문에 동사택이 적합하다는 것이다.

구분	간(西)	건(西)	태(西)	간(西)	이(東)	감(東)	곤(西)	진(東)	손(東)
출생년도	1909	1910	1911	1912	1913	1914	1915	1916	1917
	1918	1919	1920	1921	1922	1923	1924	1925	1926
	1927	1928	1929	1930	1931	1932	1933	1934	1935
	1936	1937	1938	1939	1940	1941	1942	1943	1944
	1945	1946	1947	1948	1949	1950	1951	1952	1953
	1954	1955	1956	1957	1958	1959	1960	1961	1962
	1963	1964	1965	1966	1967	1968	1969	1970	1971
	1972	1973	1974	1975	1976	1977	1978	1979	1980
	1981	1982	1983	1984	1985	1986	1987	1988	1989
	1990	1991	1992	1993	1994	1995	1996	1997	1998
	1999	2000	2001	2002	2003	2004	2005	2006	2007
	2008	2009	2010	2011	2012	2013	2014	2015	2016
	2017	2018	2019	2020	2021	2022	2023	2024	2025
	2026	2027	2028	2029	2030	2031	2032	2033	2034
	2035	2036	2037	2038	2039	2040	2041	2042	2043
	2044	2045	2046	2047	2048	2049	2050	2051	2052
	2053	2054	2055	2056	2057	2058	2059	2060	2061
	2062	2063	2064	2065	2066	2067	2068	2069	2070
	2071	2072	2073	2074	2075	2076	2077	2078	2079
	2080	2081	2082	2083	2084	2085	2086	2087	2088
	2089	2090	2091	2092	2093	2094	2095	2096	2097
	2098	2099	2100	2101	2102	2103	2104	2105	2106
	2107	2108	2109	2110	2111	2112	2113	2114	2115

● 여자 명괘표(命卦表)

2. 대유년법(大遊年法)

　대유년법은 가택구성법(家宅九星法)이라고도 부르는데 천상구성(天上九星)의 기운이 가택에 작용하는 것을 전제로 하여 만들어진 배치법이다.
　단독주택에서는 마당의 중앙에서 대문을 보고, 아파트나 사무실의 경우는 전용건물의 중앙에서 출입문을 보고 팔괘의 어느 방위에 해당하는

지를 찾는다. 출입문의 중앙이 기두방위가 되고 이 방위의 괘를 기본괘로 하여 순서대로 효(爻)를 바꿔가며 길흉의 방위를 찾아나가는 방법이다.

기본괘가 정해지면 상효(上爻)부터 차례로 변효(變爻)시켜 나가면서 **일상생기**(一上生氣)-**이중오귀**(二中五鬼)-**삼하연년**(三下延年)-**사중육살**(四中六殺)-**오상화해**(五上禍害)-**육중천을**(六中天乙)-**칠하절명**(七下絶命)-**팔중보필**(八中輔弼) 순으로 유년가(遊年歌)를 돌려 생기, 연년, 천을 방위에 안방(主)과 부엌(灶)을 배치하는 것이 길한 배치형태가 된다는 것이다.

그런데 위에서 설명한 팔택법과 대유년법은 방식은 다르지만 같은 결과를 얻게 된다. 예를 들어 팔택법으로 진(震-정동) 방위에 문이 있다고 한다면 이 집은 동사택으로 감(坎-정북), 손(巽-동남), 이(離-정남) 방위가 안방과 부엌을 배치하기에 길한 방위가 된다는 것인데 이를 가택구성법으로 유년가를 돌려보면 같은 결과가 나온다는 것이다.

진(震-정동) 방위에 문이 있는 경우의 대유년법(大遊年法) 유년가(遊年歌)를 돌려보도록 한다. 먼저 문이 있는 방위의 진괘(震卦)를 기본괘로 하여 첫 번째로 상효만 반대 효(爻)로 바꾸면 이괘(離卦)로 변하는데 이 방위가 생기방이 된다는 것이고, 두 번째로 이괘(離卦) 상태에서 중효만 바꾸면 건괘(乾卦)로 변하는데 건방이 오귀방이 된다는 것이며, 세 번째로 건괘(乾卦) 상태에서 하효만 바꾸면 손괘(巽卦)가 되는데 이 방위가 연년방이 된다는 것이다. 네 번째로 다시 손괘(巽卦) 상태에서 중효만 바꾸면 간괘(艮卦)가 되는데 이 방위는 육살방이 된다는 것이고, 다섯 번째로 다시 간괘(艮卦) 상태에서 상효만 바꾸면 곤괘(坤卦)가 되는데 이 방위는 화해방이 된다는 것이며, 여섯 번째로 다시 곤괘(坤卦) 상태에서 중효만 바꾸면 감괘(坎卦)가 되는데 이 방위는 천을방이 된다는 것이고, 일곱 번째로 다시 감괘(坎卦) 상태에서 하효만 바꾸면 태괘(兌卦)가 되는데 이 방위는 절명방이 된다는 것이다.

정리하자면 진방(震方-정동)에 문이 있을 때 안방과 부엌을 배치하기에 길한 방위는 팔택법에서도 감방(坎方-정북), 손방(巽方-동남), 이방(離方-정남)이었는데 가택구성법에서도 이방(離方)이 생기, 손방(巽方)이 연년, 감방(坎方)이 천을방이 되어 배치에 적합한 방위로 나타나는 것이다.

3. 개문법칙(開門法則)

여기서는 홍만선의 『국역 산림경제』에서 문로(門路) 내는 방법에 대하여 주장한 내용을 표로 정리하여 소개하도록 한다.[5]

이 내용은 앞에서 언급한 청나라의 조옥재(조정동)가 저술한 『양택삼요(陽宅三要)』를 근거로 오늘날 양택의 배치론으로 널리 알려진 팔택법과 유사한 점이 많이 있다.

먼저 8방위를 기준으로 하여 8택으로 분류한 점이 같으며 문로의 방위에 따라 길흉을 분류하였는데, 현재 서사택으로 분류되는 간택(艮宅)의 건방(乾方), 태택(兌宅)의 건방(乾方)과 동사택으로 분류되는 감택(坎宅)의 이

---

5) 홍만선 著 재단법인 민족문화추진회 譯, 『국역 산림경제Ⅰ』, pp.35—36. 홍만선은 '팔택법' 등의 명칭을 사용하지는 않았고 좌향을 살핀 후 문과 길을 정하여 길한 것은 취하고 흉한 것은 피하라 하였다. 국역본에서는 '~坐'로 해석하였으나 원문에는 '~宅'으로 되어 있어 저자도 원문에 표기된 대로 '~宅'으로 정리하였다.

방(離方)을 제외하고는 길흉이 모두 일치하고 있음을 알 수 있다.6)

좌향	문방위	길흉
건택(乾宅)	간문	○
	태문	○
	곤문	○
	손문	×
	감방	×
	이방	×
곤택(坤宅)	건방	○
	간방	○
	태방	○
	손방	×
	진방	×
	이방	×
	감방	×
간택(艮宅)	태방	○
	곤방	○
	건방	△
	진방	×
	감방	×
	이방	×
	손방	×
태택(兌宅)	간방	○
	곤방	○
	건방	×
	진방	×
	감방	×
	이방	×
	손방	×

좌향	문방위	길흉
손택(巽宅)	이방	○
	진방	○
	감방	○
	간방	×
	곤방	×
	태방	×
	건방	×
감택(坎宅)	진방	○
	손방	○
	이방	×
	곤방	×
	태방	×
	건방	×
	간방	×
이택(離宅)	손방	○
	진방	○
	감방	×
	곤방	×
	건방	×
	간방	×
진택(震宅)	손방	○
	이방	○
	감방	○
	간방	×
	○는 길함	
	×는 흉함	
	△는 길흉 공존	

● 『국역 산림경제』의 문로별(門路別) 길흉

---

6) 홍만선의 『산림경제』는 『거가필용』, 『고사촬요』, 『산거사요』 등 많은 책을 인용하여 정리한 내용이라고 출처를 밝히고 있는데, 위 내용으로 보아 홍만선 사후(1715년 후)에 조옥재가 저술한 『양택삼요』 이전에 이미 유사한 이론이 존재하였음을 짐작할 수 있다.

제3장 양택배치법 Ⅱ - 현공풍수론

1. 현공풍수의 개요

　이기풍수는 천지운행에 의해 만들어진 에너지가 서로 다른 방위에 분포되어 있다가 건물이나 묘가 만들어지면 그 건물이나 묘의 중앙, 즉 천심(天心)이 생기고 그 천심을 기준으로 작용을 한다는 것을 전제로 만들어진 풍수이론이다.
　대부분의 이기풍수는 천지의 에너지가 눈으로 볼 수 있거나 느껴지는 것은 아니지만 건물이나 묘의 방향에 따라서 달리 나타난다고 주장한다.
　그에 반하여 현공풍수는 방향 뿐만 아니라 시운(時運, 시간의 흐름)에 따라서도 다르게 작용을 한다고 보고 접근하는 특징이 있다. 다시 말하면 같은 좌향(坐向)이라 하더라도 시간의 흐름에 따라 작용하는 기운의 성질이 달라진다는 것이다. 그래서 처음 건물이나 묘를 만들 때는 좋았던 방위도 시간이 흘러 시운이 바뀌면 나쁜 방위로 바뀌게 되고, 반대로 처음에는 좋지 않은 방위였어도 시간이 흐르고 나면 좋은 방위로 변한다는 것이다.
　현공풍수는 낙서구궁도(洛書九宮圖)를 활용하여 비성반을 만드는데 24방위의 각 방위 15°에서 중앙 9°를 사용하는 하괘(下卦)와 중앙 9°를 제외한 좌우 3°씩 6°의 일부를 사용하는 체괘(替卦)로 구분한다.[1]

현공풍수는 좌향과 시운에 따라 만들어진 비성반(飛星盤)을 가지고 주변 산수의 존재유무와 형세 및 원근 등을 고려하여 길흉을 판단한다.

현공풍수 비성반의 해석은 낙서구궁도 수(數) 오행의 상생과 상극의 관계를 적용하여 길흉을 판단하는 것이다. 현공비성반의 각 궁에는 운반수, 산성수, 향성수 등 세 종류의 숫자가 들어가는데, 이 가운데 산성수와 향성수 오행의 상생과 상극관계를 따져 길흉을 판단하는 것이 가장 기본이 된다.

구분	1	2	3	4	5	6	7	8	9
오행	수(水)	토(土)	목(木)	목(木)	토(土)	금(金)	금(金)	토(土)	화(火)

● 낙서구궁도 수(數) 오행

참고로 현공풍수는 중국 본토에서는 거의 다루지 않으나 최근에 주로 대만과 홍콩을 중심으로 알려지고 있으며 우리나라에도 2000년대 들어 처음 알려졌다.

2. 현공풍수의 운용원리

삼원연대표(三元年代表)

현공풍수는 앞에서도 언급하였듯이 방위의 길흉이 시운에 따라 다르다고 보기 때문에 시운을 정확하게 적용하여야 한다. 현공풍수의 시운은 60년을 소순환 1주기로 하고 소순환하는 3주기, 즉 180년을 대순환주기

---

1) 이 책에서는 체괘에 대한 설명은 생략하고 하괘에 대한 설명만을 한다.

로 한다. 이 180년을 20년 단위 9개의 운으로 구분하여 방위와 시운에 따른 길흉을 판단하는 것이다.

▶ 1運, 4運, 7運은 갑자년(甲子年)부터 계미년(癸未年)까지 20年

甲子 을축 병인 정묘 무진 기사 경오 신미 임신 계유

갑술 을해 병자 정축 무인 기묘 경진 신사 임오 **癸未**

▶ 2運, 5運, 8運은 갑신년(甲申年)부터 계묘년(癸卯年)까지 20年

甲申 을유 병술 정해 무자 기축 경인 신묘 임진 계사

갑오 을미 병신 정유 무술 기해 경자 신축 임인 **癸卯**

▶ 3運, 6運, 9運은 갑진년(甲辰年)부터 계해년(癸亥年)까지 20年

甲辰 을사 병오 정미 무신 기유 경술 신해 임자 계축

갑인 을묘 병진 정사 무오 기미 경신 신유 임술 **癸亥**

구 분			년 도			
상원	1運	갑자~계미	1504~1523	1684~1703	1864~1883	2044~2063
	2運	갑신~계묘	1524~1543	1704~1723	1884~1903	2064~2083
	3運	갑진~계해	1544~1563	1724~1743	1904~1923	2084~2103
중원	4運	갑자~계미	1564~1583	1744~1763	1924~1943	2104~2123
	5運	갑신~계묘	1584~1603	1764~1783	1944~1963	2124~2143
	6運	갑진~계해	1604~1623	1784~1803	1964~1983	2164~2183
하원	7運	갑자~계미	1624~1643	1804~1823	1984~2003	2184~2203
	8運	갑신~계묘	1644~1663	1824~1843	2004~2023	2204~2223
	9運	갑진~계해	1664~1683	1844~1863	2024~2043	2224~2243

● [표-1] 삼원 연대표

운별쇠왕표(運別衰旺表)

현공풍수에서는 시운의 흐름에 따라 길했던 운이 쇠퇴하기도 하고 흉했던 운이 길하게 변하기도 한다고 보기 때문에 시운에 따라 길한 수(數)와 흉한 수(數)로 구분하고 있다.

고대 중국의 건축가와 풍수가가 많이 사용한 자백법(紫白法, 일명 壓白尺法)에서는 1, 6, 8은 백색으로 무조건 길한 것으로 보았으나 현공풍수는 고정된 길수(吉數)가 있는 것이 아니고 해당운에 해당하는 숫자가 가장 중요하고 길한 수(數)로 보는 것이다.

구	분	왕기	생기	진기	퇴기	보좌기	쇠기	사기	살기
상원	1運	1	2	3	9	8	7	6	5,7
상원	2運	2	3	4	1	8	9	6	5,7
상원	3運	3	4	5	2	8	1	6	7,9
중원	4運	4	5	6	3	1,8	2	8	7,9
중원	5運	5	6	7	4	1,8	3	2	9
중원	6運	6	7	8	5	1,8	4	9	2,3
하원	7運	7	8	9	6	1	5	4	2,3
하원	8運	8	9	1	7	1	6	2	3,4,5
하원	9運	9	1	2	8	1	7	6	3,4,5

● [표-2] 운별 쇠왕표

· 왕기(旺氣)-현재의 운에 해당하는 수(數) : 대문, 현관이 있으면 좋음

· 생기(生氣)-다음의 운에 해당하는 수(數) : 왕기의 차선책으로 대용(代用)

가능

- 진기(進氣)-다다음의 운에 해당하는 수(數) : 왕기, 생기 대용가능
- 퇴기(退氣, 직전의 운) : 길흉은 없으나 흉수(凶數)와 조합이 되면 흉(凶)이 됨
- 보좌기(輔佐氣) : 후문, 창문, 계단, 탁자 등이 있으면 좋음
- 쇠기(衰氣) : 재물, 질병, 관송에 소흉(小凶)이 있음
- 사기(死氣), 살기(煞氣) : 주인의 재산과 가족 등에 대흉(大凶)함

※쇠기, 진기, 사기, 살기는 해당방위에 산이나 물이 없으면 흉(凶)도 없음

현공풍수의 산수분류(山水分類)[2)]

구 분		판 단 대 상
양택	산(山)	신위(神位), 사당(祠堂), 탁자, 주방(廚房), 가스레인지, 6尺 이상의 기물, 담장, 찬장, 큰 나무, 가산(假山-인공으로 만든 山), 좁은 골목
	수(水)	대문, 내외통로, 복도, 우물, 창문, 통풍구, 하수구, 화장실, 어항, 교차로, 군중이 밀집하는 장소, 에스컬레이터, 승강기

현공하괘비성반의 작성

현공비성반은 낙서의 구궁도를 기본으로 작성한다. 360°를 24방위로 나누어 구궁도의 중궁을 제외한 팔궁에 각각 3방위씩 배속한다.

이렇게 하면 1감궁에는 임자계, 8간궁에는 축간인, 3진궁에는 갑묘을, 4손궁에는 진손사, 9이궁에는 병오정, 2곤궁에는 미곤신, 7태궁에는 경유신,

---

2) 종의명(鐘義明), 『현공현대주택학(玄空現代住宅學)』, 무릉출판유한공사(대만), 2005, p.90.

6건궁에는 술건해가 배속된다.

24방위의 배속이 끝나면 다음으로 각 궁의 방위를 지원룡(地元龍), 천원룡(天元龍), 인원룡(人元龍)으로 구분한다. 예를 들어 1감궁의 방위가 임자계이면 임(壬)은 지원룡, 자(子)는 천원룡, 계(癸)는 인원룡으로 분류하는 것이다. 마찬가지로 8간궁의 축(丑)은 지원룡, 간(艮)은 천원룡 인(寅)은 인원룡이 되며, 3진궁의 갑(甲)은 지원룡, 묘(卯)는 천원룡, 을(乙)은 인원룡이 되는 것이다.

손	사	병	오	정	미	곤
진	四巽		九離		二坤	신
을						경
묘	三震		五中		七兌	유
갑						신
인	八艮		一坎		六乾	술
간	축	계	자	임	해	건

• 낙서 구궁도와 24방위

다음으로는 [표-3]에서 보는 바와 같이 분류된 여덟 개 궁의 각 방위에 음양의 부호(符號)를 부여한다. 정동방(正東方)에 해당하는 3진궁(震宮), 정서방(正西方)에 해당하는 7태궁(兌宮), 정남방(正南方)에 해당하는 9이궁(離宮), 정북방(正北方)에 해당하는 1감궁(坎宮)의 지원룡에는 양의 부호인 (+)를 부여하고 동남방(東南方)에 해당하는 4손궁(巽宮), 남서방(南西方)에 해당하는 2곤궁(坤宮), 북서방(北西方)에 해당하는 6건궁(乾宮), 북동방(北東方)에 해당하는 8간궁(艮宮)의 지원룡(地元龍)에는 음의 부호인 (−)를 부여한다.

이제는 천원룡과 인원룡에 부호를 부여해야 하는데, 지원룡에 (+)부호가 붙은 경우에는 반대부호인 (−)의 부호를 붙이고, 지원룡에 (−)부호가 붙은 경우에는 반대로 (+)부호를 붙여주면 되는 것이다.

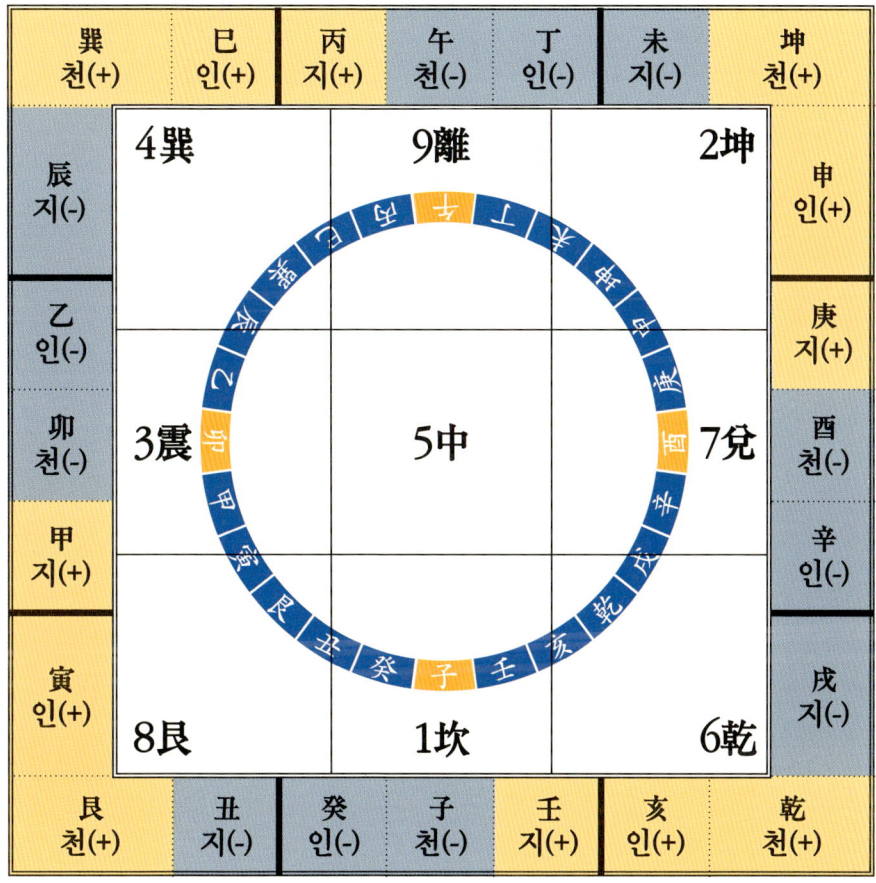

● [표-3] 구궁도와 24방위 삼원 부호표시

이렇게 하여 현공하괘비성반을 만들 준비가 마무리되었다. 현공하괘비성반을 만들기 위한 첫 단계는 운반(運盤)을 세우는 것이다. 운반이란 건물을 짓거나 묘를 만들고자 할 때 용사(用事)를 하는 해(年)가 속한 운(運)에 해당하는 숫자를 구궁도의 중궁에 넣고 본래 구궁도의 순서대로 순행시켜 배치를 한 것을 말한다.

예컨대 2012년에 건물을 짓거나 묘를 조성하는 것을 가정하여 운반을 만들면 2012년은 8운이기 때문에 [표-4] 왼쪽의 본래 구궁도의 5 → 6 → 7 → 8 → 9 → 1 → 2 → 3 → 4의 순서대로 [표-4]의 오른쪽과 같이 중궁에 (八)을 넣고 八 → 九 → 一 → 二 → 三 → 四 → 五 → 六 → 七을 순행시키는 것이다.

● [표-4] 본래 구궁도

● 8운 운반표

다음 단계는 용사를 하고자 하는 좌향을 기준으로 중궁에 산성과 향성을 앉히는 것이다. 가령 2012년(8운)에 자좌오향(子坐午向)으로 용사를 한다고 가정한 예를 들어보자. 좌(坐)에 해당하는 자(子)는 감궁에 해당하고 향(向)에 해당하는 오(午)는 이궁에 해당하는데, 이때 자좌에 해당하는 감궁의 운반수가 사(四)이고 오향에 해당하는 이궁의 운반수는 삼(三)이라는 것을 알 수 있다. 이 좌궁의 사(四)와 향궁의 삼(三)을 중궁의 운반수 위에 좌우로 자리잡게 한다.

 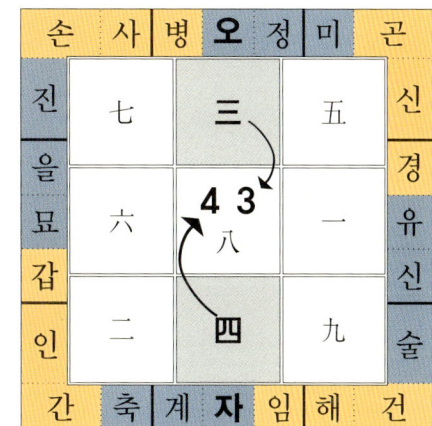

• [표-5] 현공하괘비성반 기둥세우기(8운 자좌오향)

[표-5]에서처럼 좌궁인 감궁의 운반수 사(四)를 근거로 중궁의 운반수 위쪽 왼편에 (4)가 자리잡았고 향궁인 이궁의 운반수 삼(三)을 근거로 중궁의 운반수 위쪽 오른편에 (3)이 자리잡았다. 이렇게 하여 현공하괘비성반의 중궁은 완성이 되었고, 이것을 가지고 나머지 여덟 개의 궁을 완성하게 된다.

다음은 현공하괘비성반을 완성하는 단계이다. 여기서는 중궁의 산성수 (4)와 향성수 (3)에서부터 하나씩 더하면서 구궁도를 순행할 것인지, 아니면 하나씩 빼면서 순행할 것인지를 결정해야 하는데, 이것을 결정하기 위해서는 본래 구궁도를 한번 확인하는 절차가 필요하다.

용사를 하고자 하는 좌향이 자좌오향인데 좌(坐)인 자(子)는 감궁의 천원룡에 해당한다. 그것을 기억하고 p.199의 본래 구궁도 4(巽)궁에 가서 천원룡의 부호가 (+)인지 (−)인지를 확인해 보니 (+)이므로 현공하괘비성반의 중궁에 있는 (4) 앞에 (+)를 표시해 둔다. 마찬가지로 향(向)인 오(午)도 이궁의 천원룡에 해당하므로 본래 구궁도 3(震)궁에 가서 천원룡의 부호를 확인해 보니 (−)이므로 중궁에 있는 (3) 앞에 (−)를 표시해 둔다.

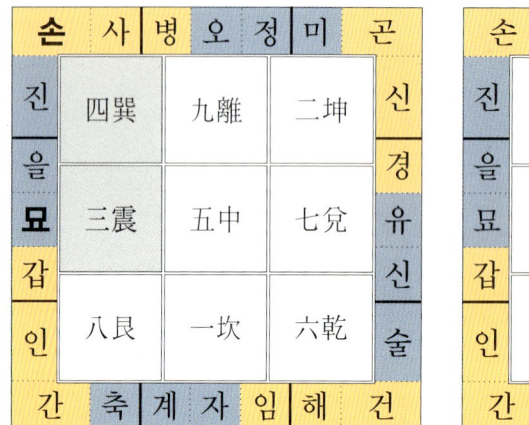

• 현공하괘비성반 기둥에 부호 붙이기(8운 자좌오향)

앞에서 중궁의 (4)에 (+)의 부호를 붙였으니 이제는 (4)는 부호대로 하나씩 더하면서 4 → 5 → 6 → 7 → 8 → 9 → 1 → 2 → 3 순으로 구궁도를 순행한다.

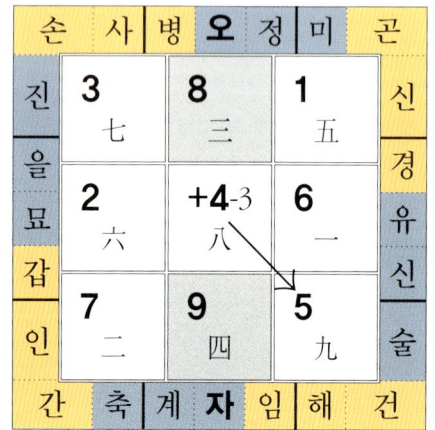

• 현공하괘비성반 산성수 완성하기(8운 자좌오향)

다시 중궁의 (3)에는 (-)의 부호를 붙였으니 (3)은 부호대로 하나씩 빼면서 3→2→1→9→8→7→6→5→4 순으로 구궁도를 순행한다.

● 현공하괘비성반 향성수 완성하기(8운 자좌오향)

[표-6]은 위에서 모두 다섯 단계를 거쳐 완성한 현공하괘비성반이다. 이 비성반의 숫자조합을 가지고 길한 좌향을 선택하고 건물의 문로(門露) 방향을 정하기도 하며 인테리어에 사용하기도 하는 것이다.

현공비성반은 좌궁, 향궁, 중궁 등 세 개의 궁은 기본적으로

● [표-6] 8운 자좌오향 현공하괘비성반

이기풍수 203

해석하며 나머지 여섯 개 궁은 봉우리, 건물, 도로, 철탑, 움직이는 사물 등 특별한 것이 있을 때는 해석하고 그 외는 해석하지 않아도 된다.

현공풍수의 4국(玄空風水四局)과 합국(合局)·불합국(不合局)

현공풍수는 앞에서 작성한 비성반을 해석하는 것이 가장 중요한 사항이 된다. 다만 단순히 비성반만을 해석하는 데 그치지 않고 비성반의 숫자조합과 실제 지형이 부합하는지에 따라 전혀 다른 해석을 하게 되는 특징이 있다.

현공하괘비성반의 운반수에 해당하는 숫자는 무조건 좌궁이나 향궁에 들어가게 되는데, 운반수에 해당하는 숫자가 어디에 자리잡느냐에 따라 쌍성회향(雙星會向), 왕산왕향(旺山旺向, 도산도향이라고도 함), 쌍성회좌(雙星會坐), 상산하수(上山下水) 등 크게 네 가지로 분류할 수 있다.

이 네 가지 형태의 비성반과 실제지형(實際地形)이 부합(附合)하면 합국(合局)이라 하고 부합하지 않으면 불합국(不合局)이라 하는데 합국의 경우는 비성반 숫자조합을 해석할 때 길(吉)한 내용으로 해석하면 되고 불합국일 경우에는 숫자조합을 흉(凶)한 방향으로 해석을 하게 된다.

1) 쌍성회향(雙星會向)

쌍성회향국은 향궁(向宮)의 산성수와 향성수가 중궁의 운반수(運盤數)와 같은 수로 된 경우를 말한다. 오른쪽의 비성반은 앞에서 작성한 8운의 자좌오향 비성반이다. 자(子)가 배속(配屬)된 감궁(坎宮)은 좌궁(坐宮)이라 하고 오(午)가 배속된 이궁(離宮)은 향궁(向宮)이라 하는데 향궁을 보면 중궁(中宮)의 운반수 팔(八)과 같은 수(數)(8)이 모두 향궁에 모여 있는 것을 볼 수 있다.

손	사	병	오	정	미	곤
진	3 4 七		8 8 三		1 6 五	신
을 묘 갑	2 5 六		4 3 八		6 1 一	경 유 신
인	7 9 二		9 7 四		5 2 九	술
간	축	계	자	임	해	건

• 쌍성회향비성반(8운 자좌오향)

이처럼 운반수와 같은 수가 향궁에 모두 모이게 되는 국(局)을 쌍성회향국이라 한다. 그런데 8운에 자좌오향으로 용사를 하려는 지형이 아래의 그림과 같은 지형이라면 이것을 합국이라 하고 지형이 다르다면 불합국이라 하는 것이다.

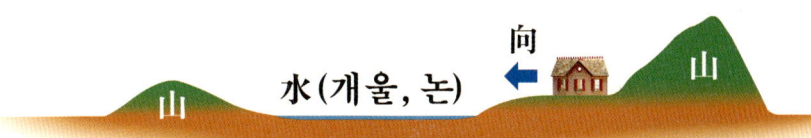

• 쌍성회향 합국지형

2) 왕산왕향(旺山旺向)

왕산왕향국은 '도산도향국'이라고도 하는데 향궁(태궁)의 향성수와 좌궁(진궁)의 산성수가 중궁의 운반수(運盤數)와 같은 수로 된 경우를 말한다. 오른쪽의 비성반은 7운의 묘좌유향 비성반이다.

손	사	병	오	정	미	곤
진	6 1 六		1 5 二		8 3 四	신
을 묘 갑	7 2 五		5 9 七		3 7 九	경 유 신
인	2 6 一		9 4 三		4 8 八	술
간	축	계	자	임	해	건

● 왕산왕향비성반(7운 묘좌/을좌)

중궁(中宮)의 운반수가 칠(七)인데 묘(卯)가 배속된 좌궁인 진궁(震宮)의 산성수가 (7)이고 향궁의 향성수가 (7)인 것을 볼 수 있다.

이처럼 운반수에 해당하는 숫자가 향궁에는 향성수로 좌궁에는 산성수로 자리잡는 경우를 왕산왕향국이라 한다.

만약 7운에 묘좌유향으로 용사를 하려는 지형이 아래 그림과 같은 지형이라면 이것을 합국이라 하고 지형이 다르다면 불합국이라 한다.

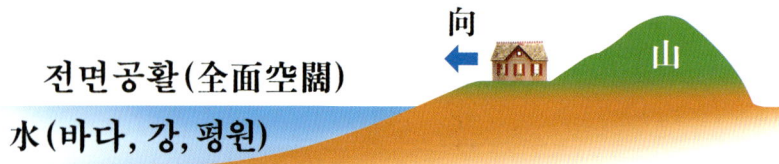

● 왕산왕향 합국지형

3) 쌍성회좌(雙星會坐)

쌍성회좌국은 좌궁(艮宮)의 산성수와 향성수가 모두 중궁의 운반수(運盤數)와 같은 수로 된 경우를 말한다. 오른쪽의 비성반은 9운의 간좌곤향 비성반이다. 간(艮)이 배속된 간궁(艮宮)은 좌궁이 되는데 좌궁을 보면 산성수와 향성수 모두가 중궁(中宮)의 운반수 구(九)와 같은 수(數)인 (9)로 되어 있는 것을 볼 수 있다.

● 쌍성회좌비성반(9운 간좌/인좌)

이처럼 운반수와 같은 수가 좌궁에 모이게 되는 국(局)을 쌍성회좌국이라 한다.

여기서도 9운에 간좌곤향으로 용사를 하려는 지형이 아래 그림과 같은 지형이라면 이것을 합국이라 하고 지형이 다르다면 불합국이라 하는 것이다.

● 쌍성회좌 합국지형

4) 상산하수(上山下水)

상산하수국은 중궁의 운반수(運盤數)와 같은 수가 향궁(손궁)의 산성수와 좌궁(건궁)의 향성수가 된 경우를 말한다. 오른쪽의 비성반은 5운의 건좌손향 비성반이다.

손	사	병 오 정	미	곤
진	5 3 四	1 8 九	3 1 二	신
을 묘 갑	4 2 三	6 4 五	8 6 七	경 유 신
인	9 7 八	2 9 一	7 5 六	술
간	축	계 자 임	해	건

• 상산하수비성반(5운 건좌/해좌)

중궁(中宮)의 운반수가 오(五)인데 손(巽)이 배속된 향궁인 손궁(巽宮)의 산성수가 (5)이고 좌궁인 건궁의 향성수가 (5)인 것을 볼 수 있다.

이처럼 운반수에 해당하는 숫자가 향궁에는 산성수로 좌궁에는 향성수로 자리잡는 경우를 상산하수국이라 한다.

마찬가지로 5운에 건좌손향으로 용사를 하는 경우에 지형이 아래 그림과 같은 지형이라면 이것을 합국이라 하고 지형이 다르면 불합국이라 하는 것이다.

• 상산하수 합국지형

현공비성반의 해석원칙[3]

구 분	합국(合局)	불합국(不合局)
1-1	· 총명한 자녀를 낳음 · 사상가, 철학자, 문장가로 명성	· 도적자손을 낳음 · 귓병, 심장병, 정신분열 앓음
1-2	· 상하가 일심단결 · 높은 지위 등극	· 사람들로부터 배반, 친척과 멀어짐 · 수종병(水腫病), 출혈, 흉사(凶死)
1-3	· 사업개시, 번창 · 집안이 번창하고 식구가 늘어남	· 곤란, 작은 아들이 대를 이음 · 뱀에 물림, 벼락 맞음
1-4	· 문예로 이름을 떨침 · 문과에 장원급제	· 음란하고 방탕하게 됨 · 정신이 없이 살아감
1-5	· 문과에 장원급제 · 총명하고 지혜로운 아들 많이 둠	· 정신상실 · 신장결석, 음부질병, 불임, 유산
1-6	· 대학자 출생 · 교사, 사상가, 천문학자 등 나옴	· 부자불화, 정신착란, 절도범 나옴 · 뇌출혈, 뇌염, 급성열병
1-7	· 정절을 지킴, 권세를 얻음 · 바르게 재산을 얻음	· 풍류에 빠져 방탕해짐 · 식중독, 토혈, 낙태
1-8	· 유전이나 수자원개발로 부를 얻음 · 스스로 성공을 함	· 가난, 형제불화, 감옥 · 요통, 결석, 비염, 유아익사
1-9	· 제왕의 자리에 오름 · 중심에서 평화를 이룸	· 부부불화, 형제불화 · 관재, 화재

---

3) 종의명(鐘義明), 『현공현대주택학(玄空現代住宅學)』, pp.163-172.

구 분	합국(合局)	불합국(不合局)
2-1	· 우두머리가 될 아들을 낳음 · 교사 등 각 방면의 영도자가 됨	· 중남이 고향을 떠남, 전답을 잃음 · 당뇨병, 배에 물이 참
2-2	· 자손이 번창하고 전답이 늘어남 · 명의나 무장이 남	· 남편의 권위가 없어짐 · 피부병, 난산, 악창
2-3	· 개과천선 · 수도하여 송공함	· 탐욕으로 해를 당함 · 무거운 물건에 치여 상처를 입음
2-4	· 승진, 진급 · 집안 화목	· 고부갈등, 함정에 빠짐 · 호랑이에 물림
2-5	· 자손번창, 전답이 늘어남 · 법관·무장이 나옴	· 매사가 벽에 부딪힘 · 암에 걸림, 홀아비나 과부가 나옴
2-6	· 자녀 온순 · 재산과 자손이 번창함	· 인색, 노력하지만 재물이 흩어짐 · 다혈질, 대머리가 됨
2-7	· 딸을 많이 낳음, 횡재·거부 · 검찰, 경찰, 법관, 의사로 성공	· 모녀다툼, 화재 · 설사, 이질, 낙태
2-8	· 후덕한 군자가 태어남 · 전답의 소출로 부를 축적함	· 승려가 남 · 어린아이에게 병이 생김
2-9	· 자손이 번창하고 현인이 남 · 유명한 화가가 나옴	· 사리분별을 못하고 미신에 빠짐 · 어리석은 자손이나 맹인이 나옴

구 분	합국(合局)	불합국(不合局)
3-1	· 어려움을 만나도 구제를 받음 · 조각가나 법관으로 성공	· 장자가 매사가 막혀 안정을 못함 · 타박상
3-2	· 재물은 많아지고 생활은 즐거움 · 무용가로 성공함	· 가정불화, 윗사람 아랫사람이 충돌 · 위장병, 다리부상
3-3	· 가업흥성, 재산풍요, 장자대성 · 선출직으로 명성	· 시비, 관송 · 근육병, 두통, 천식
3-4	· 귀한 자녀 생산 · 부귀쌍전	· 주색에 음란 · 간, 담, 다리부상
3-5	· 가업흥성, 재록풍성 · 승진	· 가난, 자동차 사고, 뱀에 물림 · 위출혈, 담결석, 염병 걸림
3-6	· 신체건강, 윗사람 도움으로 성공 · 건축사로 성공	· 곤경에 처함, 관재로 형옥 · 절름발이, 다리에 상처 입음
3-7	· 자손이 번창함 · 나날이 재물이 늘어남	· 가정파탄, 관재, 도난 · 너무 강해서 재앙. 귀신이 나타남
3-8	· 글재주가 뛰어난 총명한 자식 둠 · 많은 자손을 둠	· 가정불화, 집안에서 칼부림 · 손이 끊어짐
3-9	· 총명하고 기이한 인물 출생 · 밝은 빛이 비춤	· 범죄로 벌을 받음 · 비만증

구 분	합국(合局)	불합국(不合局)
4-1	• 이름을 떨쳐 기쁨이 가득함 • 문인, 항해가로 성공	• 가족 간에 충돌이 생김, 음탕 • 유랑자, 이산가족이 생김
4-2	• 자손번창, 인물이 많이 나옴 • 기자, 시인, 검찰 등으로 성공	• 고부갈등 • 비장에 병이 생김
4-3	• 귀여운 아이출생, 貴 이루어짐 • 부귀쌍전	• 매사가 무상하게 됨 • 도적이나 거지가 나옴
4-4	• 과거급제, 명문장가 • 용모단정한 여식이 귀족과 혼인	• 바람 잘 날 없음, 상처(喪妻) • 천식
4-5	• 과거급제 이어짐, 명문장가 • 시인, 문호, 여걸	• 도박, 범법, 파산으로 도주 • 간암, 편두통, 유방암, 피고름
4-6	• 명예와 실리를 모두 얻음, 승신 • 내기, 증권투자 유리	• 가정에 다툼 • 다리에 깁스
4-7	• 성실하고 총명한 자손 나옴 • 문인으로서 권력을 손에 쥠	• 안방에서 불화 • 총명한 자식을 잃음
4-8	• 적선을 하여야 함 • 농림이나 목축으로 富를 이룸	• 형제불화 • 신경통, 풍습병
4-9	• 어진 부인이 집안을 일으킴 • 재능있는 여식이 태어남	• 도적이 나거나 흉사(凶死), 음란 • 혈액병

구 분	합국(合局)	불합국(不合局)
5-1	· 문과에 장원급제 · 총명하고 지혜로운 아들 많이 둠	· 정신상실 · 신장결석, 음부질병, 불임, 유산
5-2	· 자손번창, 전답이 늘어남 · 법관 · 무장이 나옴	· 매사가 벽에 부딪힘 · 암에 걸림, 홀아비나 과부가 나옴
5-3	· 가업흥성, 재록풍성 · 승진	· 가난, 자동차 사고, 뱀에 물림 · 위출혈, 담결석, 염병 걸림
5-4	· 과거급제자 이어짐, 대문장가 · 시인, 문호, 여걸	· 도박, 범법, 파산으로 도주 · 간암, 편두통, 유방암, 피고름
5-5	· 다자손, 대부대귀 · 제왕 · 영수 등 큰 인물 다수 나옴	· 천재지변으로 악질, 횡화, 사망 · 치매, 5명이 사망
5-6	· 많은 자손을 두고 큰 부자가 됨 · 극품의 위치가 되어 권세를 떨침	· 관재, 독단적인 판단으로 실패 · 폐암, 뇌종양, 치매
5-7	· 자손이 번창하고 재물이 늘어남 · 외과의사, 법률가, 외교관 성공	· 조급하게 서둘러 실패, 횡사 · 구강암, 후두염, 폐암
5-8	· 충효의 모범이 되는 자손이 나옴 · 신선이나 성인이 나옴	· 가볍게 처신하여 실패, 귀가 얇음 · 위암, 비암
5-9	· 자손과 부귀가 번창함 · 대귀인이 나옴	· 화재, 관송 · 토혈, 눈병, 혈액암

구 분	합국(合局)	불합국(不合局)
6-1	· 장원급제자 나옴 · 법관, 변호사, 자문위원으로 성공	· 관송, 재산다툼, 권력을 잃어버림 · 뇌출혈
6-2	· 자손번창, 가업흥성 · 재물이 모임	· 처음에는 길하나 나중에는 흉 · 인색, 다혈질
6-3	· 노력하면 재물이 모임 · 관원, 열사가 나옴	· 부자불화 · 칼로 인한 상처입음
6-4	· 부와 명예를 함께 얻음 · 문무를 겸비한 인물이 나옴	· 부인이 사망할 수 있음 · 목매 자살하는 사람이 나옴
6-5	· 많은 자손을 두고 큰 부자가 됨 · 극품의 위치가 되어 권세를 떨침	· 관재, 독단적인 판단으로 실패 · 폐암, 뇌종양, 치매
6-6	· 거부, 다자손, 극품의 권세 · 무관으로 훈장을 받음	· 시비, 관송, 장자 아둔, 노사분규 · 폐병
6-7	· 권세를 손에 얻음 · 법관, 변호사	· 딸을 많이 낳고 아들은 서자를 둠 · 재물을 노략질당함
6-8	· 무과로 발자취를 남김 · 최고의 존경과 영예를 받음	· 고독, 무자식, 세상일을 알지 못함 · 머리병, 뼈병
6-9	· 문장과 벼슬이 높아짐	· 노인이 젊은 처를 얻음

구 분	합국(合局)	불합국(不合局)
7-1	· 성품이 온화한 사람이 나옴 · 어업, 수렵으로 치부, 조각가	· 주색에 빠지기 쉬움 · 낙태
7-2	· 걸출한 인물이 나옴 · 무인(武人), 의사	· 젊어서 과부가 됨 · 낙태, 유산, 토혈
7-3	· 문무를 겸비한 인물이 나옴 · 재물도 함께 얻음	· 너무 강해서 재앙을 부름 · 토혈, 칼로 인한 상처
7-4	· 성품이 온화한 사람이 나옴 · 신문업으로 부자가 됨, 문인, 시인	· 부부불화 · 큰딸 천식, 다릿병, 큰며느리 상처
7-5	· 자손이 번창하고 재물이 늘어남 · 외과의사, 법률가, 외교관 성공	· 조급하게 서둘러 실패, 횡사 · 구강암, 후두염, 폐암
7-6	· 문무를 겸비한 인물이 나옴 · 법관, 변호사, 교수, 조각가	· 재물을 노략질당함, 떠돌아다님 · 신장병
7-7	· 자손이 번창하고 재물이 모임 · 영리하고 재능있는 여식이 나옴	· 주위에 함께할 사람이 없음 · 상처(喪妻), 횡사, 화재
7-8	· 충성스러운 인물이 나옴 · 재물이 풍부	· 젊은 남녀가 방탕해짐 · 어린아이 발육부진, 수족에 손상
7-9	· 사회를 바꿀 인물이 나옴 · 발명가, 혁명가, 진보주의자	· 항상 화재를 만남 · 호색으로 성병

구 분	합국(合局)	불합국(不合局)
8-1	· 우두머리가 될 인물이 나옴 · 목축업으로 치부, 교육자, 사학자	· 중남(中男)이 좋지 않음 · 빈혈, 귓병
8-2	· 땅의 산물로 부를 이룸 · 옛것을 새것으로 바꾸어 나감	· 집안에 좀도둑이 생김 · 소남(小男)이 승려가 됨
8-3	· 연속으로 등과하는 자손을 둠 · 효자 아들이 많이 태어남	· 총명한 자식을 잃음, 재물 흩어짐 · 간이나 위의 질병
8-4	· 충성스러운 인물이 나옴 · 자녀가 방직업으로 성공	· 산속으로 은거하는 습관이 생김 · 소남(小男)에게 좋지 않은 일 발생
8-5	· 충효의 모범이 되는 자손이 나옴 · 신선이나 성인이 나옴	· 가볍게 처신하여 실패, 귀가 얇음 · 위암, 비암
8-6	· 문신이 무관으로 뽑히게 됨 · 은행원, 도덕교사, 충효교사	· 홀아비가 됨, 자손을 두지 못함 · 두통, 뼈병
8-7	· 현명한 자손이 다수 출생함 · 젊은 나이에 일찍 성공함	· 부부불화, 사욕으로 사람·재물 잃음 · 어린이 발육부진
8-8	· 충효의 모범이 되는 자손이 나옴 · 신선, 성인, 고승이 나옴	· 자식이 죽을 수 있음 · 콧병, 염병, 황달 등을 앓음
8-9	· 나라를 대표하는 거부가 나옴 · 높은 벼슬에 올라감	· 물욕에 빠짐, 정신상실, 화재 · 손가락에 화상

구 분	합국(合局)	불합국(不合局)
9-1	· 아들을 많이 둠 · 극품의 지위에 오름	· 부인이 남편을 무시함(牝鷄司晨) · 외화내란(外和內亂), 눈병, 귓병
9-2	· 자손번창, 승진 · 풍수전문가	· 어리석은 자식 · 과부가 날 수 있음 · 위장병, 눈병
9-3	· 재물과 자손이 같이 번창함 · 법관, 상담전문가	· 감옥에 갈 수 있음 · 동물에 물리는 상처
9-4	· 재물과 자손이 같이 번창함 · 문인이 이름을 드높임	· 여인불화, 음탕, 화재 · 허리병, 눈병
9-5	· 자손과 부귀가 번창함 · 대귀인이 나옴	· 화재, 관송 · 토혈, 눈병, 혈액암
9-6	· 가장이 존경을 받으며 장수 · 박학다식한 사람 나옴	· 아버지를 욕하는 아들이 나옴 · 노인이 상처를 입음, 폐병, 토혈
9-7	· 큰 재물을 가지게 됨 · 아름다운 딸을 낳음	· 주색에 빠져 방탕, 부부반목, 화재 · 폐병
9-8	· 재물과 자손이 같이 번창함 · 외교관, 등산가, 교육자	· 우둔한 자식을 둠, 화산폭발 · 위장병, 눈병
9-9	· 신선, 성인, 고승이 나옴 · 요식업, 의복업, 요업, 화장품	· 홀아비가 됨, 화재 · 심장병, 눈병

현공하괘비성반의 기국(奇局)

현공비성반의 기국이란 비성반의 숫자조합이 특이하게 만들어진 경우를 표현한 것이다. 대표적인 기국에는 복음(伏吟), 합십(合十), 부모삼반괘(父母三盤卦)와 연주삼반괘(連珠三盤卦) 등이 있다.

1) 복음(伏吟)

복음이란 현공하괘비성반 중궁의 산성이나 향성에 5가 들어가서 본래 구궁도와 똑같은 형태로 순행하는 경우를 말한다.

오른쪽의 비성반처럼 구궁도의 중궁에 5가 들어가고 건궁에는 6, 태궁에는 7, 간궁에는 8, 이궁에는 9, 감궁에는 1, 곤궁에는 2, 진궁에는 3, 손궁에는 4가 들

손	사	**병**	오	정	미	곤
진	7 4 九		2 9 五		9 2 七	신
을 묘 갑	8 3 八		6 5 一		4 7 三	경 유 신
인	3 8 四		**1 1** 六		5 6 二	술
간	축	계	자	**임**	해	건

● 1운 임좌병향(복음)

어가게 되는데, 이렇게 되면 기존 구궁도의 각 궁에 있던 기운에 같은 성질의 기운이 추가되어 전체적인 균형이 흐트러지게 된다고 보는 것이다.

복음이 되는 좌향으로 건물을 짓거나 묘를 만들면 재산과 자손이 크게 손상을 입는다고 한다.

2) 합십(合十)

합십이란 p.219의 9운 손좌건향 비성반의 경우처럼 각 궁의 운반수와

산성수나 향성수를 더했을 때 합이 10이 되는 경우를 말한다. 산성과 운반수가 합십이 되면 자손이 번창하게 되며, 향성수와 운반수가 합십이 되면 재물이 창성하게 되는 것으로 본다.

이처럼 합십국(合十局)을 길하게 보는 것은 10이라는 숫자가 후천구궁도에는 나타나 있지 않지만 토(土)의 성질을 가지고 팔방에서 서로 상통하도록 역할을 한다고 보기 때문이다.[4]

● 9운 손좌/사좌(합십)

3) 부모삼반괘(父母三盤卦)와 연주삼반괘(連珠三盤卦)

부모삼반괘란 각 궁의 운반수, 산성수, 향성수 세 개의 숫자 조합이 147이나 258 또는 369로 만들어진 경우를 말한다.

부모삼반괘의 경우는 귀인을 만나 도움을 받게 되고 흉(凶)도 길(吉)로 변하며 복음의 화(禍)를 풀어준다고 한다.[5]

이처럼 부모삼반괘가 길한 작

● 4운 축좌미향(부모삼반괘)

용을 하는 것은 운의 구성에서 1·4·7운, 2·5·8운, 3·6·9운이 같은 갑자로 구성되어 서로 상통하기 때문에 큰 힘을 발휘한다고 보는 것이다.

반면에 연주삼반괘란 각 궁의 숫자 조합이 123, 234, 345, 456, 567, 678, 789, 891, 912 등으로 만들어진 경우를 말한다.

● 3운 건좌/해좌(연주삼반괘)

연주삼반괘의 경우도 부모삼반괘와 마찬가지로 일이 순탄하게 진행되며 귀인의 도움을 받게 되고 복음의 화를 풀어준다고 한다.

부모삼반괘는 2운 간좌/인좌와 곤좌/신좌, 4운 축좌와 미좌, 5운 간좌/인좌와 곤좌/신좌, 6운 축좌와 미좌, 8운 간좌/인좌와 곤좌/신좌가 해당된다.

연주삼반괘는 2운 진좌와 술좌, 3운 손좌/사좌와 건좌/해좌, 5운 손좌/사좌와 건좌/해좌, 7운 손좌/사좌와 건좌/해좌, 8운 진좌와 술좌가 해당된다.

특이한 점은 삼반괘가 나타나는 모든 경우가 상산하수국에 해당하므로 배산면수(背山面水)의 경우는 불리하며 배수면산(背水面山)의 경우에만 사용할 수 있는 것이다.

---

4) 박선길, 『기문주거풍수학』, 2005, 경덕출판사, pp.430-432.
5) 최명우, 『현공풍수』, 2005, 답계출판사, p.79.

공망(空亡)

　공망이란 좌(坐)와 좌(坐) 사이의 틈새와 괘(卦)와 괘(卦) 사이의 틈새를 말한다. 현공풍수는 360°를 24방위로 나눈 것을 기본으로 활용하는데 24개의 각 방위마다 중간에 작은 틈이 있는데 이것을 소공망(小空亡)이라 하며, 24방위를 8방위로 분류한 괘와 괘 사이에는 중간에 큰 틈이 있는데 이것을 대공망(大空亡)이라 하는 것이다. 좌향이 공망에 빠지게 되면 거주하는 사람이 정신이 혼미해진다고 한다.

	소공망		대공망		소공망		소공망		대공망		소공망	
건	해(15°)		임(15°)		자(15°)		계(15°)		축(15°)		간
건(45°)			감(45°)					간(45°)			

● 현공풍수의 공망

　위 그림을 보면 24방위는 각 15°인데 중앙 9°(녹색)는 공망에 해당되지 않으므로 사용이 가능하나 각 방위 15°의 좌우 3°씩(붉은색)에는 공망이 포함되어 있으므로 사용을 하여서는 안 된다는 것이다.

　이것은 좌향을 놓을 때 각 좌의 1방위 15° 중에서 중앙 9°만을 사용하라는 것으로 각 좌의 좌우 3°씩 총 6° 중에는 체괘로 사용할 수 있는 부분이 약간 있으나 체괘는 작은 경우는 0.5°이고 크다고 하여도 2.5°에 불과하여 사용하는 것이 용이하지 않으므로 차라리 전체가 공망에 해당된다고 인식하고 사용하지 않는 것이 좋을 것이다.

그런데 기존 한국에서 통용되던 이기풍수론의 9층 분금론(分金論은 360°를 120등분하여 1분금은 3°가 됨)에 의하면 각 방위의 다섯 개 분금 중에서 중앙의 무자순(戊子旬) 분금 3°는 공망맥(空亡脈)이고 우측의 갑자순(甲子旬) 분금 3°와 좌측의 임자순(壬子旬) 분금 3°는 고허맥(孤虛脈)이기 때문에 피해야 하고 두 번째와 네 번째에 해당하는 왕기맥(旺氣脈)인 병자순(丙子旬) 3°와 상기맥(相氣脈)인 경자순(庚子旬) 3°만을 사용하여야 한다는 것이다.6)

고허맥	왕기맥	공망맥	상기맥	고허맥	丁亥	공망맥	辛亥	丙子	공망맥	庚子	丙子	공망맥	庚子	고허맥	왕기맥	공망맥	상기맥	고허맥
		해(15°)				임(15°)			자(15°)			계(15°)				축(15°)		
	건(45°)						감(45°)								간(45°)			

● 분금론의 왕기맥과 상기맥

물론 분금론은 장사(葬事)에서 하관 후 망자 시신의 좌향을 미세하게 조정하는 데 활용하는 이론이지만 양택에서 인용을 한다고 해서 크게 문제가 되는 것도 아니기 때문에 양택의 좌향을 결정할 때 현공풍수와 함께 반영하면 더 좋을 것이다.

따라서 현공풍수에서 공망이 없다는 중앙 9°와 기존 한국풍수에서의 왕기맥과 상기맥을 선택하는 두 가지 이론을 동시에 적용하여 좌향을 결

---

6) 박봉주, 『한국풍수이론의 정립』, 2002, 관음출판사, pp.225-232.

정하면 두 이론이 공통적으로 길하다는 좌향을 선택할 수 있게 되는 것이다. 이것은 각 방위 15°를 3°씩 나눈 5칸 중에서 정중앙의 칸과 좌우의 한 칸씩을 제외한 칸, 즉 좌우측의 두 번째 칸과 네 번째 칸을 선택하면 되는 것이다.

3. 현공풍수의 활용

방위의 측정

이기풍수에서 가장 중요한 요소 중의 하나가 '어느 지점에서 측정을 할 것인가?' 이다. 이것은 측정하는 위치에 따라 측정하고자 하는 지점의 방위가 달라지는 경우가 많기 때문이다.

현공풍수에서는 팔택법의 경우와 다르게 건물의 무게중심점에 나경을 놓고 방위를 측정한다는 데 특별한 이견이 없으므로 건물의 중앙에서 대문이나 현관문 기타 팔방의 사물 등을 측정하면 된다.

또 다른 하나의 요소는 '나경의 몇 층으로 측정을 할 것인가?' 이다. 나경의 4층과 6층, 그리고 8층의 방위배치구조는 똑같지만 4층을 기준으로 6층은 7.5°가 시계반대방향으로 뒤처져 있고, 8층은 7.5°가 시계방향으로 앞서 있기 때문에 같은 구조인데도 6층과 8층은 최대 15°의 차이가 나게 되는 것이다.

삼합풍수이론의 하나인 88향법에서는 4층으로 정반정침을 한 후 8층으로 수구방위를 측정하고 8층으로 좌향을 정하지만 현공풍수에서는 나경의 다른 층은 사용하지 않고 4층으로 정반정침하고 좌향을 정하는 것도 4층으로만 한다.

건물의 좌향결정

현공풍수는 각 운마다 지형과 부합하면 길한 좌향이 있고 부합하지 않으면 흉하다는 좌향이 있는 것으로 판단하기 때문에 건축을 하고자 터를 구하는 경우라면 건축을 할 경우의 좌향과 지형이 합국이 되는지를 확인해 보는 것이 좋다.

예를 들어 건축을 하려는 터의 지형이 뒤에 산이 있고 앞에 물이 있는 배산면수의 지형이라면 비성반으로 왕산왕향이나 쌍성회향의 국이 되는 좌향이 가능한지를 살펴보아야 한다. 그러나 반대로 앞에는 산이 있고 뒤에 물이 있는 배수면산의 지형이라면 비성반으로 상산하수나 쌍성회좌의 국이 되는 좌향이 가능한

● 8운 간좌/인좌(상산,복음,부모)

● 8운 축좌미향(왕산,합십)

지를 확인하는 것이 현공풍수이론에 부합하게 건물을 짓는 첫걸음이 된다.

이렇게 큰 틀에서 합국이 되는지 불합국인지 확인하여 터를 결정하였다면 다음 단계는 가장 길한 좌향을 선택하는 것이다.

만약 배산면수로 좌향을 자연지형이 간좌곤향으로 놓아야 하는 경우의 예를 보자. 8운의 비성반 간좌곤향은 상산하수국이며 이 경우 지형은 배수면산이어야 합국이 되므로 배산면수의 지형에서는 불합국이 되어 흉한 좌향이 된다.

이 경우에는 축(丑)과 간(艮)은 바로 인접해 있어 15°의 차이가 있는 방위여서 좌향을 간좌곤향으로 놓지 않고 축좌미향으로 할 수 있다.

p.224의 8운 간좌곤향(艮坐坤向) 비성반을 보면 상산하수국이면서 함께 복음과 부모삼반괘로 구성되어 있다. 부모삼반괘가 복음의 화는 풀어주기 때문에 상산하수의 문제만 풀면 되는데 실제 지형이 배산면수 지형이라면 불합국이 되어 흉하게는 되는 것이므로 15° 정도를 틀어 축좌미향(丑坐未向)으로 좌향을 바꾸면 p.224의 축좌미향 비성반에서 보는 것처럼 합국이 되고 합십까지 만나게 되어 길하게 된다.

문 내는 방위

풍수에서 문을 단순히 사람이나 물건이 들락거리는 곳으로만 보지 않고 집 안과 밖의 기운이 소통하는 곳으로 보기 때문에 현공풍수도 건축단계에서 가장 중요하게 판단하는 것이 문(門)의 방위이다.

현공풍수는 1운부터 9운까지의 순환과정에 따라 각 운에 해당하는 수(數)는 왕기(旺氣), 다음 운에 해당하는 수는 생기(生氣), 다다음의 운에 해당하는 수는 진기(進氣)라 하여 문을 내는 방향으로 적합한 것으로 본다.

현공비성반에는 왕기, 생기, 진기에 해당하는 숫자가 8궁의 산성과 향성에 적어도 2개는 들어가는데 그중에서 향성의 숫자를 기준으로 문을 내는 방위를 정한다.

손	사	병	오	정	미	곤
진	3 4 七		8 **8** 三		1 6 五	신
을 묘 갑	2 5 六		4 3 八		6 **1** 一	경 유 신
인	7 **9** 二		9 7 四		5 2 九	술
간	축	계	**자**	임	해	건

● 8운 자좌/계좌(회향)

예를 들어 위의 8운 자좌오향(子坐午向) 비성반을 보면 8운의 왕기 숫자인 향성 '8'이 이방(離方 병·오·정)에 있으므로 대문이나 현관을 내는 방위로는 이방(離方, 정남방)이 가장 좋다는 것이다. 만약 그쪽에 도로가 없다거나 하여 문을 내기가 적합하지 않은 경우에는 생기에 해당하는 향성 '9'가 간방(축·간·인)에 있으므로 차선책으로 간방(艮方, 동북방)에 문을 내면 된다는 것이다. 이방(離方)과 마찬가지로 간방(艮方)도 문을 낼 수 없는 형편이라면 이번에는 진기에 해당하는 향성 '1'이 있는 태방(兌方 경·유·신)으로 문을 내면 되는 것이다.

인테리어 및 소품의 배치

현재 홍콩 등에서 현공풍수를 활용하는 방법의 핵심이 현공비성반의 방위별 숫자조합을 가지고 방위에 맞는 색상을 선택하거나 소품 등을 배치하는 것이다. 이를 현공화살법(玄空化煞法)이라 한다.

현공화살법의 기본은 산성수와 향성수, 또는 향성수와 산성수의 조합에 오행의 상생과 상극의 논리를 적용하여 상생이 되는 숫자조합은 그대로 두고 상극이 되는 숫자조합은 상생의 관계가 되도록 해당방위에 색상이나 소품 등을 배치하는 것이다.

	손	사	병	오	정	미	곤	
진		1 6 六		5 1 二		3 8 四		신
을 묘 갑		2 7 五		9 5 七		7 3 九		경 유 신
인		6 2 一		4 9 三		8 4 八		술
	간	축	계	자	임	해	건	

● 7운 유좌/신좌(왕산)

숫자의 오행은 후천구궁수의 오행인 1=수(水), 2=토(土), 3=목(木), 4=목(木), 5=토(土), 6=금(金), 7=금(金), 8=토(土), 9=화(火)를 적용한다.

위의 7운 유좌/신좌 비성반을 보면 감궁 4·9, 간궁 6·2, 진궁 2·7, 손궁 1·6, 이궁 5·1, 곤궁 3·8, 태궁 7·3, 건궁 8·4의 숫자조합을 볼 수 있다.

이 가운데 감궁 4·9는 목생화(木生火), 간궁 6·2는 토생금(土生金), 진궁 2·7도 토생금(土生金), 손궁 1·6은 금생수(金生水)하는 상생의 관계로 되어 있으나 이궁 5·1은 토극수(土剋水), 곤궁 3·8은 목극토(木剋土), 태궁 7·3은 금극목(金剋木), 건궁 8·4는 목극토(木剋土)의 상극 구조로 조합이 되어 있다.

이렇게 비성반의 숫자조합이 상극으로 된 경우에 5·1의 토극수(土剋水)가 되는 이방(離方, 정남방)에는 금(金)의 성질을 배치하여 토생금 → 금생수가 되도록 하고, 3·8이 목극토(木剋土)하는 곤방(坤方, 남서방)에는 화(火)의 성질과 관련 있는 것을 두어 목생화 → 화생토가 되도록 하며, 7·3으로 금극목(金剋木)이 되는 태방(兌方, 정서방)에는 수(水)와 관련있는 색상이나 소품을 두어 금생수 → 수생목이 되도록 하고, 역시 8·4로 목극토(木剋土) 하는 건방(乾方, 서북방)에는 화(火)를 상징할 수 있는 것을 두어 목생화 → 화생토가 되도록 해주면 된다.

현공풍수에서 화살법에 사용하는 색상 및 소품을 정리하면 다음과 같다.

목(木)	화(火)	토(土)	금(金)	수(水)
·녹색, 연두색	·적색, 분홍색	·황색, 노란색	·백색	·흑색, 회색
·부귀죽	·자주색 수정구	·황색 수정구	·풍경(風磬)	·회색톤 벽지
·녹색 수정구	·자주색 수정주	·황색 수정주	·금속바람개비	·실내분수
·녹색톤 등(燈)	·붉은색 등(燈)	·황색 등(燈)	·동전 6잎	·어항
·녹색톤 벽지	·붉은톤 벽지	·황색톤 벽지	·원형 금속시계	·수족관
·녹색톤 커튼	·붉은톤 커튼	·황색톤 커튼	·백색톤 커튼	·물 사진
·녹색톤 방석	·붉은톤 방석	·황색톤 방석	·백색톤 방석	·검은색 식초

● 숫자조합별 현공화살법의 사례

⟨12⟩⟨21⟩ : 풍경을 매달아두거나 옛날 동전 6잎을 둔다.

⟨15⟩⟨51⟩ : 풍경을 매달아두거나 옛날 동전 6잎을 둔다.

⟨18⟩⟨81⟩ : 시침과 분침만 있는 원형의 쇠로 된 시계를 놓는다.

⟨19⟩⟨91⟩ : 4가지의 부귀죽이나 1개의 녹색 수정구나 수정주를 사용한다.

⟨23⟩⟨32⟩ : 자주색 수정구나 붉은 방석을 놓거나 또는 붉은 등을 밝힌다.

⟨24⟩⟨42⟩ : 자주색 수정구나 붉은색 방석을 놓는다.

⟨25⟩⟨52⟩ : 풍경을 걸거나 동전 6잎을 둔다. 또는 금속바람개비(풍수륜)
을 둔다.

⟨28⟩⟨82⟩ : 원형의 쇠로 된 시계를 놓는다.

⟨36⟩⟨63⟩ : 물이 있는 사진, 혹은 어항을 둔다.

⟨37⟩⟨73⟩ : 물이 있는 사진이나 혹은 어항을 둔다.

⟨38⟩⟨83⟩ : 붉은 방석이나 등불, 자주색 수정구를 둔다.

⟨45⟩⟨54⟩ : 한 세트가 5개로 된 풍경을 매달아둔다.

⟨46⟩⟨64⟩ : 물이 있는 사진 혹은 어항을 둔다.

⟨48⟩⟨84⟩ : 자주색 수정구나 붉은 방석을 놓거나 붉은 등을 밝힌다.

⟨59⟩⟨95⟩ : 한 세트가 5개로 된 풍경을 매달아둔다.

⟨67⟩⟨76⟩ : 검은색 식초를 둔다.

⟨69⟩⟨96⟩ : 황색 방석이나 5층의 황색탑을 둔다.

⟨79⟩⟨97⟩ : 황색 수정구를 놓는다.

4. 현공하괘비성반

[1運]

* 임좌 : 會坐, 伏吟

손	사	병	오	정	미	곤
진	7 4 九		2 9 五		9 2 七	신
을 묘 갑	8 3 八		6 5 一		4 7 三	경 유 신
인	3 8 四		1 1 六		5 6 二	술
간	축	계	자	임	해	건

* 자좌/계좌 : 會向

손	사	병	오	정	미	곤
진	5 6 九		1 1 五		3 8 七	신
을 묘 갑	4 7 八		6 5 一		8 3 三	경 유 신
인	9 2 四		2 9 六		7 4 二	술
간	축	계	자	임	해	건

* 축좌 : 會坐

손	사	병	오	정	미	곤
진	5 6 九		9 2 五		7 4 七	신
을 묘 갑	6 5 八		4 7 一		2 9 三	경 유 신
인	1 1 四		8 3 六		3 8 二	술
간	축	계	자	임	해	건

* 간좌/인좌 : 會向

손	사	병	오	정	미	곤
진	3 8 九		8 3 五		1 1 七	신
을 묘 갑	2 9 八		4 7 一		6 5 三	경 유 신
인	7 4 四		9 2 六		5 6 二	술
간	축	계	자	임	해	건

＊갑좌 : 會坐

	손	사	병	오	정	미	곤	
진		9 2 九		4 7 五		2 9 七		신
을 묘 갑		**11** 八		8 3 一		6 5 三		경 유 신
		5 6 四		3 8 六		7 4 二		술
	간	축	계	자	임	해	건	

＊묘좌/을좌 : 會向

	손	사	병	오	정	미	곤	
진		7 4 九		3 8 五		5 6 七		신
을 묘 갑		6 5 八		8 3 一		**11** 三		경 유 신
		2 9 四		4 7 六		9 2 二		술
	간	축	계	자	임	해	건	

＊진좌 : 會向

	손	사	병	오	정	미	곤	
진		8 3 九		4 7 五		6 5 七		신
을 묘 갑		7 4 八		9 2 一		2 9 三		경 유 신
		3 8 四		5 6 六		**11** 二		술
	간	축	계	자	임	해	건	

＊손좌/사좌 : 會坐, 合十

	손	사	병	오	정	미	곤	
진		**11** 九		5 6 五		3 8 七		신
을 묘 갑		2 9 八		9 2 一		7 4 三		경 유 신
		6 5 四		4 7 六		8 3 二		술
	간	축	계	자	임	해	건	

※ 병좌 : 會向, 伏吟

	손	사	병	오	정	미	곤	
진		4 7 九		9 2 五		2 9 七		신
을 묘 갑		3 8 八		5 6 一		7 4 三		경 유 신
인		8 3 四		1 1 六		6 5 二		술
	간	축	계	자	임	해	건	

※ 오좌/정좌 : 會坐

	손	사	병	오	정	미	곤	
진		6 5 九		1 1 五		8 3 七		신
을 묘 갑		7 4 八		5 6 一		3 8 三		경 유 신
인		2 9 四		9 2 六		4 7 二		술
	간	축	계	자	임	해	건	

※ 미좌 : 會向

	손	사	병	오	정	미	곤	
진		6 5 九		2 9 五		4 7 七		신
을 묘 갑		5 6 八		7 4 一		9 2 三		경 유 신
인		1 1 四		3 8 六		8 3 二		술
	간	축	계	자	임	해	건	

※ 곤좌/신좌 : 會坐

	손	사	병	오	정	미	곤	
진		8 3 九		3 8 五		1 1 七		신
을 묘 갑		9 2 八		7 4 一		5 6 三		경 유 신
인		4 7 四		2 9 六		6 5 二		술
	간	축	계	자	임	해	건	

※ 경좌 : 會向

	손	사	병	오	정	미	곤	
진		2 9 九		7 4 五		9 2 七		신
을 묘 갑		**11** 八		3 8 一		5 6 三		경 유 신
인		6 5 四		8 3 六		4 7 二		술
	간	축	계	자	임	해	건	

※ 유좌/신좌 : 會坐

	손	사	병	오	정	미	곤	
진		4 7 九		8 3 五		6 5 七		신
을 묘 갑		5 6 八		3 8 一		**11** 三		경 유 신
인		9 2 四		7 4 六		2 9 二		술
	간	축	계	자	임	해	건	

※ 술좌 : 會坐

	손	사	병	오	정	미	곤	
진		3 8 九		7 4 五		5 6 七		신
을 묘 갑		4 7 八		2 9 一		9 2 三		경 유 신
인		8 3 四		6 5 六		**11** 二		술
	간	축	계	자	임	해	건	

※ 건좌/해좌 : 會向, 合十

	손	사	병	오	정	미	곤	
진		**11** 九		6 5 五		8 3 七		신
을 묘 갑		9 2 八		2 9 一		4 7 三		경 유 신
인		5 6 四		7 4 六		3 8 二		술
	간	축	계	자	임	해	건	

[2運]

* 임좌 : 會向

	손	사	병	오	정	미	곤	
진		6 7 一		2 2 六		4 9 八		신
을묘갑		5 8 九		7 6 二		9 4 四		경유신
인		1 3 五		3 1 七		8 5 三		술
	간	축	계	자	임	해	건	

* 자좌/계좌 : 會坐

	손	사	병	오	정	미	곤	
진		8 5 一		3 1 六		1 3 八		신
을묘갑		9 4 九		7 6 二		5 8 四		경유신
인		4 9 五		2 2 七		6 7 三		술
	간	축	계	자	임	해	건	

* 축좌 : 旺山, 合十

	손	사	병	오	정	미	곤	
진		6 9 一		1 4 六		8 2 八		신
을묘갑		7 1 九		5 8 二		3 6 四		경유신
인		2 5 五		9 3 七		4 7 三		술
	간	축	계	자	임	해	건	

* 간좌/인좌 : 上山, 父母, 伏吟

	손	사	병	오	정	미	곤	
진		4 7 一		9 3 六		2 5 八		신
을묘갑		3 6 九		5 8 二		7 1 四		경유신
인		8 2 五		1 4 七		6 9 三		술
	간	축	계	자	임	해	건	

* 갑좌 : 會向

	손 사	병 오	정 미	
진	8 5 一	4 9 六	6 7 八	신
을 묘 갑	7 6 九	9 4 二	**2 2** 四	경 유 신
인	3 1 五	5 8 七	1 3 三	술
	간 축	계 자 임	해 건	

* 묘좌/을좌 : 會坐

	손 사	병 오	정 미	
진	1 3 一	5 8 六	3 1 八	신
을 묘 갑	**2 2** 九	9 4 二	7 6 四	경 유 신
인	6 7 五	4 9 七	8 5 三	술
	간 축	계 자 임	해 건	

* 진좌 : 上山, 連珠

	손 사	병 오	정 미	
진	9 **2** 一	5 7 六	7 9 八	신
을 묘 갑	8 1 九	1 3 二	3 5 四	경 유 신
인	4 6 五	6 8 七	**2** 4 三	술
	간 축	계 자 임	해 건	

* 손좌/사좌 : 旺山

	손 사	병 오	정 미	
진	**2** 4 一	6 8 六	4 6 八	신
을 묘 갑	3 5 九	1 3 二	8 1 四	경 유 신
인	7 9 五	5 7 七	9 **2** 三	술
	간 축	계 자 임	해 건	

* 병좌 : 會坐

손	사	병	오	정	미	곤
진	7 6 一		2 2 六		9 4 八	신
을 묘 갑	8 5 九		6 7 二		4 9 四	경 유 신
인	3 1 五		1 3 七		5 8 三	술
간	축	계	자	임	해	건

* 오좌/정좌 : 會向

손	사	병	오	정	미	곤
진	5 8 一		1 3 六		3 1 八	신
을 묘 갑	4 9 九		6 7 二		8 5 四	경 유 신
인	9 4 五		2 2 七		7 6 三	술
간	축	계	자	임	해	건

* 미좌 : 旺山, 合十

손	사	병	오	정	미	곤
진	9 6 一		4 1 六		2 8 八	신
을 묘 갑	1 7 九		8 5 二		6 3 四	경 유 신
인	5 2 五		3 9 七		7 4 三	술
간	축	계	자	임	해	건

* 곤좌/신좌 : 上山, 父母, 伏吟

손	사	병	오	정	미	곤
진	7 4 一		3 9 六		5 2 八	신
을 묘 갑	6 3 九		8 5 二		1 7 四	경 유 신
인	2 8 五		4 1 七		9 6 三	술
간	축	계	자	임	해	건

* 경좌 : 會坐

	손	사	병	오	정	미	곤	
진		5 8 一		9 4 六		7 6 八		신
을 묘 갑		6 7 九		4 9 二		**2 2** 四		경 유 신
인		1 3 五		8 5 七		3 1 三		술
	간	축	계	자	임	해	건	

* 유좌/신좌 : 會向

	손	사	병	오	정	미	곤	
진		3 1 一		8 5 六		1 3 八		신
을 묘 갑		**2 2** 九		4 9 二		6 7 四		경 유 신
인		7 6 五		9 4 七		5 8 三		술
	간	축	계	자	임	해	건	

* 술좌 : 會坐, 連珠

	손	사	병	오	정	미	곤	
진		**2** 9 一		7 5 六		9 7 八		신
을 묘 갑		1 8 九		3 1 二		5 3 四		경 유 신
인		6 4 五		8 6 七		4 **2** 三		술
	간	축	계	자	임	해	건	

* 건좌/해좌 : 會向

	손	사	병	오	정	미	곤	
진		4 **2** 一		8 6 六		6 4 八		신
을 묘 갑		5 3 九		3 1 二		1 8 四		경 유 신
인		9 7 五		7 5 七		**2** 9 三		술
	간	축	계	자	임	해	건	

[3運]

* 임좌 : 會坐

손	사	병	오	정	미	곤
진	9 6 二		4 2 七		2 4 九	신
을 묘 갑	1 5 一		8 7 三		6 9 五	경 유 신
인	5 1 六		**3 3** 八		7 8 四	술
간	축	계	자	임	해	건

* 자좌/계좌 : 會向, 合十

손	사	병	오	정	미	곤
진	7 8 二		**3 3** 七		5 1 九	신
을 묘 갑	6 9 一		8 7 三		1 5 五	경 유 신
인	2 4 六		4 2 八		9 6 四	술
간	축	계	자	임	해	건

* 축좌 : 會坐

손	사	병	오	정	미	곤
진	7 8 二		2 4 七		9 6 九	신
을 묘 갑	8 7 一		6 9 三		4 2 五	경 유 신
인	**3 3** 六		1 5 八		5 1 四	술
간	축	계	자	임	해	건

* 간좌/인좌 : 會向

손	사	병	오	정	미	곤
진	5 1 二		1 5 七		**3 3** 九	신
을 묘 갑	4 2 一		6 9 三		8 7 五	경 유 신
인	9 6 六		2 4 八		7 8 四	술
간	축	계	자	임	해	건

* 갑좌 : 上山, 伏吟

손 사	병 오 정	미 곤
진	9 4 二	5 9 七	7 2 九	신
을 묘 갑	8 **3** 一	1 5 三	**3** 7 五	경 유 신
인	4 8 六	6 1 八	2 6 四	술
간 축	계 자 임	해 건

* 묘좌/을좌 : 旺山

손 사	병 오 정	미 곤
진	2 6 二	6 1 七	4 8 九	신
을 묘 갑	**3** 7 一	1 5 三	8 **3** 五	경 유 신
인	7 2 六	5 9 八	9 4 四	술
간 축	계 자 임	해 건

* 진좌 : 旺山

손 사	병 오 정	미 곤
진	**3** 5 二	7 9 七	5 7 九	신
을 묘 갑	4 6 一	2 4 三	9 2 五	경 유 신
인	8 1 六	6 8 八	1 **3** 四	술
간 축	계 자 임	해 건

* 손좌/사좌 : 上山, 連珠

손 사	병 오 정	미 곤
진	1 **3** 二	6 8 七	8 1 九	신
을 묘 갑	9 2 一	2 4 三	4 6 五	경 유 신
인	5 7 六	7 9 八	**3** 5 四	술
간 축	계 자 임	해 건

이기풍수 239

＊병좌 : 會向

	손	사	병	오	정	미	곤	
진		6 9 二		2 4 七		4 2 九		신
을 묘 갑		5 1 一		7 8 三		9 6 五		경 유 신
인		1 5 六		**3 3** 八		8 7 四		술
	간	축	계	자	임	해	건	

＊오좌/정좌 : 會坐, 合十

	손	사	병	오	정	미	곤	
진		8 7 二		**3 3** 七		1 5 九		신
을 묘 갑		9 6 一		7 8 三		5 1 五		경 유 신
인		4 2 六		2 4 八		6 9 四		술
	간	축	계	자	임	해	건	

＊미좌 : 會向

	손	사	병	오	정	미	곤	
진		8 7 二		4 2 七		6 9 九		신
을 묘 갑		7 8 一		9 6 三		2 4 五		경 유 신
인		**3 3** 六		5 1 八		1 5 四		술
	간	축	계	자	임	해	건	

＊곤좌/신좌 : 會坐

	손	사	병	오	정	미	곤	
진		1 5 二		5 1 七		**3 3** 九		신
을 묘 갑		2 4 一		9 6 三		7 8 五		경 유 신
인		6 9 六		4 2 八		8 7 四		술
	간	축	계	자	임	해	건	

* 경좌 : 上山, 伏吟

손	사	병	오	정	미	곤
진	4 9 二		9 5 七		2 7 九	신
을묘갑	**3** 8 一		5 1 三		7 **3** 五	경유신
인	8 4 六		1 6 八		6 2 四	술
간	축	계	자	임	해	건

* 유좌/신좌 : 旺山

손	사	병	오	정	미	곤
진	6 2 二		1 6 七		8 4 九	신
을묘갑	7 **3** 一		5 1 三		**3** 8 五	경유신
인	2 7 六		9 5 八		4 9 四	술
간	축	계	자	임	해	건

* 술좌 : 旺山

손	사	병	오	정	미	곤
진	5 **3** 二		9 7 七		7 5 九	신
을묘갑	6 4 一		4 2 三		2 9 五	경유신
인	1 8 六		8 6 八		**3** 1 四	술
간	축	계	자	임	해	건

* 건좌/해좌 : 上山, 連珠

손	사	병	오	정	미	곤
진	**3** 1 二		8 6 七		1 8 九	신
을묘갑	2 9 一		4 2 三		6 4 五	경유신
인	7 5 六		9 7 八		5 **3** 四	술
간	축	계	자	임	해	건

[4運]

* 임좌 : 會向

손	사	병 오 정	미	곤
진	8 9 三	**4 4** 八	6 2 一	신
을묘갑	7 1 二	9 8 四	2 6 六	경유신
인	3 5 七	5 3 九	1 7 五	술
간	축	계 자 임	해	건

* 자좌/계좌 : 會坐

손	사	병 오 정	미	곤
진	1 7 三	5 3 八	3 5 一	신
을묘갑	2 6 二	9 8 四	7 1 六	경유신
인	6 2 七	**4 4** 九	8 9 五	술
간	축	계 자 임	해	건

* 축좌 : 上山, 父母

손	사	병 오 정	미	곤
진	6 9 三	2 5 八	**4** 7 一	신
을묘갑	5 8 二	7 1 四	9 3 六	경유신
인	1 **4** 七	3 6 九	8 2 五	술
간	축	계 자 임	해	건

* 간좌/인좌 : 旺山

손	사	병 오 정	미	곤
진	8 2 三	3 6 八	1 **4** 一	신
을묘갑	9 3 二	7 1 四	5 8 六	경유신
인	**4** 7 七	2 5 九	6 9 五	술
간	축	계 자 임	해	건

* 갑좌 : 旺山, 合十

	손	사	병	오	정	미	곤	
진		3 7 三		7 2 八		5 9 一		신
을 묘 갑		**4** 8 二		2 6 四		9 **4** 六		경 유 신
인		8 3 七		6 1 九		1 5 五		술
	간	축	계	자	임	해	건	

* 묘좌/을좌 : 上山

	손	사	병	오	정	미	곤	
진		1 5 三		6 1 八		8 3 一		신
을 묘 갑		9 **4** 二		2 6 四		**4** 8 六		경 유 신
인		5 9 七		7 2 九		3 7 五		술
	간	축	계	자	임	해	건	

* 진좌 : 會向

	손	사	병	오	정	미	곤	
진		2 6 三		7 1 八		9 8 一		신
을 묘 갑		1 7 二		3 5 四		5 3 六		경 유 신
인		6 2 七		8 9 九		**4 4** 五		술
	간	축	계	자	임	해	건	

* 손좌/사좌 : 會坐, 伏吟

	손	사	병	오	정	미	곤	
진		**4 4** 三		8 9 八		6 2 一		신
을 묘 갑		5 3 二		3 5 四		1 7 六		경 유 신
인		9 8 七		7 1 九		2 6 五		술
	간	축	계	자	임	해	건	

※ 병좌 : 會坐

	손	사	병	오	정	미	곤	
진		9 8 三		4 4 八		2 6 一		신
을묘갑		1 7 二		8 9 四		6 2 六		경유신
인		5 3 七		3 5 九		7 1 五		술
	간	축	계	자	임	해	건	

※ 오좌/정좌 : 會向

	손	사	병	오	정	미	곤	
진		7 1 三		3 5 八		5 3 一		신
을묘갑		6 2 二		8 9 四		1 7 六		경유신
인		2 6 七		4 4 九		9 8 五		술
	간	축	계	자	임	해	건	

※ 미좌 : 上山, 父母

	손	사	병	오	정	미	곤	
진		9 6 三		5 2 八		7 4 一		신
을묘갑		8 5 二		1 7 四		3 9 六		경유신
인		4 1 七		6 3 九		2 8 五		술
	간	축	계	자	임	해	건	

※ 곤좌/신좌 : 旺山

	손	사	병	오	정	미	곤	
진		2 8 三		6 3 八		4 1 一		신
을묘갑		3 9 二		1 7 四		8 5 六		경유신
인		7 4 七		5 2 九		9 6 五		술
	간	축	계	자	임	해	건	

* 경좌 : 旺山, 合十

손	사	병 오 정	미	곤
진	7 3 三	2 7 八	9 5 一	신
을 묘 갑	8 **4** 二	6 2 四	**4** 9 六	경 유 신
인	3 8 七	1 6 九	5 1 五	술
간	축	계 자 임	해	건

* 유좌/신좌 : 上山

손	사	병 오 정	미	곤
진	5 1 三	1 6 八	3 8 一	신
을 묘 갑	**4** 9 二	6 2 四	8 **4** 六	경 유 신
인	9 5 七	2 7 九	7 3 五	술
간	축	계 자 임	해	건

* 술좌 : 會坐

손	사	병 오 정	미	곤
진	6 2 三	1 7 八	8 9 一	신
을 묘 갑	7 1 二	5 3 四	3 5 六	경 유 신
인	2 6 七	9 8 九	**4 4** 五	술
간	축	계 자 임	해	건

* 건좌/해좌 : 會向, 伏吟

손	사	병 오 정	미	곤
진	**4 4** 三	9 8 八	2 6 一	신
을 묘 갑	3 5 二	5 3 四	7 1 六	경 유 신
인	8 9 七	1 7 九	6 2 五	술
간	축	계 자 임	해	건

이기풍수 245

[5運]

* 임좌 : 會坐

	사 병 오 정	
진 9 8 四	5 4 九	7 6 二 신
을묘갑 8 7 三	1 9 五	3 2 七 경유신
인 4 3 八	6 5 一	2 1 六 술
	축 계 자 임 해	

* 자좌/계좌 : 會向

	사 병 오 정	
진 2 1 四	6 5 九	4 3 二 신
을묘갑 3 2 三	1 9 五	8 7 七 경유신
인 7 6 八	5 4 一	9 8 六 술
	축 계 자 임 해	

* 축좌 : 旺山

	사 병 오 정	
진 9 3 四	4 7 九	2 5 二 신
을묘갑 1 4 三	8 2 五	6 9 七 경유신
인 5 8 八	3 6 一	7 1 六 술
	축 계 자 임 해	

* 간좌/인좌 : 上山, 父母

	사 병 오 정	
진 7 1 四	3 6 九	5 8 二 신
을묘갑 6 9 三	8 2 五	1 4 七 경유신
인 2 5 八	4 7 一	9 3 六 술
	축 계 자 임 해	

* 갑좌 : 上山

손	사	병	오	정	미	곤
진	2 6 四	7 2 九	9 4 二	신
을 묘 갑	1 **5** 三	3 7 五	**5** 9 七	경 유 신
인	6 1 八	8 3 一	4 8 六	술
간	축	계	자	임	해	건

* 묘좌/을좌 : 旺山

손	사	병	오	정	미	곤
진	4 8 四	8 3 九	6 1 二	신
을 묘 갑	**5** 9 三	3 7 五	1 **5** 七	경 유 신
인	9 4 八	7 2 一	2 6 六	술
간	축	계	자	임	해	건

* 진좌 : 旺山

손	사	병	오	정	미	곤
진	**5** 7 四	9 2 九	7 9 二	신
을 묘 갑	6 8 三	4 6 五	2 4 七	경 유 신
인	1 3 八	8 1 一	3 **5** 六	술
간	축	계	자	임	해	건

* 손좌/사좌 : 上山, 連珠

손	사	병	오	정	미	곤
진	3 **5** 四	8 1 九	1 3 二	신
을 묘 갑	2 4 三	4 6 五	6 8 七	경 유 신
인	7 9 八	9 2 一	**5** 7 六	술
간	축	계	자	임	해	건

* 병좌 : 上山

손 사	병 오 정	미 곤
진 8 9 四	4 **5** 九	6 7 二 신
을 묘 갑 7 8 三	9 1 五	2 3 七 경 유 신
인 3 4 八	**5** 6 一	1 2 六 술
간 축	계 자 임	해 건

* 오좌/정좌 : 旺山

손 사	병 오 정	미 곤
진 1 2 四	**5** 6 九	3 4 二 신
을 묘 갑 2 3 三	9 1 五	7 8 七 경 유 신
인 6 7 八	4 **5** 一	8 9 六 술
간 축	계 자 임	해 건

* 미좌 : 旺山

손 사	병 오 정	미 곤
진 3 9 四	7 4 九	**5** 2 二 신
을 묘 갑 4 1 三	2 8 五	9 6 七 경 유 신
인 8 **5** 八	6 3 一	1 7 六 술
간 축	계 자 임	해 건

* 곤좌/신좌 : 上山, 父母

손 사	병 오 정	미 곤
진 1 7 四	6 3 九	8 **5** 二 신
을 묘 갑 9 6 三	2 8 五	4 1 七 경 유 신
인 **5** 2 八	7 4 一	3 9 六 술
간 축	계 자 임	해 건

* 경좌 : 上山

	손	사	병	오	정	미	곤	
진		6 2 四		2 7 九		4 9 二		신
을 묘 갑		**5** 1 三		7 3 五		9 **5** 七		경 유 신
인		1 6 八		3 8 一		8 4 六		술
	간	축	계	자	임	해	건	

* 유좌/신좌 : 旺山

	손	사	병	오	정	미	곤	
진		8 4 四		3 8 九		1 6 二		신
을 묘 갑		9 **5** 三		7 3 五		**5** 1 七		경 유 신
인		4 9 八		2 7 一		6 2 六		술
	간	축	계	자	임	해	건	

* 술좌 : 旺山

	손	사	병	오	정	미	곤	
진		7 **5** 四		2 9 九		9 7 二		신
을 묘 갑		8 6 三		6 4 五		4 2 七		경 유 신
인		3 1 八		1 8 一		**5** 3 六		술
	간	축	계	자	임	해	건	

* 건좌/해좌 : 上山, 連珠

	손	사	병	오	정	미	곤	
진		**5** 3 四		1 8 九		3 1 二		신
을 묘 갑		4 2 三		6 4 五		8 6 七		경 유 신
인		9 7 八		2 9 一		7 **5** 六		술
	간	축	계	자	임	해	건	

이기풍수 249

[6運]

* 임좌 : 會坐

	손 사	병 오 정	미 곤	
진	3 9 五	7 5 一	5 7 三	신
을 묘 갑	4 8 四	2 1 六	9 3 八	경 유 신
인	8 4 九	**6 6** 二	1 2 七	술
	간 축	계 자 임	해 건	

* 자좌/계좌 : 會向

	손 사	병 오 정	미 곤	
진	1 2 五	**6 6** 一	8 4 三	신
을 묘 갑	9 3 四	2 1 六	4 8 八	경 유 신
인	5 7 九	7 5 二	3 9 七	술
	간 축	계 자 임	해 건	

* 축좌 : 上山, 父母

	손 사	병 오 정	미 곤	
진	8 2 五	4 7 一	**6** 9 三	신
을 묘 갑	7 1 四	9 3 六	2 5 八	경 유 신
인	3 **6** 九	5 8 二	1 4 七	술
	간 축	계 자 임	해 건	

* 간좌/인좌 : 旺山

	손 사	병 오 정	미 곤	
진	1 4 五	5 8 一	3 **6** 三	신
을 묘 갑	2 5 四	9 3 六	7 1 八	경 유 신
인	**6** 9 九	4 7 二	8 2 七	술
	간 축	계 자 임	해 건	

* 갑좌 : 旺山, 合十

	손	사	병	오	정	미	곤	
진		5 9 五		9 4 一		7 2 三		신
을묘갑		**6** 1 四		4 8 六		2 **6** 八		경유신
인		1 5 九		8 3 二		3 7 七		술
	간	축	계	자	임	해	건	

* 묘좌/을좌 : 上山

	손	사	병	오	정	미	곤	
진		3 7 五		8 3 一		1 5 三		신
을묘갑		2 **6** 四		4 8 六		**6** 1 八		경유신
인		7 2 九		9 4 二		5 9 七		술
	간	축	계	자	임	해	건	

* 진좌 : 會坐

	손	사	병	오	정	미	곤	
진		**6 6** 五		1 2 一		8 4 三		신
을묘갑		7 5 四		5 7 六		3 9 八		경유신
인		2 1 九		9 3 二		4 8 七		술
	간	축	계	자	임	해	건	

* 손좌/사좌 : 會向, 伏吟

	손	사	병	오	정	미	곤	
진		4 8 五		9 3 一		2 1 三		신
을묘갑		3 9 四		5 7 六		7 5 八		경유신
인		8 4 九		1 2 二		**6 6** 七		술
	간	축	계	자	임	해	건	

* 병좌 : 會向

손 사	병 오 정	미 곤
진 을묘갑 인	9 3 五 8 4 四 4 8 九	5 7 一 1 2 六 **6 6** 二	7 5 三 3 9 八 2 1 七	신 경유신 술
간 축	계 자 임	해 건

* 오좌/정좌 : 會坐

손 사	병 오 정	미 곤
진 을묘갑 인	2 1 五 3 9 四 7 5 九	**6 6** 一 1 2 六 5 7 二	4 8 三 8 4 八 9 3 七	신 경유신 술
간 축	계 자 임	해 건

* 미좌 : 上山, 父母

손 사	병 오 정	미 곤
진 을묘갑 인	2 8 五 1 7 四 **6** 3 九	7 4 一 3 9 六 8 5 二	9 **6** 三 5 2 八 4 1 七	신 경유신 술
간 축	계 자 임	해 건

* 곤좌/신좌 : 旺山

손 사	병 오 정	미 곤
진 을묘갑 인	4 1 五 5 2 四 9 **6** 九	8 5 一 3 9 六 7 4 二	**6** 3 三 1 7 八 2 8 七	신 경유신 술
간 축	계 자 임	해 건

* 경좌 : 旺山, 合十

손 사	병 오 정	미 곤
진 을 묘 갑 인	9 5 五 1 6 四 5 1 九	4 9 一 8 4 六 3 8 二	2 7 三 6 2 八 7 3 七	신 경 유 신 술
간 축	계 자 임	해 건

* 유좌/신좌 : 上山

손 사	병 오 정	미 곤
7 3 五	3 8 一	5 1 三
6 2 四	8 4 六	1 6 八
2 7 九	4 9 二	9 5 七

* 술좌 : 會向

손 사	병 오 정	미 곤
6 6 五	2 1 一	4 8 三
5 7 四	7 5 六	9 3 八
1 2 九	3 9 二	8 4 七

* 건좌/해좌 : 會坐, 伏吟

손 사	병 오 정	미 곤
8 4 五	3 9 一	1 2 三
9 3 四	7 5 六	5 7 八
4 8 九	2 1 二	6 6 七

이기풍수

[7運]

* 임좌 : 會向

	손	사	병	오	정	미	곤	
진		2 3 六		7 7 二		9 5 四		신
을묘갑		1 4 五		3 2 七		5 9 九		경유신
인		6 8 一		8 6 三		4 1 八		술
	간	축	계	자	임	해	건	

* 자좌/계좌 : 會坐, 合十

	손	사	병	오	정	미	곤	
진		4 1 六		8 6 二		6 8 四		신
을묘갑		5 9 五		3 2 七		1 4 九		경유신
인		9 5 一		7 7 三		2 3 八		술
	간	축	계	자	임	해	건	

* 축좌 : 會向

	손	사	병	오	정	미	곤	
진		9 5 六		5 9 二		7 7 四		신
을묘갑		8 6 五		1 4 七		3 2 九		경유신
인		4 1 一		6 8 三		2 3 八		술
	간	축	계	자	임	해	건	

* 간좌/인좌 : 會坐

	손	사	병	오	정	미	곤	
진		2 3 六		6 8 二		4 1 四		신
을묘갑		3 2 五		1 4 七		8 6 九		경유신
인		7 7 一		5 9 三		9 5 八		술
	간	축	계	자	임	해	건	

* 갑좌 : 上山, 伏吟

	손 사	병 오 정	미 곤	
진	4 8 六	9 4 二	2 6 四	신
을 묘 갑	3 **7** 五	5 9 七	**7** 2 九	경 유 신
인	8 3 一	1 5 三	6 1 八	술
	간 축	계 자 임	해 건	

* 묘좌/을좌 : 旺山

	손 사	병 오 정	미 곤	
진	6 1 六	1 5 二	8 3 四	신
을 묘 갑	**7** 2 五	5 9 七	3 **7** 九	경 유 신
인	2 6 一	9 4 三	4 8 八	술
	간 축	계 자 임	해 건	

* 진좌 : 旺山

	손 사	병 오 정	미 곤	
진	**7** 9 六	2 4 二	9 2 四	신
을 묘 갑	8 1 五	6 8 七	4 6 九	경 유 신
인	3 5 一	1 3 三	5 **7** 八	술
	간 축	계 자 임	해 건	

* 손좌/사좌 : 上山, 連珠

	손 사	병 오 정	미 곤	
진	5 **7** 六	1 3 二	3 5 四	신
을 묘 갑	4 6 五	6 8 七	8 1 九	경 유 신
인	9 2 一	2 4 三	**7** 9 八	술
	간 축	계 자 임	해 건	

* 병좌 : 會坐

손 사	병 오 정	미 곤
진 을 묘 갑 인	3 2 六 4 1 五 8 6 一	**7 7** 二 2 3 七 6 8 三	5 9 四 9 5 九 1 4 八	신 경 유 신 술
간 축	계 자 임	해 건

* 오좌/정좌 : 會向, 合十

손 사	병 오 정	미 곤
1 4 六	6 8 二	8 6 四
9 5 五	2 3 七	4 1 九
5 9 一	**7 7** 三	3 2 八

* 미좌 : 會坐

5 9 六	9 5 二	**7 7** 四
6 8 五	4 1 七	2 3 九
1 4 一	8 6 三	3 2 八

* 곤좌/신좌 : 會向

3 2 六	8 6 二	1 4 四
2 3 五	4 1 七	6 8 九
7 7 一	9 5 三	5 9 八

＊ 경좌 : 上山, 伏吟

	손	사	병	오	정	미	곤	
진		8 4 六		4 9 二		6 2 四		신
을 묘 갑		**7** 3 五		9 5 七		2 **7** 九		경 유 신
인		3 8 一		5 1 三		1 6 八		술
	간	축	계	자	임	해	건	

＊ 유좌/신좌 : 旺山

	손	사	병	오	정	미	곤	
진		1 6 六		5 1 二		3 8 四		신
을 묘 갑		2 **7** 五		9 5 七		**7** 3 九		경 유 신
인		6 2 一		4 9 三		8 4 八		술
	간	축	계	자	임	해	건	

＊ 술좌 : 旺山

	손	사	병	오	정	미	곤	
진		9 **7** 六		4 2 二		2 9 四		신
을 묘 갑		1 8 五		8 6 七		6 4 九		경 유 신
인		5 3 一		3 1 三		**7** 5 八		술
	간	축	계	자	임	해	건	

＊ 건좌/해좌 : 上山, 連珠

	손	사	병	오	정	미	곤	
진		**7** 5 六		3 1 二		5 3 四		신
을 묘 갑		6 4 五		8 6 七		1 8 九		경 유 신
인		2 9 一		4 2 三		9 **7** 八		술
	간	축	계	자	임	해	건	

이기풍수

[8運]

＊ 임좌 : 會坐

손 사	병 오 정	미 곤
진 5 2 七	9 7 三	7 9 五 신
을 묘 6 1 갑 六	4 3 八	2 5 一 경 유 신
인 1 6 二	**8 8** 四	3 4 九 술
간 축	계 자 임	해 건

＊ 자좌/계좌 : 會向

손 사	병 오 정	미 곤
진 3 4 七	**8 8** 三	1 6 五 신
을 묘 2 5 갑 六	4 3 八	6 1 一 경 유 신
인 7 9 二	9 7 四	5 2 九 술
간 축	계 자 임	해 건

＊ 축좌 : 旺山, 合十

손 사	병 오 정	미 곤
진 3 6 七	7 1 三	5 **8** 五 신
을 묘 4 7 갑 六	2 5 八	9 3 一 경 유 신
인 **8** 2 二	6 9 四	1 4 九 술
간 축	계 자 임	해 건

＊ 간좌/인좌 : 上山, 父母, 伏吟

손 사	병 오 정	미 곤
진 1 4 七	6 9 三	**8** 2 五 신
을 묘 9 3 갑 六	2 5 八	4 7 一 경 유 신
인 5 **8** 二	7 1 四	3 6 九 술
간 축	계 자 임	해 건

* 갑좌 : 會坐

손 사	병 오	정 미	곤
진	7 9 七	2 5 三	9 7 五	신
을 묘 갑	**8 8** 六	6 1 八	4 3 一	경 유 신
인	3 4 二	1 6 四	5 2 九	술
간 축	계 자	임 해	건

* 묘좌/을좌 : 會向

손 사	병 오	정 미	곤
진	5 2 七	1 6 三	3 4 五	신
을 묘 갑	4 3 六	6 1 八	**8 8** 一	경 유 신
인	9 7 二	2 5 四	7 9 九	술
간 축	계 자	임 해	건

* 진좌 : 上山, 連珠

손 사	병 오	정 미	곤
진	6 **8** 七	2 4 三	4 6 五	신
을 묘 갑	5 7 六	7 9 八	9 2 一	경 유 신
인	1 3 二	3 5 四	**8** 1 九	술
간 축	계 자	임 해	건

* 손좌/사좌 : 旺山

손 사	병 오	정 미	곤
진	**8** 1 七	3 5 三	1 3 五	신
을 묘 갑	9 2 六	7 9 八	5 7 一	경 유 신
인	4 6 二	2 4 四	6 **8** 九	술
간 축	계 자	임 해	건

※ 병좌 : 會向

손	사	병 오 정	미	곤
진	2 5 七	7 9 三	9 7 五	신
을 묘 갑	1 6 六	3 4 八	5 2 一	경 유 신
인	6 1 二	**8 8** 四	4 3 九	술
간	축	계 자 임	해	건

※ 오좌/정좌 : 會坐

손	사	병 오 정	미	곤
진	4 3 七	**8 8** 三	6 1 五	신
을 묘 갑	5 2 六	3 4 八	1 6 一	경 유 신
인	9 7 二	7 9 四	2 5 九	술
간	축	계 자 임	해	건

※ 미좌 : 旺山, 合十

손	사	병 오 정	미	곤
진	6 3 七	1 7 三	**8** 5 五	신
을 묘 갑	7 4 六	5 2 八	3 9 一	경 유 신
인	2 **8** 二	9 6 四	4 1 九	술
간	축	계 자 임	해	건

※ 곤좌/신좌 : 上山, 父母, 伏吟

손	사	병 오 정	미	곤
진	4 1 七	9 6 三	2 **8** 五	신
을 묘 갑	3 9 六	5 2 八	7 4 一	경 유 신
인	**8** 5 二	1 7 四	6 3 九	술
간	축	계 자 임	해	건

✽ 경좌 : 會向

손 사	병 오 정	미 곤
진 을 묘 갑 인	9 7 七 8 8 六 4 3 二	5 2 三 1 6 八 6 1 四	7 9 五 3 4 一 2 5 九	신 경 유 신 술
간 축	계 자 임	해 건

✽ 유좌/신좌 : 會坐

손 사	병 오 정	미 곤
2 5 七	6 1 三	4 3 五
3 4 六	1 6 八	8 8 一
7 9 二	5 2 四	9 7 九

✽ 술좌 : 上山, 連珠

손 사	병 오 정	미 곤
8 6 七	4 2 三	6 4 五
7 5 六	9 7 八	2 9 一
3 1 二	5 3 四	1 8 九

✽ 건좌/해좌 : 旺山

손 사	병 오 정	미 곤
1 8 七	5 3 三	3 1 五
2 9 六	9 7 八	7 5 一
6 4 二	4 2 四	8 6 九

이기풍수 261

[9運]

* 임좌 : 會向, 伏吟

4 5 八	**9 9** 四	2 7 六
3 6 七	5 4 九	7 2 二
8 1 三	1 8 五	6 3 一

* 자좌/계좌 : 會坐

6 3 八	1 8 四	8 1 六
7 2 七	5 4 九	3 6 二
2 7 三	**9 9** 五	4 5 一

* 축좌 : 會向

2 7 八	7 2 四	**9 9** 六
1 8 七	3 6 九	5 4 二
6 3 三	8 1 五	4 5 一

* 간좌/인좌 : 會坐

4 5 八	8 1 四	6 3 六
5 4 七	3 6 九	1 8 二
9 9 三	7 2 五	2 7 一

＊갑좌 : 會向	＊묘좌/을좌 : 會坐

	손	사	병	오	정	미	곤	
진		6 3 八		2 7 四		4 5 六		신
을묘갑		5 4 七		7 2 九		**9 9** 二		경유신
인		1 8 三		3 6 五		8 1 一		술
	간	축	계	자	임	해	건	

	손	사	병	오	정	미	곤	
진		8 1 八		3 6 四		1 8 六		신
을묘갑		**9 9** 七		7 2 九		5 4 二		경유신
인		4 5 三		2 7 五		6 3 一		술
	간	축	계	자	임	해	건	

＊진좌 : 會坐	＊손좌/사좌 : 會向, 合十

	손	사	병	오	정	미	곤	
진		**9 9** 八		4 5 四		2 7 六		신
을묘갑		1 8 七		8 1 九		6 3 二		경유신
인		5 4 三		3 6 五		7 2 一		술
	간	축	계	자	임	해	건	

	손	사	병	오	정	미	곤	
진		7 2 八		3 6 四		5 4 六		신
을묘갑		6 3 七		8 1 九		1 8 二		경유신
인		2 7 三		4 5 五		**9 9** 一		술
	간	축	계	자	임	해	건	

* 병좌 : 會坐, 伏吟

손	사	병	오	정	미	곤
진	5 4 八		9 9 四		7 2 六	신
을묘갑	6 3 七		4 5 九		2 7 二	경유신
인	1 8 三		8 1 五		3 6 一	술
간	축	계	자	임	해	건

* 오좌/정좌 : 會向

손	사	병	오	정	미	곤
진	3 6 八		8 1 四		1 8 六	신
을묘갑	2 7 七		4 5 九		6 3 二	경유신
인	7 2 三		9 9 五		5 4 一	술
간	축	계	자	임	해	건

* 미좌 : 會坐

손	사	병	오	정	미	곤
진	7 2 八		2 7 四		9 9 六	신
을묘갑	8 1 七		6 3 九		4 5 二	경유신
인	3 6 三		1 8 五		5 4 一	술
간	축	계	자	임	해	건

* 곤좌/신좌 : 會向

손	사	병	오	정	미	곤
진	5 4 八		1 8 四		3 6 六	신
을묘갑	4 5 七		6 3 九		8 1 二	경유신
인	9 9 三		2 7 五		7 2 一	술
간	축	계	자	임	해	건

＊ 경좌 : 會坐

손 사	병 오 정	미 곤
진	3 6 八	7 2 四	5 4 六	신
을 묘 갑	4 5 七	2 7 九	**9 9** 二	경 유 신
인	8 1 三	6 3 五	1 8 一	술
간 축	계 자 임	해 건

＊ 유좌/신좌 : 會向

손 사	병 오 정	미 곤
진	1 8 八	6 3 四	8 1 六	신
을 묘 갑	**9 9** 七	2 7 九	4 5 二	경 유 신
인	5 4 三	7 2 五	3 6 一	술
간 축	계 자 임	해 건

＊ 술좌 : 會向

손 사	병 오 정	미 곤
진	**9 9** 八	5 4 四	7 2 六	신
을 묘 갑	8 1 七	1 8 九	3 6 二	경 유 신
인	4 5 三	6 3 五	2 7 一	술
간 축	계 자 임	해 건

＊ 건좌/해좌 : 會坐, 合十

손 사	병 오 정	미 곤
진	2 7 八	6 3 四	4 5 六	신
을 묘 갑	3 6 七	1 8 九	8 1 二	경 유 신
인	7 2 三	5 4 五	**9 9** 一	술
간 축	계 자 임	해 건

제4장 택일법(擇日法) · 택방법(擇方法)

택일이란 이사(移徙)를 하거나 건물을 신축(新築)하거나 수리할 때 또는 조묘(造墓) 및 조경을 하기 위한 날짜를 선택하는 법으로 우리나라의 『천기대요(天機大要)』[1]나 『산림경제(山林經濟)』 등에서 다양한 택일법이 소개되어 있다.

저자는 혈이 있는 터에 건물을 짓거나 혈처에 지어진 건물로 이사를 하는 경우에는 택일이 크게 중요하다고 생각하지는 않는다. 그러나 모든 사람이 혈이 있는 곳을 선택할 수는 없기 때문에 신축이나 이사를 할 때는 가급적 택일을 하는 것이 좋다고 보아 여기에 쉽게 택일을 하는 방법을 정리하였다.

택일법은 크게 '길한 날'을 선택하는 법과 '흉하지 않은 날'을 선택하는 방법 두 가지로 구분할 수 있는데, 앞에서 소개한 책에 있는 택일법들은 일정한 기준이나 순서 없이 여러 가지의 택일법을 나열하는 방식으로 되어 있고, 거기에는 유사한 항목들도 많은데 설명이 쉽지 않게 되어 있어 일반인들이 직접 활용하는 데 혼란을 주는 부분이 상당히 많다.

따라서 이 책에서는 『국역산림경제(國譯山林經濟)』에 나와 있는 택일법을 참고하여 일반인들이 가급적 쉽게 활용할 수 있도록 몇 가지의 택일법을 종합하여 택일하는 방식으로 저자가 정리한 내용을 소개하기로 한다.[2]

1. 이사택일법(移徙擇日法)

단계별로 이사하기 '길한 날'을 선택하는 방법

단계별로 '길한 날'을 선택하는 방식은 맨 처음 생기복덕법(生氣福德法)을 사용하여 '길한 날'을 선택하고 여기서 선택된 날을 황흑도길흉정국(黃黑道吉凶定局), 갑순법(甲旬法), 월건길신(月建吉神)과 월건흉살(月建凶殺) 등을 순차적으로 적용하여 최종적으로 '길한 날'을 선택하는 것이다.

제1단계는 생기복덕법으로 나이별 생기, 복덕, 천의 등 대길일을 고른다.[3] 생기복덕법은 자신의 나이를 기준으로 어느 날이 일상생활을 하는데 '길한 날'이 되는지를 알아보는 법이다. 매일의 일지(日支)에 따라 생기(生氣), 복덕(福德), 천의(天醫)에 해당하는 날은 대길일(大吉日)이고, 절체(絶體), 유혼(遊魂), 귀혼(歸魂)에 해당하는 날은 평길일(平吉日)이며, 화해(禍害), 절명(絶命)에 해당하는 날은 대흉일(大凶日)이 되는 것이다.[4]

예를 들어 2012년에 42세인 남자 또는 여자의 [표-1] 생기복덕법에 의한 2012년의 길일을 보면 일지(日支)가 천의에 해당하는 오(午), 복덕에 해당하

---

[1] 『천기대요(天機大要)』는 중국 명나라 임소주(林紹周)가 처음 편찬하였고 우리나라에서는 1636년(인조 14년) 성여훈(成如勳)이 이를 도입하여 간행하였고 1653년 다시 시헌력(時憲曆)에 의하여 개편, 중간(重刊)되었다. 그 후 1737년(영조 13년) 음양과 출신의 지백원(池百源)이 다시 보충하여 관상감(觀象監)에서 『신증천기대요(新增天機大要)』라는 표제로 간행하였으며, 1763년 그의 손자 지일빈(池日賓)이 혼효중성(昏曉中星)을 바로잡아 『증보참찬비전천기대요(增補參贊秘傳天機大要)』라는 표제로 관상감에서 간행하였다.

[2] 홍만선 著 재단법인 민족문화추진회 譯, 『국역 산림경제Ⅱ』, pp.199-226.

[3] 홍만선 著 재단법인 민족문화추진회 譯, 『국역 산림경제Ⅱ』, pp.225-226.

[4] 나이는 만(滿) 나이가 아닌 통상 우리나라에서 사용하는 나이를 적용하며, 입춘일을 기준으로 나이가 달라지는 것이다.

남자	여자	子	丑·寅	卯	辰·巳	午	未·申	酉	戌·亥
2,10,18,26 34,42,50,58 66,74,82,90	3,10,18,26 34,42,50,58 66,74,82,90	화해	절체	절명	유혼	**천의**	**복덕**	귀혼	**생기**
3,11,19,27 35,43,51,59 67,75,83,91	2,9,17,25 33,41,49,57 65,73,81,89	유혼	**복덕**	**천의**	화해	절명	절체	**생기**	귀혼
4,12,20,28 36,44,52,60 68,76,84,92	8,16,24,32 40,48,56,64 72,80,88,96	귀혼	**천의**	**복덕**	**생기**	절체	절명	화해	유혼
5,13,21,29 37,45,53,61 69,77,85,93	15,23,31,39 47,55,63,71 79,87,95	**천의**	귀혼	유혼	절명	화해	**생기**	절체	**복덕**
6,14,22,30 38,46,54,62 70,78,86,94	7,14,22,30 38,46,54,62 70,78,86,94	**복덕**	유혼	귀혼	절체	**생기**	화해	절명	**천의**
7,15,23,31 39,47,55,63 71,79,87,95	6,13,21,29 37,45,53,61 69,77,85,93	**생기**	절명	절체	귀혼	**복덕**	**천의**	유혼	화해
1,8,16,24 32,40,48,56 64,72,80,88	5,12,20,28 36,44,52,60 68,76,84,92	절체	화해	**생기**	**복덕**	귀혼	유혼	**천의**	절명
9,17,25,33 41,49,57,65 73,81,89,97	4,11,19,27 35,43,51,59 67,75,83,91	절명	**생기**	화해	**천의**	유혼	귀혼	**복덕**	절체

● [표-1] 생기복덕법에 의한 연령별 길흉일 조견표

는 미(未), 신(申), 생기에 해당하는 술(戌), 해(亥) 일이 대길일이 되는 것이며 화해에 해당하는 자(子), 절명에 해당하는 묘(卯) 일은 대흉일이 되는 것이다.

제2단계에서는 황흑도길흉정국은 월별로 길한 황도일지와 흉한 흑도일지가 있다는 것이다. 앞 생기복덕법에서 선택한 날을 [표-2]의 월별 황도일과 흑도일을 분류하여 황도일만을 선택한다.5)

앞에서 예를 들었던 42세인 남자 또는 여자가 2012년 양력 6월 초(음력 4월)에 이사를 하려고 한다면 생기복덕법에 의해서 선택한 오(午), 미(未), 신(申), 술(戌), 해(亥) 일 가운데 황흑도길흉정국의 음력 4월의 흑도일에 해당하는 신(申) 일을 버리고 오(午), 미(未), 술(戌), 해(亥) 일만을 남겨둔다.

제3단계에서는 갑순법으로 길한 생갑순(生甲旬)만을 선택하고 흉한 병

구분 \ 월(음)	1月, 7月	2月, 8月	3月, 9月	4月, 10月	5月, 11月	6月, 12月
청룡황도(靑龍黃道)	子	寅	辰	午	申	戌
명당황도(明堂黃道)	丑	卯	巳	未	酉	亥
금궤황도(金櫃黃道)	辰	午	申	戌	子	寅
대덕황도(大德黃道)	巳	未	酉	亥	丑	卯
옥당황도(玉堂黃道)	未	酉	亥	丑	卯	巳
사명황도(司命黃道)	戌	子	寅	辰	午	申
천형흑도(天刑黑道)	寅	辰	午	申	戌	子
주작흑도(朱雀黑道)	卯	巳	未	酉	亥	丑
백호흑도(白虎黑道)	午	申	戌	子	寅	辰
천뢰흑도(天牢黑道)	申	戌	子	寅	辰	午
현무흑도(玄武黑道)	酉	亥	丑	卯	巳	未
구진흑도(句陳黑道)	亥	丑	卯	巳	未	酉

● [표-2] 황흑도길흉정국

---

5) 홍만선 著 재단법인 민족문화추진회 譯, 『국역 산림경제Ⅱ』, pp.204-205.

갑순(病甲旬)과 사갑순(死甲旬)을 걸러낸다.6) 앞의 2단계까지에서 골라진 오(午), 미(未), 술(戌), 해(亥) 일을 갑순법에 적용하는 것이다.

예를 든 2012년은 임진년이므로 [표-3]에서 진(辰)의 생갑순에 해당하는 육갑이 갑진순(甲辰旬)과 갑술순(甲戌旬)임을 확인할 수 있다.

年	子	丑	寅	卯	辰	巳	午	未	申	酉	戌	亥
生甲旬	甲子旬 甲午旬	甲辰旬 甲戌旬	甲寅旬 甲申旬	甲子旬 甲午旬	甲辰旬 甲戌旬	甲寅旬 甲申旬	甲子旬 甲午旬	甲辰旬 甲戌旬	甲寅旬 甲申旬	甲子旬 甲午旬	甲辰旬 甲戌旬	甲寅旬 甲申旬
病甲旬	甲寅旬 甲申旬	甲子旬 甲午旬	甲辰旬 甲戌旬	甲寅旬 甲申旬	甲子旬 甲午旬	甲辰旬 甲戌旬	甲寅旬 甲申旬	甲子旬 甲午旬	甲辰旬 甲戌旬	甲寅旬 甲申旬	甲子旬 甲午旬	甲辰旬 甲戌旬
死甲旬	甲辰旬 甲戌旬	甲寅旬 甲申旬	甲子旬 甲午旬	甲辰旬 甲戌旬	甲寅旬 甲申旬	甲子旬 甲午旬	甲辰旬 甲戌旬	甲寅旬 甲申旬	甲子旬 甲午旬	甲辰旬 甲戌旬	甲寅旬 甲申旬	甲子旬 甲午旬

● [표-3] 년지별(年支別) 갑순조견표(甲旬早見表)

다시 [표-4]에서 갑술순(甲戌旬)과 갑진순(甲辰旬)의 육갑에서 오(午), 미(未), 술(戌), 해(亥)가 포함된 갑자를 보면 갑술순에 임오(壬午), 계미(癸未), 갑술(甲戌), 을해(乙亥)가 있고, 갑진순에 병오(丙午), 정미(丁未), 경술(庚戌), 신해(辛亥)가 있는데 일진이 여기에 해당하는 날이 갑순법으로 찾아지는 길일이 되는 것이다.

실제 달력을 보면 2012년 6월 14일이 병오(丙午), 6월 15일은 정미(丁未), 6월 18일은 경술(庚戌), 6월 19일은 신해(辛亥)일이 갑순법으로 선택

---
6) 홍만선 著 재단법인 민족문화추진회 譯, 『국역 산림경제Ⅱ』, p.209.

구 분	육십갑자(六十甲子)
갑자순(甲子旬)	甲子 , 乙丑 , 丙寅 , 丁卯 , 戊辰 , 己巳 , 庚午 , 辛未 , 壬申 , 癸酉
갑술순(甲戌旬)	甲戌 , 乙亥 , 丙子 , 丁丑 , 戊寅 , 己卯 , 庚辰 , 辛巳 , 壬午 , 癸未
갑신순(甲申旬)	甲申 , 乙酉 , 丙戌 , 丁亥 , 戊子 , 己丑 , 庚寅 , 辛卯 , 壬辰 , 癸巳
갑오순(甲午旬)	甲午 , 乙未 , 丙申 , 丁酉 , 戊戌 , 己亥 , 庚子 , 辛丑 , 壬寅 , 癸卯
갑진순(甲辰旬)	甲辰 , 乙巳 , 丙午 , 丁未 , 戊申 , 己酉 , 庚戌 , 辛亥 , 壬子 , 癸丑
갑인순(甲寅旬)	甲寅 , 乙卯 , 丙辰 , 丁巳 , 戊午 , 己未 , 庚申 , 辛酉 , 壬戌 , 癸亥

● [표-4] 육갑순(六甲旬) 배열표

한 길일과 일치하므로 이 네 날짜 중에서 이사일을 선택하면 되는 것이다.

제4단계에서는 마지막으로 월건으로 길신과 흉살을 다시 한 번 걸러내는 것이다.[7] [표-5]를 보면 실제 이사를 희망하는 기간인 음력 4월(양력 6월 초)의 월건길신이 미(未)와 술(戌)이므로 제3단계에서 선택된 병오(丙午), 정미(丁未), 경술(庚戌), 신해(辛亥) 중에서 정미(丁未)와 경술(庚戌)을 이사하기 '길한 날'로 최종 선택하는 것이다.

만약 3단계까지 선택된 날이 4단계에 없을 경우에는 3단계까지의 결과만으로 이사일을 결정해도 충분하다고 볼 수 있다.

그리고 부부 모두에게 동시에 '길한 날'을 선택할 수 있으면 가장 바람직하겠지만 부부의 나이로 시작하는 제1단계 생기복덕법에서 서로 다른 날이 찾아져 최종적으로 부부에게 '길한 날'이 서로 다르게 나올 경우에는 가정에서 주도적인 역할을 하는 사람 위주로 택일을 하면 될 것이다.

---

7) 홍만선 著 재단법인 민족문화추진회 譯, 『국역 산림경제Ⅱ』, pp.206-207.

구분	월(음)	1月	2月	3月	4月	5月	6月	7月	8月	9月	10月	11月	12月
길신	월재(月財)	午	卯	巳	未	酉	亥	午	卯	巳	未	酉	亥
	해신(解神)	申	申	戌	戌	子	子	寅	寅	辰	辰	午	午
흉살	천온(天瘟)	未	戌	辰	寅	午	子	酉	申	巳	亥	丑	卯
	귀기(歸忌)	丑	寅	子	丑	寅	子	丑	寅	子	丑	寅	子
	수사(受死)	戌	辰	亥	巳	子	午	丑	未	寅	申	卯	酉

● [표-5] 이사관련 월건길신(月建吉神)과 월건흉살(月建凶殺)

이사하기 '길한 날'로 확정된 날짜

여기에 소개하는 '길한 날'은 나이 등을 따지지 않고 정해진 날을 선택하는 방법이다. 이사하기 '길한 날'을 선택하고자 한다면 '축월팔택이거길일(逐月八宅移居吉日)'과 '육갑도(六甲圖)'에 의해 공통으로 선택되는 날짜를 이사하기 '길한 날'로 보면 될 것이다.

1) 축월팔택이거길일-월별 입택이나 이사하기 좋은 날(음력 기준)

   1월 : 신미일(辛未日), 임진일(壬辰日), 정미일(丁未日), 병진일(丙辰日)
   2월 : 을축일(乙丑日)
   3월 : 병인일(丙寅日), 기사일(己巳日), 경인일(庚寅日), 임인일(壬寅日), 정사일(丁巳日)
   4월 : 경오일(庚午日), 갑오일(甲午日), 계묘일(癸卯日), 병오일(丙午日)
   5월 : 경진일(庚辰日), 갑신일(甲申日)
   6월 : 계유일(癸酉日), 경인일(庚寅日), 정유일(丁酉日), 갑인일(甲寅日)

7월 : 갑술일(甲戌日), 무술일(戊戌日), 경술일(庚戌日)

8월 : 을해일(乙亥日), 신해일(辛亥日), 계축일(癸丑日)

9월 : 임신일(壬申日), 갑신일(甲申日), 갑오일(甲午日), 병오일(丙午日), 경신일(庚申日)

10월 : 갑자일(甲子日), 계유일(癸酉日), 경진일(庚辰日), 임오일(壬午日), 무자일(戊子日), 갑오일(甲午日)

11월 : 을축일(乙丑日), 신미일(辛未日), 갑술일(甲戌日), 정축일(丁丑日), 을미일(乙未日), 정미일(丁未日)

12월 : 정묘일(丁卯日), 을해일(乙亥日), 경인일(庚寅日), 신해일(辛亥日), 갑인일(甲寅日)

2) 육갑도에 의한 입택이나 이사하기 좋은 날

갑자일(甲子日), 갑진일(甲辰日)

을축일(乙丑日), 을미일(乙未日), 을유일(乙酉日)

병인일(丙寅日), 병진일(丙辰日), 병오일(丙午日)

정축일(丁丑日), 정사일(丁巳日)

무인일(戊寅日), 무진일(戊辰日)

경인일(庚寅日), 경오일(庚午日)

신묘일(辛卯日)

임인일(壬寅日), 임진일(壬辰日), 임술일(壬戌日)

계축일(癸丑日), 계묘일(癸卯日), 계사일(癸巳日)

2. 신축택일법(新築擇日法)

금루사각법(金樓四角法)으로 건물 지을 길한 나이(歲)를 선택

『국역산림경제』의 내용을 정리하면 [표-6]에서처럼 1세를 구궁도의 태궁에서 시작하여 2세는 건궁, 3세는 감궁, 4세와 5세는 중궁에 들어갔다가 6세는 다시 간궁, 7세는 진궁, 8세는 손궁, 9세는 이궁, 10세는 곤궁에 배치하는 방식으로 나이별 궁위를 정한다. 이렇게 하여 4정방(동서남북)에 해당하는 태궁, 감궁, 진궁, 이궁에 해당하면 신축을 하기에 좋은 운이 드는 나이가 된다는 것이다. 결국 나이의 끝자리가 1세, 3세, 7세, 9세 때 신

손궁(巽宮) 불리한 나이 8, 18, 28, 38, 48 58, 68, 78, 88, 98	이궁(離宮) 길한 나이 9, 19, 29, 39, 49 59, 69, 79, 89, 99	곤궁(坤宮) 불리한 나이 10, 20, 30, 40, 50 60, 70, 80, 90, 100
진궁(震宮) 길한 나이 7, 17, 27, 37, 47 57, 67, 77, 87, 97	중궁(中宮) 불리한 나이 4, 14, 24, 34, 44, 54, 64, 74, 84, 94 5, 15, 25, 35, 45 55, 65, 75, 85, 95	태궁(兌宮) 길한 나이 1, 11, 21, 31, 41 51, 61, 71, 81, 91
간궁(艮宮) 불리한 나이 6, 16, 26, 36, 46 56, 66, 76, 86, 96	감궁(坎宮) 길한 나이 3, 13, 23, 33, 43 53, 63, 73, 83, 93	건궁(乾宮) 불리한 나이 2, 12, 22, 32, 42 52, 62, 72, 82, 92

● [표-6] 금루사각법(金樓四角法) 나이 배열표

축을 하기가 적합하다는 것이다.

지운법(地運法)에 의한 신축(新築)하기 좋은 해(年)의 선택

건물을 새로 지을 터를 선택하게 되면 형세적으로 또는 이기적으로 어느 정도 좌향이 정해지게 된다. 여기서 정해지는 좌향에 따라 신축을 하기에 '길한 해(年)'를 찾는 법이다.

예를 들면 자좌오향이나 오좌자향으로 건물을 짓는다면 인(寅), 신(申), 사(巳), 해(亥)에 해당하는 해(年)가 '길한 해(年)'가 된다는 것이다.

좌향 / 년	길한 년지(年支)
자(子)↔오(午) 묘(卯)↔유(酉) 을(乙)↔신(辛) 계(癸)↔정(丁)	인(寅), 신(申), 사(巳), 해(亥)
진(辰)↔술(戌) 축(丑)↔미(未) 손(巽)↔건(乾) 곤(坤)↔간(艮)	자(子), 오(午), 묘(卯), 유(酉)
인(寅)↔신(申) 사(巳)↔해(亥) 갑(甲)↔경(庚) 병(丙)↔임(壬)	진(辰), 술(戌), 축(丑), 미(未)

● 지운법(地運法)에 의한 년지별(年支別) 길한 좌향

집을 허는 데 좋은 날(柝屋吉日)

새집을 지을 터에 기존 건물이 있을 경우에 낡은 건물을 헐 때 좋은 날을 말한다.

갑자일(甲子日), 갑오일(甲午日)

을축일(乙丑日), 을묘일(乙卯日), 을사일(乙巳日), 을미일(乙未日)

무자일(戊子日)

경자일(庚子日), 경진일(庚辰日), 경신일(庚申日)

신사일(辛巳日), 신미일(辛未日)

임인일(壬寅日), 임진일(壬辰日), 임술일(壬戌日)

계축일(癸丑日), 계묘일(癸卯日), 계사일(癸巳日), 계미일(癸未日), 계해일(癸亥日)

터를 닦기 좋은 날(開基吉日)

건물 지을 터 닦는 공사를 시작하기 좋은 날이다.

갑자일(甲子日), 갑인일(甲寅日), 갑진일(甲辰日), 갑오일(甲午日), 갑신일(甲申日)

을축일(乙丑日), 을묘일(乙卯日), 을미일(乙未日)

병진일(丙辰日), 병오일(丙午日), 병술일(丙戌日)

정묘일(丁卯日), 정사일(丁巳日), 정미일(丁未日), 정유일(丁酉日)

무인일(戊寅日), 무진일(戊辰日), 무오일(戊午日), 무술일(戊戌日)

기묘일(己卯日), 기해일(己亥日)

경자일(庚子日), 경인일(庚寅日), 경오일(庚午日), 경신일(庚申日)

신묘일(辛卯日), 신사일(辛巳日), 신유일(辛酉日)

임자일(壬子日)

계축일(癸丑日), 계유일(癸酉日)

그리고 봄과 가을의 무일(戊日)과 기일(己日)은 가급적 피하고, 특히 입춘 뒤

다섯 번째 무일(戊日)과 입추 뒤 다섯 번째 무일(戊日)은 크게 나쁘다고 하였다.

건물 짓는 공사 시작하기 좋은 날(起工吉日)

건물을 신축하기 위한 기공식을 하기에 좋은 날을 말한다.

갑자일(甲子日), 갑진일(甲辰日), 갑오일(甲午日), 갑신일(甲申日)

병신일(丙申日), 병술일(丙戌日)

무인일(戊寅日), 무오일(戊午日), 무술일(戊戌日)

기묘일(己卯日), 기해일(己亥日)

경자일(庚子日), 경진일(庚辰日)

계축일(癸丑日), 계유일(癸酉日)

기둥 세우기 좋은 날(竪柱吉日)

건물을 지탱해 줄 기둥을 세우기 좋은 날이다.

갑인일(甲寅日), 갑신일(甲申日)

을사일(乙巳日), 을미일(乙未日), 을유일(乙酉日), 을해일(乙亥日)

병인일(丙寅日)

무자일(戊子日), 무신일(戊申日), 무오일(戊午日), 무술일(戊戌日)

기축일(己丑日), 기묘일(己卯日), 기사일(己巳日), 기미일(己未日)

기유일(己酉日), 기해일(己亥日)

경인일(庚寅日), 경신일(庚申日)

신축일(辛丑日), 신사일(辛巳日)

임자일(壬子日), 임술일(壬戌日)

계묘일(癸卯日)

대들보 올리기 좋은 날(上樑吉日)
지붕의 하중을 받아주는 대들보를 올리기 좋은 날이다.

갑오일(甲午日), 갑신일(甲申日), 갑오일(甲午日), 갑술일(甲戌日)

을축일(乙丑日), 을묘일(乙卯日), 을사일(乙巳日)

병자일(丙子日), 병신일(丙申日), 병술일(丙戌日)

정묘일(丁卯日), 정사일(丁巳日), 정미일(丁未日), 정유일(丁酉日)

무자일(戊子日), 무인일(戊寅日), 무진일(戊辰日), 무술일(戊戌日)

기사일(己巳日), 기미일(己未日), 기유일(己酉日), 기해일(己亥日)

경자일(庚子日), 경인일(庚寅日), 경진일(庚辰日), 경오일(庚午日)

신축일(辛丑日), 신미일(辛未日), 신유일(辛酉日)

임인일(壬寅日), 임오일(壬午日), 임신일(壬申日)

계축일(癸丑日), 계묘일(癸卯日), 계해일(癸亥日)

지붕 덮는 공사하기 좋은 날(蓋屋吉日)

갑자일(甲子日), 갑인일(甲寅日), 갑진일(甲辰日), 갑신일(甲申日)

을축일(乙丑日), 을사일(乙巳日), 을미일(乙未日), 을유일(乙酉日)

무자일(戊子日), 무인일(戊寅日), 무진일(戊辰日), 무신일(戊申日)

기묘일(己卯日), 기사일(己巳日), 기유일(己酉日), 기해일(己亥日)

경자일(庚子日), 경인일(庚寅日), 경오일(庚午日), 경신일(庚申日)

신묘일(辛卯日), 신사일(辛巳日), 신유일(辛酉日)

임자일(壬子日)

계축일(癸丑日), 계유일(癸酉日)

3. 피해야 할 흉일(凶日)

이사, 혼례, 출장, 부임 등에 좋지 않은 날(往亡日)

봄 : 입춘 후 7일이 되는 날, 경칩 후 14일이 되는 날,
    청명 후 21일이 되는 날

여름 : 입하 후 8일이 되는 날, 망종 후 16일이 되는 날,
    소서 후 24일이 되는 날

가을 : 입추 후 9일이 되는 날, 백로 후 18일이 되는 날,
    한로 후 7일이 되는 날

겨울 : 입동 후 20일이 되는 날, 대설 후 20일이 되는 날,
    소한 후 30일이되는 날

장사(葬事)지내는 일을 제외한 모든 일에 불리한 날(十惡大敗日)

구 분	해당 월(음력)	흉일(凶日)
갑년(甲年)·기년(己年)	3월	무술일(戊戌日)
	7월	계해일(癸亥日)
	10월	병신일(丙申日)
	11월	정해일(丁亥日)
을년(乙年)·경년(庚年)	4월	임신일(壬申日)
	9월	을사일(乙巳日)
병년(丙年)·신년(辛年)	3월	신사일(辛巳日)
	9월	경진일(庚辰日)
	10월	갑진일(甲辰日)
무년(戊年)·계년(癸年)	6월	기축일(己丑日)
정년(丁年)·임년(壬年)	꺼리는 날이 없음	

● 십악대패일(十惡大敗日) 조견표

화장실 관련한 일과 제방을 쌓는 일을 제외한 모든 일에 불리한 복단일(伏斷日)[8]

예를 들면 일요일이 자일(子日) 또는 사일(巳日)이면 복단일이 되는 것이

---

8) 달이 하늘에 나타나는 위치는 매일 달라지다가 28일이 지나면 다시 제자리로 돌아오는데, 달의 위치에 따라 하늘의 별자리를 스물여덟 개로 나눈 것이 28수(宿)이다. 그 별자리에 따라 매일 28수(宿)를 붙여놓은 것을 토대로 만들어진 것이 복단일(伏斷日)이다.

다. 일지(日支) 자(子)가 28수(宿) 허(虛)를 만나는 날 또는 사(巳)가 방(房)을 만나는 날은 반드시 일요일이 되고 이것이 복단일이 된다.

요일(曜日)	일요일		월	화	수	목	금	토
일지(日支)	子	巳	未	寅	酉	辰	亥	丑	午	申	卯	戌
28수(宿)	虛	房	張	室	觜	箕	壁	斗	角	鬼	女	胃

● 복단일(伏斷日) 조견표

4. 손 없는 날

천상천하 대공망일(天上天下 大空亡日)

천상천하 대공망일은 모든 신들이 하늘로 조회를 갔기 때문에 지상에는 어떤 신도 존재하지 않는 날이어서 모든 일을 할 수 있다는 날이다.

임자일, 을축일, 임인일, 계묘일, 임진일, 계사일
갑오일, 계미일, 갑신일, 을유일, 갑술일, 을해일

태백살(太白殺)

태백살은 서방의 금기(金氣)를 가지고 빈천, 고독, 잔병을 가져오는 흉살(凶殺)로 한 방위에 하루씩 머문 뒤 매일 움직인다고 한다. 요즘 사람들이 '이삿날' 하면 음력 9일과 10일만을 생각하는데 태백살이 그 근거가 되는 것이다.

아래의 표에서처럼 날짜별로 지상에 태백살이 머무는 방위가 있는데 음력 9일과 10일은 태백살이 머무는 방위가 없기 때문에 그날은 어느 방위로 이사를 하더라도 문제가 없다는 것이다. 이것은 음력 9일과 10일을 제외한 다른 날 이사를 하는 것은 문제가 있다는 것이 아니므로 이삿날 선택에 굳이 9일과 10일만을 고집할 필요는 없다고 본다.

예를 들어 현재 거주하는 집에서 남쪽으로 이사하는 경우에는 음력 3일, 13일, 23일을 피하면 태백살로 인한 흉함은 없고 다른 날은 남쪽으로 이사해도 무방하다는 것이다.

동남쪽에 태백살 2일, 12일, 22일	남쪽에 태백살 3일, 13일, 23일	남서쪽에 태백살 4일, 14일, 24일
동쪽에 태백살 1일, 11일, 21일		서쪽에 태백살 5일, 15일, 25일
동북쪽에 태백살 8일, 18일, 28일	북쪽에 태백살 7일, 17일, 27일	북서쪽에 태백살 6일, 16일, 26일

● 날짜별 태백살(太白殺)이 머무는 방위

세관교승(歲官交承)

세관교승이란 세월을 관장하는 신들이 서로 임무교대를 하는 기간을 말하는 것으로, 대한(大寒) 후 5일부터 입춘(立春) 전 2일까지의 기간이 여기에 해당한다. 이 기간에는 모든 일을 해도 무방하다고 하나 흑도일은

피해야 한다.9)

이 택일법은 현재는 '신구간(新舊間)'이라는 이름으로 제주도에서만 이사기간으로 활용되고 있으나 『천기대요(天機大要)』와 『산림경제(山林經濟)』에서 소개하고 있는 것으로 보아 조선시대에는 일반적으로 사용하던 택일방법 가운데 하나였을 것으로 추정된다.

청명일(淸明日)과 한식일(寒食日)

청명일과 한식일도 모든 신들이 상천(上天)한다는 날로 사초(莎草)를 하거나 비석을 세우는 등 주로 묘와 관련된 일을 하는 데 무난한 날이다.

5. 방향 가리는 법

방소법(方所法)

방소법은 이사 등을 할 때 길흉방위를 가리는 방법의 하나이다. 남자와 여자의 나이별로 그해에 이사하면 길한 방위는 관인, 합식, 천록, 식신에 해당하는 방위이고 안손, 진귀, 징파, 퇴식, 오귀에 해당하는 방위는 이사하기 적합하지 않은 방위가 되는 것이다.

예를 들면 2012년에 55세의 남자가 이사하면 좋은 방위는 정북(관인), 북동(합식), 정동(천록) 방위이며, 37세의 여자는 동남(천록), 정남(합식), 남서(관인), 서북(식신) 방위가 된다는 것이다. (p.284 길흉방 조견표 참조)

---

9) p.269 [표-2] 황흑도길흉정국 참조.

연령	방위	정북	북동	정동	동남	정남	남서	정서	서북
10, 19, 28 37, 46, 55 64, 73, 82	남	관인	합식	천록	안손	진귀	퇴식	오귀	징파
	여	진귀	오귀	퇴식	천록	합식	관인	징파	식신
11, 20, 29 38, 47, 56 65, 74, 83	남	퇴식	진귀	안손	식신	관인	천록	합식	오귀
	여	관인	합식	천록	안손	진귀	퇴식	오귀	징파
12, 21, 30 39, 48, 57 66, 75, 84	남	천록	관인	식신	징파	퇴식	안손	진귀	합식
	여	퇴식	진귀	안손	식신	관인	천록	합식	오귀
13, 22, 31 40, 49, 58 67, 76, 85	남	안손	퇴식	징파	오귀	천록	식신	관인	진귀
	여	천록	관인	식신	징파	퇴식	안손	진귀	합식
14, 23, 32 41, 50, 59 68, 77, 86	남	식신	천록	오귀	합식	안손	징파	퇴식	관인
	여	안손	퇴식	징파	오귀	천록	식신	관인	진귀
15, 24, 33 42, 51, 60 69, 78, 87	남	징파	안손	합식	진귀	식신	오귀	천록	퇴식
	여	식신	천록	오귀	합식	안손	징파	퇴식	관인
16, 25, 34 43, 52, 61 70, 79, 88	남	오귀	식신	신귀	관인	징파	합식	안손	천록
	여	징파	안손	합식	진귀	식신	오귀	천록	퇴식
17, 26, 35 44, 53, 62 71, 80, 89	남	합식	징파	관인	퇴식	오귀	진귀	식신	안손
	여	오귀	안손	진귀	관인	징파	합식	안손	천록
18, 27, 36 45, 54, 63 72, 81, 90	남	진귀	오귀	퇴식	천록	합식	관인	징파	식신
	여	합식	징파	관인	퇴식	오귀	진귀	식신	안손

● 방소법에 의한 연령별 길흉방 조견표

그리고 부부 모두에게 동시에 '길한 방위'를 선택할 수 있으면 가장 바람직하겠지만 부부의 나이로 선택한 방위가 서로 다를 경우에는 가정에서 주도적인 역할을 하는 사람의 나이를 기준으로 방위를 정하면 될 것이다.

대장군방(大將軍方)

대장군방은 이사보다는 집수리 등을 할 때 참고하여야 하는 방위이다. 대장군방은 삼살방과는 달리 3년씩 같은 방위가 해당된다. 인·묘·진(寅·卯·辰) 3년은 북쪽이 대장군방에 해당하고 사·오·미(巳·午·未) 3년은 동쪽이 대장군방이며 신·유·술(申·酉·戌) 3년은 남쪽이 대장군방이 되고 해·자·축(亥·子·丑) 3년은 서쪽이 대장군방이 된다. 예를 들어 2010년 경인(庚寅), 2011년 신묘(辛卯), 2012년 임진(壬辰) 3년 동안은 북쪽이 대장군방이 되며, 2013년 계사(癸巳), 2014년 갑오(甲午), 2015년 을미(乙未) 3년 동안은 동쪽이 대장군방에 해당하는 것이다. 가만히 보면 대장군방은 3년마다 시계방향으로 움직이는 것을 알 수 있다.

인·묘·진(寅·卯·辰)	사·오·미(巳·午·未)	신·유·술(申·酉·戌)	해·자·축(亥·子·丑)
북(北)	동(東)	남(南)	서(西)

● 년도별 대장군방(大將軍方)

삼살방(三煞方)

삼살방이란 삼살(劫煞, 歲煞, 災殺)이 있는 방위라는 의미로 오귀삼살방이라고도 하고 해당년에 그 방위로 이사하면 흉하다고 하는 방위이다. 삼살방은 삼합오행을 적용하여 따지는데, 해·묘·미 3년은 목(木)에 해당하고 목의 방위는 동쪽에 해당하기 때문에 반대방위, 즉 서쪽이 삼살방이 된다. 마찬가지로 인·오·술 3년은 오행이 화(火)이며 방위는 남쪽에 해당하므로 반대방인 북쪽이 삼살방이 된다. 사·유·축 3년의 오행은 금(金)에 해당하고 방위는 서쪽이므로 반대방인 동쪽이 삼살방이 되며, 신·자·진 3년은 오행이 수(水)이고 방위는 북쪽이므로 반대방인 남쪽이 삼살방이 된다. 예를 들면 2012년은 임진년(壬辰年)이므로 남쪽이 삼살방이고 2013년은 계사년(癸巳年)이므로 동쪽, 2014년은 갑오년(甲午年)이므로 북쪽, 2015년은 을미년(乙未年)이므로 서쪽이 삼살방이 된다. 가만히 보면 삼살방은 매년 시계반대방향으로 돌아간다는 것을 알 수 있다.

년지(年支) \ 구분	삼합오행	오행방위	삼살방
해·묘·미(亥·卯·未)	목	동	서
인·오·술(寅·午·戌)	화	남	북
사·유·축(巳·酉·丑)	금	서	동
신·자·진(辛·子·辰)	수	북	남

● 년지별 삼살방(三煞方)

그런데 『천기대요(天機大要)』에 보면 '자주옥일백이십보외(自住屋一百二十步外) 불문방소(不問方所) 임의이사길(任意移徙吉)' 이란 문구가 있는데 이것은 자신이 살고 있는 주택에서 120보(약 100m) 이상 떨어진 곳으로 이사를 할 경우에는 방위를 따지지 않고 이사해도 문제가 없다는 것이다. 이것은 현재의 거주지에서 100m 이내 인근으로 이사를 하는 경우에만 방위를 따지면 되고 멀리 떨어진 곳으로 이사를 하는 경우에는 굳이 방위를 따질 필요가 없다는 의미라 볼 수 있다.

   저자도 터가 좋은 곳, 즉 혈이 있는 건물로 이사를 간다면 이사방위는 크게 중요하다고 보지 않는다.

양택풍수 사례연구

「경복궁(景福宮)과 창덕궁(昌德宮)의 풍수분석」

제1장 서론
제2장 한양의 지리개관
제3장 경복궁의 풍수 분석
제4장 창덕궁의 풍수 분석
제5장 경복궁과 창덕궁의 가계(家系)형성 비교

여기에 게재하는 「경복궁(景福宮)과 창덕궁(昌德宮)의 풍수분석」은 약 520년 역사의 조선왕조에서 법궁 역할을 한 대표적인 두 궁궐을 풍수학자의 시각으로 연구·분석한 것이다.

경복궁에 관한 내용은 먼저 시각적으로 판단할 수 있는 능선이나 물길 등을 설명하였고 육안으로 구분할 수 없는 경복궁 궐내와 주변의 자연지형은 수맥파 탐사방법을 사용하여 최대한 자연지형을 유추해서 풍수적으로 정밀 분석한 것이다.

창덕궁에 관한 내용은 저자의 석사학위 논문인 「창덕궁의 풍수지리적 입지에 관한 연구」를 요약 정리하고 수맥파 탐사방법을 통한 지형 분석을 추가하였다.

제1장 서론

  수도(首都)란 한 국가의 정치, 행정, 경제, 문화 등 모든 요소의 중심이 되며, 최고 통치기관이 위치하는 곳을 말한다. 현대사회에서는 교통수단의 발달 등으로 다수의 지역으로 이러한 기능들이 분산되고 있으나, 산업사회 이전의 왕조시대에서는 수도의 비중은 현재보다 월등히 큰 것이었다. 수도는 왕이 군림하면서 절대권력을 행사하므로 국가운영에 필요한 모든 에너지가 발원되는 곳이다.

  한반도에서는 고대국가 이래로 여러 왕조가 흥망성쇠를 거듭하였는데 이에 따라 경주, 평양, 개성, 서울 등이 비교적 장기간 왕조국가의 수도로서 역할을 수행하였고, 그중에서 조선왕조의 수도였던 한양(한성)[1]은 현재에도 대한민국의 수도로서 자리매김 하고 있다.

  조선 초기 태조는 한양을 수도로 선정하면서 경복궁을 세웠고, 태종은 한양으로 재천도를 위하여 창덕궁을 영건(營建)하였으며, 이후 다른 왕들도 시대의 흐름과 상황의 변화에 따라서 다른 궁궐들을 건축하였다.[2]

---

[1] 한양은 고려시대에는 '한양'으로 불렸으나, 1395년 '한성'으로 개명되었다. 한성은 조선시대의 행정구역 명칭으로, 이 책에서는 명칭을 '한양'으로 표현한다.

[2] 서울에는 경복궁, 창덕궁, 창경궁, 경희궁, 덕수궁 등의 대표적인 궁궐이 남아 있는데 이들 궁궐은 조선의 왕들이 통치를 하거나 왕실가족이 거처하던 장소이다.

특히 절대 권력자인 왕은 사적인 존재라기보다는 국가권력의 상징이라고 할 수 있었기 때문에, 그가 머무는 공간인 궁궐(宮闕)3)은 여러 가지 입지조건을 고려하여 선정된 장소에 가장 위엄있는 격식을 갖춰 세워지게 되었다.

이러한 수도선정 과정이나 궁궐의 건축과정 등에는 풍수사상이 상당히 중요하게 반영되었는데, 경복궁은 처음 태조에 의해 세워질 때부터 풍수적으로 '명당이다, 명당이 아니다'라는 논란이 많았고, 이 논란은 태종조와 세종조에서도 큰 쟁점이 되어『조선왕조실록』등 여러 사료에 그 입지에 대한 기록이 남아 있어 풍수적(風水的) 입지특성(立地特性)에 대하여 대략 알려져 있다.

그러나 창덕궁 터에 대해서는 역사적 또는 사실적 기록이 부족하고 풍수적인 입지에 대한 기록이나 연구 또한 전무한 실정이다. 이처럼 경복궁에 비하여 창덕궁의 입지나 풍수적 논쟁이 거의 없었던 것은 '창덕궁이 경복궁에 비하여 손색없는 길지에 입지한 것 때문일까?' 하는 의문을 가지게 한다.

창덕궁이 풍수적으로 심사숙고하여 터를 잡고 영건을 하였으며 조선왕

---

3) 이덕수,『신 궁궐기행』, 대원사, 2004, pp.15-17. 궁궐(宮闕)의 사전적(辭典的) 의미는 '임금이 거처하는 곳'으로, 임금이 개인적인 생활을 영위하던 곳 동시에 국가를 통치하던 공적인 공간이기도 하다. 궁궐은 그 자체의 성격 및 용도에 따라 법궁(法宮) 또는 정궁(正宮), 이궁(離宮), 별궁(別宮), 행궁(行宮) 등으로 구분할 수 있다. 법궁은 임금이 상시 거처하는 중심 궁궐로 제1궁궐을 말하며, 조선왕조의 법궁은 경복궁이었다. 이궁은 임금이 피병(避病)이나 휴식을 위하여 옮기고 싶어하거나, 궁궐의 화재나 기타 변고가 생겼을 때 옮겨가서 머무는 제2궁궐을 말한다. 이궁도 법궁에는 미치지 못하지만 궁궐의 제도나 격식을 갖추고 임금의 사적생활 및 공적활동에 필요한 제반 시설을 갖춘다. 경복궁이 법궁일 때는 창덕궁이 이궁이었고, 임진왜란 이후 창덕궁이 법궁일 때는 경희궁이 이궁이었다. 별궁은 필요에 따라 특별히 새로 지은 궁궐을 말하며 창경궁이 이에 해당된다. 행궁은 임금이 멀리 피난이나 피접 혹은 멀리 나들이하는 과정에서 묵던 별궁으로 남한산성 행궁이나 수원의 화성행궁, 온양행궁 등이 이에 해당된다.

조에서 약 270년간 법궁의 역할을 하며 차지한 비중을 고려하면 크게 아쉬움이 남는 부분이라 하겠다.4)

1. 연구의 목적

이 연구분석은 경복궁과 창덕궁에 있는 연구분석 대상 건물의 풍수적 입지를 분석하고 그에 따른 길흉의 경험적 통계를 도출하는 데 있다. 조선왕조에서 각각 서열 1위와 2위 궁궐로 조선왕조 대부분 기간 동안 법궁(法宮) 역할을 한 경복궁과 창덕궁의 영건(營建)에 풍수사상이 어떻게 반영되었고 두 궁궐의 주요 전각의 입지가 현재 일반적으로 이해되는 풍수이론과 부합(附合)되는지를 분석하는 것이 1차 목적인 것이다.

1차로 분석한 두 궁궐의 풍수적 입지 차이를 바탕으로 경복궁을 법궁으로 사용한 왕들과 창덕궁을 법궁으로 사용한 왕들의 자녀출생과 사망의 현황을 비교하여 풍수적으로 땅의 위치별 성질이 다산(多産)과 핍손(乏孫)의 가계형성(家系形成)에 미치는 영향을 파악하고 그것이 조선왕조의 역사

---

4) 한영우, 『창덕궁과 창경궁』, 열화당, 2003, pp.23-27. 경복궁은 1395년(태조 4년) 9월에 완성되었고, 정종이 1399년 다시 개경으로 도읍을 옮겼다가 6년 8개월 만인 1405년(태종 5년) 10월에 다시 법궁으로서 지위를 되찾았으나, 임진왜란 때(1592년) 전소된 후 방치되었다가, 1868년(고종 5년) 11월 흥선대원군의 강력한 의지로 복원되어 273년 만에 다시 법궁의 지위를 찾는다. 이후 고종의 아관파천(1896년)까지 법궁으로 사용되어 조선전기 197년, 그리고 근대 28년 도합 225년의 역사를 지녔다. 이에 비해 창덕궁은 1405년(태종 5년) 10월 창건되어 이궁으로 사용되다가 임진왜란으로 경복궁과 함께 소실되었다가 광해군 때 중건되어 약 270년 동안 법궁으로 사용된다. 결국 창덕궁은 일제에게 국권을 빼앗기게 되는 1910년까지 505년의 역사를 가지게 되고, 창경궁은 426년의 역사를 누린다.

에 어떤 영향을 미쳤는지 알아보는 것을 2차 목적으로 한다.[5]

1차 목적과 2차 목적이 달성되면 이것을 풍수를 이해하고 인간생활에 활용하게 하는 기본 자료로 삼아 국민은 보다 건강하고 행복하며, 사회는 보다 건전하고, 국가는 보다 번영을 누리게 되는 밑거름이 되고자 하는 것이 이 연구분석의 궁극적인 목적이다.[6]

2. 연구의 범위

궁궐은 『주례고공기(周禮考工記)』[7]에 따르고, 그 주된 역할에 따라 외조(外朝), 치조(治朝), 내조(內朝=燕朝)의 세 구역으로 나누어 건축하는 것이 원칙이다.[8] 경복궁은 『주례고공기』의 원칙에 충실하도록 남북축(南北軸)의 일직선 형태로 외조, 치조, 내조를 배치하였다. 그러나 창덕궁은 협소한

---

[5] 우주섭리에는 풍수 이외에도 사주(四柱) 등 많은 변수가 존재하고 그에 따라 서로 다른 결과가 나타나지만 저자는 풍수학자의 시각에서 경복궁과 창덕궁의 풍수적 입지 차이로 나타난 결과를 제시하고자 하는 것이다.

[6] 저자는 풍수가 다산(多産)과 핍손(乏孫) 현상을 가져오는 요인의 100%라고 보지는 않는다. 다만 수천 년의 경험에 의하여 선택하면 좋은 땅과 반드시 피해야 할 땅이 있다는 것을 알려주고자 하는 것이다.

[7] 『주례(周禮)』는 유교경전의 하나이고, 『의례(儀禮)』『예기(禮記)』와 함께 삼례(三禮)라고 한다. 주공(周公)이 주왕국(周王國)의 관제를 기록한 책으로 『주례(周禮)』 중 공인(工人)의 직무를 기록한 『고공기(考工記)』에는 궁전의 건축·수레·악기·병기·농구 등의 제작에 관한 내용이 수록되어 있다. 이 『고공기』의 궁성건축 규범은 중국에서 주나라 이후에도 궁성건축의 전형(典形)으로 대부분 반영하였는데, 조선왕조의 궁성건축에도 이 원칙을 상당부분 적용하였다고 볼 수 있다.
① 좌묘우사(左廟右社) : 궁성의 좌측에는 종묘를 세우고, 우측에는 사직을 세운다.
② 전조후시(前朝後市) : 궁성의 앞에는 정치공간인 조(朝)를 배치하고, 뒤쪽으로 시(市)를 둔다.
③ 삼문삼조(三門三朝) : 궁성 안은 신하들이 국사를 논의하는 외조(外朝), 왕이 일상으로 신하들을 접견하며 정사를 보는 치조(治朝), 왕과 왕의 가족들이 기거하며 쉬는 영역인 내조(內朝=燕朝)로 구분한다.
④ 전조후침(前朝後寢) : 궁궐의 각 건물은 정치의 공간은 앞쪽에, 휴식의 공간은 뒤쪽에 배치한다.

공간에 자연지형을 살려 터를 조성하고 건축을 하다 보니 경복궁의 일직선 형태와는 다르게 주요 전각의 방향축이 다른 형태로 배치가 되어 있다.

궁궐 영역 중에서 업무공간의 필요에 의해서 조성된 외조지역과, 주로 왕과 왕족의 휴식공간으로 경관을 우선시하여 조성된 궁궐의 후원지역은 풍수적인 입지원칙을 적용하였을 가능성이 크지 않기 때문에 이 연구분석 대상지역에서 제외하기로 한다. 풍수의 이론적 특성상 경복궁과 창덕궁의 영역 전체를 연구분석 대상으로 정하는 것은 연구분석의 정밀도를 낮게 할 가능성이 있기 때문이다.

따라서 주로 왕이 거처하면서 정사를 보거나 사적인 생활을 하는 치조와 내조(연조)의 공간, 즉 경복궁(景福宮)의 근정전(勤政殿), 사정전(思政殿), 강녕전(康寧殿), 교태전(交泰殿)과 창덕궁(昌德宮)의 인정전(仁政殿), 선정전(宣政殿), 대조전(大造殿), 희정당(熙政堂)의 터만을 본 연구분석의 공간적 범위로 한정하였다.

그리고 경복궁과 창덕궁은 처음 지어진 원형이 계속 유지되어 온 것이 아니고 중건이나 여러 차례의 보수를 거쳤으므로 각 전각의 최초 영건위치와 현재의 위치가 차이가 있을 수 있으므로 현재의 위치를 중심으로 연구분석하기로 한다.

경복궁은 위 원칙 중 좌묘우사, 삼문삼조, 전조후침을 적용하였고, 법궁인 경복궁을 중심으로 좌묘우사가 건축된 상태에서 창덕궁은 이궁으로 지어졌기 때문에 좌묘우사의 원칙은 적용하지 않고 삼문삼조, 전조후침의 원칙만을 반영하였다고 할 수 있다.
경복궁의 치조공간은 근정문 안의 근정전과 사정전을 말하며, 내조(연조)공간은 강녕전과 교태전이 해당된다.
8) 한영우, 『창덕궁과 창경궁』, p.101. 치조는 임금이 신하들과 정치를 행하는 공간이며, 연조는 침전이라고도 하며 왕과 왕비 등 왕실일족의 생활공간이며, 외조는 일반 신하들이 집무하는 공간으로서 궐내각사(闕內各司)라고도 한다.

3. 연구의 방법

이 연구의 목적을 달성하기 위해서는 경복궁과 창덕궁의 자연 상태 지형을 유추하는 것이 가장 중요한 것이다. 본래의 지형을 알아야 궁궐을 영건할 당시에 어떤 풍수적 관점을 가지고 입지를 선정하였는지를 알 수 있을 것이고 궁궐 주요전각이 세워진 터의 길흉을 분석할 수 있는 것이다. 경복궁과 창덕궁은 영건과정에서 터 조성작업을 하였을 것이기 때문에 현재의 모습이 터 닦기 이전의 자연 상태 형상은 아닌 것이다. 따라서 저자는 현재의 지형은 참고자료로만 감안하고 수맥파를 이용하여 지형을 유추하고 그 지형을 기본으로 풍수적 분석을 하는 방법을 사용하였다.[9]

또한 역사적인 사실과 궁궐 배치 등의 연구에 활용한 자료는 『조선왕조실록』 중 『태조실록』, 『정종실록』, 『태종실록』, 『세종실록』, 『선조실록』, 『광해군일기』, 『고종실록』, 『연려실기술』, 『신증동국여지승람』, 『세종실록지리지』, 『증보문헌비고』, 『궁궐지』, 『창덕궁 영건도감 의궤』, 『한경지략』 등의 고문헌과, 「북궐도」, 「동궐도」, 「동궐도형」 등의 고서화 및 「사산금표도」, 「수선전도」, 「도성도」 등의 고지도, 『조선고적도보』, 『서울 육백년사』, 『선원보감』 등의 근·현대 서적, 문화재청의 『경복궁 변천사』, 『창덕궁·종묘원유』와 그 밖의 경복궁과 창덕궁을 주제로 다룬 논문 및 학술기록과 사진을 조사·활용하였다.

---

[9] 흥례문과 근정문 사이에 있는 영제교 아래의 물길처럼 자연 상태에서 있었던 물길이 아니고 궁궐 영건과정이나 이후에 물길을 만든 것이 가장 대표적인 지형변형의 사례이다.

특히 『조선왕조실록』은 조선 초기 천도의 과정에서 나타난 왕들의 풍수에 대한 관심도와 그에 따른 행행(行幸), 입지선정에 관한 논의과정 및 천도 후 나타난 풍수와 관련되어 시행된 도성 관리내역 등을 파악할 수 있는 중요한 자료가 되었다.

그리고 『신증동국여지승람』, 『세종실록지리지』, 『증보문헌비고』 등의 고서적과 「사산금표도」, 「수선전도」, 「도성도」 등의 고지도와 조선총독부에서 만든 「한성도」는 한양의 산세와 수세 등을 파악하는 데 필요한 종합적이고 체계적인 기록이었다.

또한 「북궐도」를 통해서는 경복궁의 전각배치에 대해 파악할 수 있고, 「동궐도」와 「동궐도형」은 창덕궁 각 건축물의 존재여부와 건물배치에 대해서 알 수 있었다. 특히 『조선고적도보』의 창덕궁 평면도와 사진은 연구분석 대상에 있는 건물의 배치와 좌향(坐向)이 비교적 자세하게 나타나 있고, 부근 지형의 등고선까지 표현되어 있어, 창덕궁의 풍수적 입지조사의 근간이 되는 보국(保局)을 파악하는 데 활용되었다.

한편 경복궁과 창덕궁 주변의 정밀한 지형(地形) 및 수(水)의 체계를 파악하기 위하여 구글(Google)을 비롯한 포털사이트의 위성사진과 국립지리원에서 발행하는 지형도를 활용하였으며, 여러 차례에 걸쳐 서울 4대문 안과 경복궁 및 창덕궁 주변의 지형을 조사하였고, 두 궁궐 경내의 정밀한 수맥파 분석을 통하여 각 전각이 자연 상태의 물길 위에 위치하였는지 또는 지맥 위에 있는 과룡처인지 아니면 풍수에서 가장 길한 혈에 지어졌는지를 조사하였다.

4. 한양정도(漢陽定都) 과정과 배경

태조의 한양천도 필요성과 과정

1392년 7월 17일 역성혁명으로 개경의 수창궁에서 고려국의 왕위에 오른 태조 이성계는 수도이전 문제를 다른 어떤 것보다 우선적으로 처리해야 할 중요사항으로 판단한 것으로 보인다. 국호를 '고려'에서 '조선'으로 바꾼 것이 왕위에 오른 지 8개월 뒤인 1393년 2월인 점을 감안하면 왕위에 오른 지 불과 27일 만인 8월 13일에 천도를 선포한 것을 보면 알 수 있다.[10]

왕조가 바뀌면 수도를 옮기는 것은 고금의 전래로 태조 이성계의 새 왕조는 비록 한양이 아니더라도 어디론가 도읍을 옮겨야 할 처지에 있었다. 정치적·사회적으로 영향력을 지니고 있는 고려왕조의 충신들과 그 외의 보수적인 신하들도 신흥 권력계급에 반대하면서 고려왕조를 그리워하고 있으며, 개경의 주민들도 전조(前朝)에 대하여 동정심을 가지고 있는 터에 왕씨 고려의 뿌리가 깊이 박혀 있는 개경에서 이씨 왕조가 정치를 한다는 것은 불안, 갈등, 비능률 등을 초래하는 일이었을 것이다.[11]

즉위 이전부터 이러한 상황을 인식한 태조 이성계는 여론의 추이를 살피면서 명분과 실리를 추구할 수 있는 천도 후보지를 찾았을 것이다. 우선 고려왕조의 삼경(三京)[12]이 그 대상이 될 수 있었다. 그러나 고려시대에 삼

---

10) 『태조실록』 2년(1393년) 2월 15일(경인) (중략) "지금부터는 고려(高麗)란 나라 이름은 없애고 조선(朝鮮)의 국호를 좇아 쓰게 할 것이다."

11) 임덕순, 「서울의 수도 기원과 발전과정」, 서울대 박사학위논문, 1985, p.44.

경(三京) 가운데 하나였고, 풍수도참(風水圖讖)[13]에 있어 명당의 하나로 지목되어 온 서경(평양)이 도읍지로서 다중의 호응을 얻지 못한 이유는 한반도의 북쪽에 치우쳐 있다는 '지리적 변방성'과, 고구려 문화의 중심지로서 '지나친 응집력'이 수도의 인문조건에는 부정적 작용을 한 것이다.

이와는 대조적으로 남경(한양)은 풍수도참으로나 한반도의 중앙에 위치한 점, 그리고 특정 문화적 편향성이 적어 포용성과 개방성을 띠는 점 등이 수도의 유리한 조건이 될 수 있었다.

역성혁명(易姓革命)의 창업주인 이성계는 한양을 제일의 수도 후보지로 간주하고, 한양천도를 '천심과 민심'을 따르는 것이라 판단한 듯하다. 이를 뒷받침하는 것이 고려시대 말에 유행하였던 한양목자위왕(漢陽木子爲王)의 지리도참설이다. 이는 '이씨가 왕위에 오르고 새 수도를 한양으로 옮기는 것이 순리'라는 것으로, 이것이 태조에게는 설득력을 갖는 명분이 될 수 있었다고 본다.

태조 이성계가 한양이라는 특정지역을 정해서 천도를 선포한 것을 보면 위에서 언급한 역사적, 정치적, 현실적인 필요에 의하여 왕위에 오르기 이전에 아니면 즉위한 직후에 누군가의 조언을 바탕으로 이미 한양을 천도할 장소로 정해놓은 상태였음을 알 수 있다.

---

12) 삼경(三京)이란 고려시대에 정치적 필요에 의하여 운영하였던 행정체제로 개경(송경), 서경(평양), 남경(한양)을 말한다.

13) 풍수도참이란 지리도참(地理圖讖)이라고도 하며, 풍수와 도참의 합성어로 도참은 풍수적으로 터의 좋고 나쁨에 따라 미래에 어떻게 될 것이라는 예측까지 하는 것이나, 풍수는 자연지형을 살펴 좋은 터와 나쁜 터를 구분하고 그중에서 가장 좋은 터인 혈(穴)을 찾아 활용하자는 학술로 미래를 예측하는 것은 풍수의 영역이 아니다.

1392년 8월 13일에 도평의사사(후일의 의정부)에 한양으로 천도를 명령한 것으로 수도 이전의 역사는 시작된다.14)

태조는 처음부터 한양으로의 천도를 결심하고 추진하고자 하였으나, 개경의 기득권층뿐만 아니라 신흥사대부들도 심하게 반대하자 계룡 신도읍(新都邑)이나 무악을 거치는 우회적인 방법을 선택한 것이라고 판단된다.15)

처음 한양으로의 천도를 선포한 후 거의 모든 신하들의 반대에 부딪혀 실행을 하지 못하던 태조는 즉위 2년째인 1393년 1월 2일 태실증고사(胎室證考使)16) 권중화의 신도읍에 대한 진언을 받고 즉각적으로 반응을 나타낸다. 권중화의 보고가 있은 후 17일 만인 1월 19일에 계룡 신도읍을 직접 답사하기 위하여 개경을 출발하여 2월 8일 현장에 도착한다. 도착 후 2월 12일까지 5일 동안 주변 지형지세를 둘러보고 나서 2월 13일에 계룡을 떠나면서 그곳을 신도로 확정하고 공사감독자를 지정한다.

신도에 도착하여 불과 닷새 만에 도읍의 지형을 살펴보는 것부터 시작하여 도읍지를 확정짓는 일까지 일사천리로 진행된 것과 조정신하들의 의견을 전혀 수렴하지 않은 채로 신도의 공사를 시작하게 하는 것이다.

---

14) 『태조실록』 1년(1392년) 8월 13일(임술) 도평의사사에 명을 내려 한양으로 도읍을 옮기게 하였다.(敎都評議使司移都漢陽).

15) 『태조실록』 2년(1393년) 2월 1일(병자) (중략) "도읍을 옮기는 것을 세가대족들이 함께 싫어하는 바이므로, 구실로 삼아 이를 중지시키려는 것이다. 재상은 송경에 오랫동안 살아서 다른 곳으로 옮기기를 즐겨하지 않으니, 도읍을 옮기는 일이 어찌 그들의 본뜻이겠는가?(遷都世家大族硏共惡慾籍以止之也宰相久居松京安土重遷都 其意思)"하여 태조는 신하들의 반대에 노골적인 불만을 표출하였다.
『태조실록』 3년(1394년) 8월 12일(기묘) "임금이 여러 재상들이 제시한 의논이 대개 천도를 옳지 않다고 한 까닭에 언짢은 기색으로 말하였다(上以諸宰相硏上議論多以遷都爲不可故有不豫色曰)".

16) 태실증고사는 전국에서 풍수적으로 좋은 자리를 택지(擇地)하여 풍수발복을 기대하며 왕손의 태를 안치할 장소를 물색하는 관리를 말한다.

이후 천도의 진행 과정을 보면 태조에게 다른 속셈이 있었다고 보여진다. 태조는 2월 27일 개경으로 돌아가는데, 3월 8일에 신도에서 공사하던 백성들을 놓아 보내고, 또한 4월 1일에는 건설현장의 기술자인 공장(工匠)을 돌려보낸다. 왕위에 오른 지 한 달이 채 안 되어 천도를 명한 태조가 공사를 재촉하기보다 오히려 공사인력을 풀어주는 이해하기 어려운 행동을 하는 것이다.

이후 『조선왕조실록』에는 신도건설과 관련된 기록이 거의 없다가, 경기 좌우도 관찰사 하륜이 호순신의 『지리신법』에 나오는 '물이 장생을 파하여 쇠패가 곧 닥치는 땅(水破長生衰敗立至之地)'이라는 문구를 근거로 들어 계룡 신도읍이 풍수적으로 도읍이 되어서는 안 된다는 상소를 올리게 되고,17) 태조는 특별한 반대의견 없이 신도의 공사를 중지하도록 명한다. 계룡을 신도읍지로 선정하여 공사를 개시한 후 10개월여 만에 공사를 중지시키고, 다시 도읍할 땅을 찾도록 하는 것이다.

『조선왕조실록』에는 이 '공사 중지 조치로 중앙과 지방에서 크게 기뻐하였다' 라고 적고 있어, 신도이전을 추진하던 태조도 내심으로는 동의하고 있음을 나타내고 있다.18)

계룡 신도읍의 공사가 중지되고 1394년 2월부터 6월 사이에 하륜의 천거를 받은 무악(毋岳)이 신도읍지로 결정되었으나 풍수전문가인 서운관

---

17) 『태조실록』 2년(1393년) 12월 11일(임오) 경기좌우도 관찰사 하륜이 상언하였다. (중략) "계룡의 산은 건방(乾方)에서 오고 물은 손방(巽方)으로 흘러간다 하오니 이것은 송나라의 호순신이 이른바 '물이 장생을 파하여 쇠패가 곧 닥치는 땅(水破長生衰敗立至之地)'이므로 도읍을 정하는 데는 적당하지 못합니다."
18) 『태조실록』 2년(1393년) 12월 11일(임오) 대장군 심효생을 보내어 계룡산에 가서 새 도읍의 역사를 그만두게 하였다. (중략) 새 도읍의 역사를 그만두게 하니 중앙과 지방에서 크게 기뻐하였다(罷新都之役 中外大悅).

관원들의 반대의견으로 다시 원점으로 돌아가게 된다.[19]

이후 불일사(佛日寺), 선고개(鐥岾) 등 후보지의 풍수에 대하여 신하들의 의견이 서로 다르자 태조는 좀 더 깊이있는 도읍 후보지 선정을 위하여 1394년 7월 12일 음양산정도감(陰陽刪定都監)을 설치한다.[20]

이어서 태조는 두 번째로 도읍지를 찾아나서 하륜이 계속하여 천거한 무악에 1394년 8월 11일 도착한다. 그러나 계룡에서는 6일간 머물렀던 것과 달리 무악에서는 단 하루만을 머무는데 여기에서도 신하들 대부분이 천도를 반대하고 있음을 재확인한다.

당초에 무악이 도읍지로 쓸 만한 터인지를 살피러 왔던 태조는 1394년 8월 12일 재상들의 반대에도 불구하고 무악에서 남경(한양)으로 이동한 후, 이튿날인 8월 13일에 고려 남경의 궁궐터를 살펴본 후 윤신달, 자초 등의 의견을 듣고 그 자리에서 도읍지를 한양으로 결정하고, 종묘 터까지 살피는 발 빠른 행보를 보인다.

이어서 8월 24일 태조는 도평의사사에서 상신(上申)하는 형식으로 한양을 새 도읍지로 정하는데,[21] 이 과정을 살펴보면 무악터에 대해서는 신중한 논의를 하나 한양에 대해서는 별다른 논의 없이 천도지로 결정되는 것

---

19) 『태조실록』 3년(1394년) 6월 27일(을미) 임금이 도평의사사에 교유하였다. "무악 신도의 땅은 앞서 10여 재상들에게 명하여 이것을 보고 지금은 이미 결정하였는데, 서운관원 유한우와 이양달 등이 말하기를 '신의 배운 바로 보아서는 도읍을 정할 곳이 아닙니다.' 하니, (중략) 논의해서 알리라." (중략) 임금이 말하였다. "이들로 하여금 다시 좋은 곳을 물색하게 하라."

20) 『태조실록』 3년(1394년) 7월 12일(기유) 음양산정도감을 두었다. 영삼사사 권중화와 판삼사사 정도전, 문하 시랑찬성사 성석린·삼사 우복야 남은·정당문학 정총·첨서중추원사 하륜·중추원학사 이직·대사헌 이근·평원군 이서로 하여금 서운관원과 함께 지리와 도참(圖讖)에 관한 여러 책을 모아서 참고하여 교정하게 하였다.

을 볼 수 있다.

한양으로 도읍을 옮기는 것이 확정되고 나서 태조의 발걸음은 더욱 빨라진다. 한양으로의 결정이 된 후 불과 7일 만인 1394년 9월 1일에 신도궁궐조성도감을 설치하고, 보름 만에 궁궐, 종묘, 사직, 시장 등의 터를 정한다.

이어서 그해 10월 25일에는 아직 공사 시작도 하지 않은 한양으로 수도를 옮기는데 한양부 객사 건물을 임시 궁궐로 사용하면서까지 천도를 서두르는 것이다.

이 과정이 계룡 도읍지 선정 때와 비슷하게 서두르는 듯 보이지만, 이는 한양이 처음부터 태조의 의중에 있었던 도읍지였기 때문이라고 볼 수 있다.[22]

한양정도(漢陽定都)는 근시안적으로 보면 태조 이성계의 고집과 극소수 신하의 찬성으로 단행된 것처럼 보이나, 거시적으로 보면 역사의 흐름을 따르는 필연적 조치였고, 역사발전의 중요한 징표로 나타난 사건이었다.[23]

이상의 수도 선정과정을 살펴보면 첫째, 수도이전의 불가피성은 하나의 기정사실로 굳어진 상태였고, 둘째, 후보지의 풍수상 적절성과 국토의 중앙적 위치 및 접근성 여부를 둘러싼 견해 차이만 있었을 뿐이며, 수도유치운동 등 정치적 조치상의 곤란도 없었기 때문에 나름대로 신속하게 수도이전을 추진할 수 있었다고 판단된다.[24]

---

21) 『태조실록』 3년(1394년) 8월 24일(신묘) (중략) "그윽이 한양을 보건대, 안 밖 산수의 형세가 옛날부터 이름난 것이요, 사방으로 통하는 도로의 거리가 고르며 배와 수레도 통할 수 있으니, 여기에 영구히 도읍을 정하는 것이 하늘과 백성의 뜻에 맞을까 합니다."

22) 최창조, 『한국의 자생풍수』, 민음사, 1997, p.172. 태조는 처음부터 서울 혹은 그 인근지역을 자신의 수도로 점찍어두고 있었고, 서울과 그 인근지역에 관하여 상세한 정보를 가지고 있었다.

23) 한영우, 『우리 역사와의 대화』, 을유문화사 1991, pp.76-83.

일 자	내 용
1392년 7월 17일(병신)	왕위에 오르다.
8월 13일(임술)	도당에 한양천도를 명하다.
1393년 1월 2일(무신)	권중화가 계룡산의 산수형세도와 도읍 지도를 바치다.
1월 21일(정묘)	회암사에 지나다가 왕사 자초를 데리고 가다.
2월 8일(계미)	계룡산 밑에 이르다.
2월 9일(갑신)	신도후보지의 산수와 형세를 돌아보고 조사케 하다.
2월 11일(병술)	신도의 높은 곳에 올라 지세를 살펴보고 왕사 자초에게 신도의 터에 대해 묻다.
2월 13일(무자)	계룡산을 떠나면서 김주 등에게 신도의 건설을 감독케 하다.
3월 8일(계축)	신도를 공사하던 백성들을 놓아 보내다.
4월 1일(을해)	신도를 건설하던 공장(工匠)을 놓아 보내다.
12월 11일(임오)	하륜의 상언대로 계룡산의 신도건설을 중지하고 천도할 곳을 다시 물색케 하다.
1394년 2월 18일(무자)	조준, 권중화에게 무악의 천도지를 살펴보게 하다.
2월 23일(계사)	권중화와 조준이 무악천도를 반대하고 하륜만이 찬성하다.
6월 27일(을미)	서운관 관원이 무악이 수도로 좋지 않다고 하니 다른 곳을 물색하게 하다.
7월 12일(기유)	음양산정도감을 설치하다.
8월 8일(을해)	임금이 직접 천도할 무악 땅을 돌아보다.

8월 12일(기묘)	재상들의 천도반대에도 불구하고 한양으로 행차하다. 왕이 도읍터를 잡기 위해 왕사 자초를 부르다.
8월 13일(경진)	왕사 자초와 여러 신하들의 의견을 들어 한양을 도읍으로 정하다.
8월 24일(신묘)	도평의사사에서 한양으로 도읍을 정할 것을 아뢰니 가납하다.
10월 25일(신묘)	한양으로 서울을 옮기다.
1395년 9월 29일(경신)	대묘와 새 궁궐이 준공되다.

● 『태조실록』에 나타난 한양천도 관련 주요기록

이 천도과정에 나타나는 태조의 태도를 보면 도읍이 될 다른 조건을 모두 갖추었더라도 풍수적으로 길지가 아닌 곳은 의중에 두지 않고 있음을 알 수 있다.

정종의 개경 환도(還都)

우여곡절 끝에 이루어진 태조 대의 한양천도는 1398년 8월 26일 '제1차 왕자의 난'이 일어나고 9월 5일 태조의 양위로 즉위한 정종에 의해 새 국면을 맞이하게 된다.[25]

왕위에 오른 정종은 골육상쟁의 원인이 경복궁의 풍수에서 비롯된 것

---

24) 한영우, 『우리 역사와의 대화』, p.81. 천도 반대론은 한양의 지정학적 반대라기보다는 '안토중천(安土重遷)의 타성, 즉 개경에 오랫동안 생활근거를 다진 대신들의 개인적인 불편함에 연유하는 것이었다.

이라는 생각을 떨치지 못하고 고려의 도읍인 개경으로의 환도를 추진하여 1399년(정종 1년) 2월 26일 종척과 공신들을 모아놓고 환도를 결정하고, 3월 7일 개경 유후사(留後司)로 환도를 하게 된다.[26] 이로써 실질적인 조선의 수도는 다시 개경이 되었다.

이후 1400년(정종 2년) 1월 28일에 '제2차 왕자의 난'이 일어나고, 이 사건을 계기로 그해 2월 4일 정안공 이방원이 왕세자에 책봉된다. 세자가 된 정안공은 자신의 측근 인물들을 주요 관직에 등용되도록 영향력을 발휘하고, 다른 왕자들의 힘의 원천이 되는 사병을 혁파하는 한편, 자신의 측근인 하륜으로 하여금 관제를 개정하게 하는 등 집권을 위한 정지 작업을 해나갔다.[27]

이렇게 당시 정치권력은 왕실 안에서는 현 왕인 정종뿐만 아니라 일단 왕위에서 물러나기는 했지만 현 정국에 불만을 가지고 한양으로 다시 가기를 바라며 영향력을 행사하는 태조, 그리고 정도전, 남은 등 개국공신을 제거한 실제적인 실력자 방원, 이 세 사람에게 분산되어 있었다.[28]

---

25) 태조 7년(1398년) 8월 26일에 정안군 이방원 일파에 의하여 세자와 정도전, 남은, 심효생 등이 주살되는 사건. 이 사건은 정도전을 위시한 사대부들이 태조와 정비(正妃) 사이에서 태어난 아들들을 배제하고 계비(繼妃)인 신덕왕후 강씨의 소생인 방석(芳碩)을 세자로 책봉한 것에 대한 불만과 명(明) 태조가 조선에서 올린 표전문(表箋文)의 글귀를 문제 삼아 당시 실세권력자였던 정도전을 압송하라는 사건이 발생하자 정도전, 남은 등은 요동(遼東)을 공격하자는 이른바 공요(功遼)를 명분으로 사병(私兵) 혁파를 추진하자 병권을 잃게 될 정안군 이방원의 반격으로 일어났다. 제1차 왕자의 난으로 세자와 총신을 잃은 태조는 난 발생 9일 만인 1398년 9월 5일에 둘째 아들인 영안군 방과(方果)에게 왕위를 물려주게 된다. 이로써 실질적인 권력을 가진 정안군 이방원의 시대가 열린다.

26) 정종 1년(1399년) 3월 7일 선위를 한 태조는 개경으로 가는 중에 정릉(貞陵)을 지나며 눈물을 흘렸고, 개경에 돌아가서도 두문불출하며 외부접촉을 기피하게 된다.

27) 실질적으로는 왕세제(王世弟)이나 『조선왕조실록』에는 왕세자(王世子)로 기록되어있다.

그러나 이때부터 실질적인 권한은 대부분 왕세자인 이방원에게 넘어가게 되며, 정종 2년(1400년) 11월 13일(계유)에 정안공 이방원이 왕위에 오르게 된다.

태종의 한양 재천도(再遷都)

정종이 제1차 왕자의 난으로 갑작스럽게 즉위하였으나 2차 왕자의 난을 거치며 더욱 막강한 권력을 가지게 된 세자 정안공에게 부담을 느낀 나머지 1400년 11월 13일에 양위를 하여 조선은 제3대 태종의 시대가 열리게 된다.

태종이 즉위하는 날 당일에 태상왕인 태조 이성계는 태종에게 한양으로의 재천도를 강력하게 요구하고 태종도 이를 받아들인다.[29]

그러나 왕위에 오른 태종은 처음에는 한양으로의 재천도를 추진하는 듯하지만 왕위 승계과정에서 형제와 동지들을 살해하였다는 약점을 안고 있고, 대다수 신료들이 재천도를 반대하는 상황에서 태종은 선뜻 한양 재천도를 추진하지 못한다. 그러면서도 태조의 눈치를 보며 한양으로의 천도문제를 다시 논의하도록 하는데, 신하들은 더욱 공세를 펴 아예 종묘와 사직을 개경으로 옮겨오자는 주장을 펴고, 한양으로의 천도를 주저하던

---

28) 홍순민, 「조선왕조 궁궐경영과 양궐체제(兩闕體制)의 변천」, 서울대 박사학위논문, 1995, pp.27-28.

29) 『정종실록』 정종 2년(1400년) 11월 13일(계유) (중략) 이보다 먼저 태상왕이 항상 한양(漢陽)으로 환도하고자 하였는데, 이때에 이르러 임금에게 이르기를, "네 형은 한양에 환도하여 내 마음을 위로하고자 하였는데, 그 뜻이 이미 정하여졌었다. 네가 능히 내 뜻을 몸 받겠느냐?" 하니, 임금이 대답하기를, "제가 어찌 감히 명령을 따르지 않겠습니까?" 하였다.

태종은 양경제(兩京制)를 유지하는 것으로 결론을 내린다.30)

이처럼 태종은 한양으로 재천도를 할 것인지, 개경으로 완전한 환도를 할 것인지, 아니면 양경제를 유지할 것인지에 대하여 여러 차례 생각을 바꾸며 갈피를 잡지 못한다.

그러나 태상왕인 태조 이성계의 의중은 변함없이 한양을 도읍으로 정해야 한다는 것이었다. 한양으로의 재천도를 주저하던 태종도 태상왕의 뜻에 따라 어쩔 수 없이 다시 한양으로의 천도를 준비하게 된다.

1404년 9월 1일 태상왕인 태조 이성계의 '한양으로 천도하라'는 전지를 전달받은 태종은 이궁조성도감(離宮造成都監) 제조를 임명한다.31) 그리고 동년 9월 9일에는 이궁자리를 상지(相地)하도록 유한우, 윤신달, 이양달 등을 한양으로 보낸다.32)

이것은 태종의 한양 재천도가 단지 한양의 경복궁으로 돌아가려는 것이 아니라 새로운 곳에 궁궐을 짓겠다는 의지를 나타낸 것이라 볼 수 있는 것이다.

그러나 태조가 세운 경복궁을 두고 굳이 새 궁궐을 지을 이유가 없다는

---

30) 『태종실록』 4년(1404년) 7월 10일(기유) (중략) "한경은 태조가 창건한 땅이고, 또 종묘가 있는 곳이니, 혹은 가기도 하고 혹은 오기도 하여, 양도(兩都)를 폐지함이 없도록 하라. 이제부터는 다시 의논하지 않을 것이다."

31) 『태종실록』 4년(1404년) 9월 1일(기해) 성산군 이직·취산군 신극례로 한경(漢京)의 이궁조성도감제조를 삼았다. 태상왕(太上王)이 지신사 박석명을 불러 임금에게 전지하였다. "처음으로 내가 한양에 천도하였으니, 천사하는 번거로움을 내가 어찌 모르겠는가마는, 그러나 송도는 왕씨의 구도(舊都)이니, 그대로 거주할 수는 없다. 지금 왕이 다시 이곳에 도읍하는 것은 시조(始祖)의 뜻에 움직여 따르는 것이 아니다."

32) 『태종실록』 4년(1404년) 9월 9일(정미) 한경에 이궁을 지을 자리를 상지하도록 명하고, 유한우·윤신달·이양달을 보내어 상지하였다.

신하들의 진언으로 이궁조성도감을 궁궐수보도감(宮闕修補都監)으로 바꾸어 경복궁을 수리하도록 한다.[33]

그러나 동년 9월 19일에 하륜이 다시 무악(毋岳)으로의 천도를 청하자, 9월 26일에 무악의 터를 검토하기 위하여 출발하여 10월 4일 무악에 도착하여 도읍을 정할 만한지 의논을 하게 된다.

이때 태종이 무악에 가서 상지를 한 것은 무악의 명당여부에 따라 천도지를 결정하려는 의도가 있었다고 볼 수는 없다. 왜냐하면, 이미 9월 9일에 이궁터를 상지할 서운관원들을 한양으로 보낸 상태였고, 또 이미 태조 때 길지가 아니라고 탈락되었던 곳인 무악 후보지를 보기 위해서 태종이 직접 나섰다는 것은 형식적인 행동이었다고 보여진다.[34]

그러나 태종은 '무악' 후보지에 대한 신하들의 의견이 서로 다르기 때문에 결정을 미루고, 이틀 뒤인 1404년 10월 6일 종묘에서 척전(擲錢,동전을 던져 치는 점)으로 한양을 새 도읍으로 결정하고 향교동 동쪽가에 이궁을 짓도록 명한다.[35]

---

[33] 『태종실록』 4년(1404년) 9월 13일(신해) 신도의 이궁조성도감(離宮造成都監)을 고쳐 궁궐수보도감(宮闕修補都監)으로 하니, 성석린·조준·이무·조영무가 예궐하여, 성석린이 아뢰었다. "한경은 부왕이 도읍한 곳이므로, 또한 궁궐이 있습니다. 비록 환도(還都)하더라도 어찌 반드시 이궁을 다시 짓겠습니까?" 이무도 또한 이를 말하니, 임금이 윤허하였다.

[34] 『태조실록』 3년(1394년) 8월 13일(경진) (중략) 임금이 여러 재상들에게 분부하여 의논하게 하니, 모두 말하였다. "꼭 도읍을 옮기려면 이곳이 좋습니다." 하륜이 홀로 말하였다. "산세는 비록 볼만한 것 같으나, 지리의 술법으로 말하면 좋지 못합니다." 임금이 여러 사람의 말로써 한양(漢陽)을 도읍으로 결정하였다.

[35] 『태종실록』 4년(1404년) 10월 6일(갑술) (중략) 여러 신하를 거느리고 예배(禮拜)한 뒤에, 완산군 이천우·좌정승 조준·대사헌 김희선·지신사 박석명·사간 조휴를 거느리고 묘당에 들어가, 상향(上香)하고 꿇어앉아, 이천우에게 명하여 반중(盤中)에 척전(擲錢)하게 하니, 신도는 2길(吉) 1흉(凶)이었고, 송경과 무악은 모두 2흉(凶) 1길(吉)이었다. 임금이 나와 의논이 이에 정해지니, 드디어 향교동 동쪽가를 상지(相地)하여 이궁(離宮)을 짓도록 명하고, 어가를 돌이켜 광나루에 머물러 호종하는 대신과 더불어 말하였다. "나는 무악에 도읍하지 아니하였지만, 후세에 반드시 도읍하는 자가 있을 것이다."

이때 태종이 종묘에서 동전을 던져 점을 치면서 종묘 문밖에 관계자들을 모아놓고 '개경, 한양, 무악의 길흉을 점쳐서 길한 쪽으로 도읍을 정하는데, 결정 이후에는 이의를 제기하지 말라'고 하였다. 이는 사전에 치밀한 계획을 세우고 부왕인 태조와 자신의 몇몇 측근들과 말을 맞춘 것으로 보인다.[36] 점의 결과가 나오자마자 향교동 동쪽에 이궁을 짓도록 명하는 것을 보면, 앞서 9월 9일에 이궁지를 찾아 나선 서운관원 유한우·윤신달·이양달에 의해서 이미 궁궐터가 정해진 상태였다고 볼 수 있기 때문이다.

구 분	한양의 풍수입지	무악의 풍수입지
윤신달	한양의 전후에 석산이 험하고 명당물이 없어 도읍 불가함	북대로가 무악에 있고, 세 강이 눈앞에 있으니, 참서와 합치됨
유한우	한양의 전후에 석산이 험하고 명당물이 없어 도읍 불가함	규국과 합치하지 않음
민중리	삼각산 아래에 좋은 터가 있을 수 있음	규국과 합치하지 않음
이양달	한양에는 광통교 이상에는 물이 있고, 전면에는 물이 사방을 빙 둘러싸고 있으므로 도읍할 만함	규국과 합치하지 않음
조준	지리를 알지 못함	
하륜		송도의 수창궁같이 좋은 명당임

● 한양과 무악의 풍수입지 논의 내용비교[37]

태종은 부왕인 태조가 창건한 경복궁을 두고 재천도를 위한 궁궐을 새로 짓도록 한 것이다. 표면상의 이유는 경복궁이 명당이 아니라는 데 있었으나, 태조 때 여러 신하들과 합의하여 한양에 건설한 경복궁이 단지 명당이 아니기 때문에 새로 궁궐을 짓는다는 것은 설득력이 적다.

앞에서 설명하였듯이 경복궁은 태조의 의지와 정도전 등 측근들이 주축이 되어 지었고, 전각의 이름도 정도전이 지었다. 그런데 태종은 1398년(태조 8년)에 왕자의 난을 일으켜 이복동생이자 세자인 방석을 폐위시켜 죽이고, 정도전 등 개국공신들을 경복궁 부근에서 살해했다. 권력을 잡기 위해 수많은 인명을 살해하고, 부왕의 미움까지 사면서 왕위에 오른 태종의 입장에서 경복궁은 당연히 기피의 대상이 될 수밖에 없었다. 태종은 이복동생과 정도전 등 신하들의 원혼이 서려 있는 경복궁을 피해 다소 떨어진 곳에 창덕궁을 건설토록 한 것이다.38)

우여곡절 끝에 1404년 한양으로의 재천도를 위해 창덕궁 신축공사는 시작되었으나 태종의 경복궁 기피현상은 이때에도 나타난다. 창덕궁이 건설되는 과정 중에 태종은 한양을 방문하는데, 한양에서 거의 한 달을 머

---

36) 홍순민, 「조선왕조 궁궐경영과 양궐체제(兩闕體制)의 변천」, pp.35-36.

37) 『태종실록』 4년(1404년) 10월 4일(임신) 어가가 무악에 이르니 임금이 중봉에 올라 사람을 시켜 백기(白旗)를 한수(漢水)가에 세우게 하고 사방을 바라보며 말하기를 "여기가 도읍을 하기에 합당한 땅이다." (중략) 윤신달이 대답하기를, (중략) "태상왕 때 이 땅을 얻지 못하여 한양에 도읍을 세웠던 것입니다." 하니 유한우가 말하였다. "한양은 전후에 석산이 험한데도 명당에 물이 없으니 도읍할 수 없습니다." (중략) 이양이 말하기를, "이 땅은 한양에 비하여 심히 좋습니다." 하고, 이양달이 말하기를, "한양이 비록 명당에 물이 없다고 말하나 광통교 이상에서는 물이 흐르는 곳이 있습니다. 전면에는 물이 사방으로 빙 둘러싸고 있으므로 웬만큼 도읍할 만합니다." (중략) 임금이 조준에게 묻기를, "도읍을 세울 때 경은 재상이었다. 어찌하여 한양에 도읍을 세웠는가?" 하니, 조준이 대답하기를 "신은 지리를 알지 못합니다." 하였다.

38) 한영우, 『우리 역사와의 대화』, p.24.

일 자	내 용
1398년 9월 5일(정축)	왕위를 세자(정종)에게 선위하고자 하여 이첨이 교서를 지어 바치다.
1399년 2월 15일(병진)	송경으로 도읍을 옮길 의도를 은연중에 말하다.
2월 26일(정묘)	종척과 공신을 모아 도읍 옮길 것을 의논하여 송경에 환도하기로 정하다.
3월 7일(무인)	유후사로 환도하다.
1400년 1월 28일(갑오)	제2차 왕자의 난. 이방간을 토산에 추방하다.
2월 4일(기해)	정안공을 왕세자로 책립하여 군국의 일을 맡기다.
11월 13일(계유)	세자(태종)가 수창궁에서 즉위하고 사면령을 반포하다.
12월 22일(임자)	천도문제를 의논하다. 서운관에 명하여 술수에 관한 그림이나 서적을 금하도록 명하다.
1401년 1월 14일(갑술)	남양군 홍길민이 한양 환도와 언로를 열어놓을 것을 건의하다.
1403년 2월 23일(경오)	삼부에서 송경으로 도읍을 확정, 궁궐을 짓기를 건의하니 허락하다.
1404년 7월 10일(기유)	의정부·종친·삼부의 기로 등에게 도읍에 관한 일을 의논케 하다.
9월 1일(기해)	이직·신극례를 한양의 이궁조성도감 제조로 삼다.
9월 9일(정미)	유한우·윤신달·이양달을 보내 한양의 이궁터를 잡도록 하다.

9월 19일(정사)	진산부원군 하륜이 도읍을 무악으로 옮기도록 다시 청하다.
9월 26일(갑자)	무악에 도읍할 땅을 살피러 가다.
10월 4일(임신)	한양과 무악 중에 어느 곳이 도읍으로 정할 만한 곳인지를 논의하다.
1405년 8월 3일(병인)	의정부에 한양 환도의 가부를 의논케 하니 흉년을 이유로 반대하다.
10월 5일(정묘)	임금이 태상왕에게 한양 환도를 고하니 술자리를 베풀다.
10월 8일(경오)	임금의 행차가 송도를 떠나다.
10월 19일(신사)	이궁이 완성되다.
10월 25일(정해)	이궁의 이름을 창덕궁이라 하다.

● 개경 환도와 한양 재천도 관련 『조선왕조실록』 주요기록

물면서도 경복궁을 사용하지 않고 연화방에 있는 조준의 집에서 머물다가 개경으로 돌아간다.[39]

　이듬해인 1405년 10월 8일 태종은 한양으로의 재천도를 위해 개경을 출발하여 10월 11일에 한양에 도착하는데 아직 창덕궁은 미완성 상태였다. 이때에도 태종은 경복궁에 머물지 않고 다시 조준의 집에 머물다가 10월

---

39) 『태종실록』 5년(1405년) 2월 1일(정묘) 거가(車駕)가 신도(新都)에 이르러 연화방(蓮花坊) 조준(趙浚)의 집으로 나아갔다.

19일에 궁궐이 완성되자 비로소 창덕궁에 들어가게 된다.

이로써 '제1차 왕자의 난'이 일어나 정종이 개경으로 환도한 때로부터 7년, 그리고 태종이 즉위한 때로부터 5년 만에 한양으로의 재천도는 마무리된다.

태종은 한양으로 재천도를 한 후에도 광연루 완공(1406년 4월 1일), 종묘 남쪽의 가산을 높이는 일(1409년 3월 2일), 금천교 공사(1411년 3월18일) 등을 하며 창덕궁에 대한 강한 애착을 가진다.

이렇듯 태종의 경복궁에 대한 기피증 때문에 창덕궁은 창건이 된다. 태종이 경복궁을 기피하고 창덕궁을 창건한 이유가 경복궁이 흉당(凶堂)이라고 판단한 때문인지, 아니면 앞에서 언급한 이유 때문인지를 단정할 수는 없지만, 태종은 재위기간 대부분을 이궁인 창덕궁에 시어(時御)함으로써 실질적으로는 창덕궁을 법궁인 경복궁보다 더 비중있는 정치와 행정의 중심지로 만들었다.40) 경복궁에는 명나라 사신을 맞이할 때나 아니면 여름에 피서를 위해 잠깐 다녀오는 것이 고작이었다.41)

---

40) 홍순민, 「조선왕조 궁궐경영과 양궐체제(兩闕體制)의 변천」, p.36.

41) 한영우, 『우리 역사와의 대화』, p.28.

42) 『선조실록』 40년(1607년) 2월 12일(을사) 비망기로 정원에 하교하였다. "건축 초기에 한양을 도읍으로 정하고 경복궁을 지을 때에 반드시 여러 신하들이 논의한 것과 술사들이 지형을 살펴보고 한 말들이 있었을 것이다. 실록을 상고하여 빠짐없이 써서 들이라."

한양 궁궐의 소실(燒失)과 중건(重建)

태조의 즉위와 함께 우여곡절을 겪으며 어렵사리 수도로 자리 잡은 한양은 세종조에는 풍수가 최양선이 제기한 경복궁과 승문원 터 가운데 어느 곳이 명당인지에 대한 논란에 임금이 직접 나서는 상황이 생기기도 하였지만 점차 안정을 찾아가게 된다.

그러나 두 번에 걸친 왕자의 난과 문종과 현덕왕후의 단명, 세조의 왕위 찬탈, 의경세자와 예종의 요절, 연산군의 폭정에 의한 중종반정 등을 거치며 경복궁터에 대한 풍수적 의구심은 점차 깊어지게 된다.

그러던 차에 1592년 발발한 임진왜란으로 선조가 피난을 떠나자 도성의 궁궐이 모두 불타게 되었고, 피난에서 돌아온 선조는 전란으로 인하여 국력이 쇠진해져 도성 안의 모든 궁궐을 중건할 수는 없는 상황에서 우선 경복궁을 중건할 계획을 세우고 공사를 진행하지만 풍수적으로 좋지 않다는 판단에 의해 경복궁 중건을 포기하고 창덕궁을 중건하게 된다.[42]

임진왜란의 과정에서 법궁인 경복궁을 불태워 잃어버리고 창덕궁만을 중건한 조선 왕조는 흥선대원군에 의해서 경복궁이 중건될 때까지 창덕궁을 법궁으로 사용하게 된다.[43]

1868년 중건된 경복궁은 다시 법궁의 지위를 찾게 되지만 흥선대원군과 명성황후의 불화에서 비롯된 내부 분란과 그와 맞물린 혼란스러워진 국제상황에 의하여 을미사변[44], 아관파천[45] 등의 순탄하지 못한 역사를

---

43) 『고종실록』 2년(1865년) 4월 2일(병인) 대왕대비가 경복궁을 중건할 것을 명하다. 대왕대비가 전교하기를 "경복궁은 우리 왕조에서 수도를 세울 때 맨 처음으로 지은 정궁이다. (중략) 그러나 불행하게도 전란에 의하여 불타 버리고 난 다음에 미처 다시 짓지 못한 관계로 오랫동안 뜻있는 선비들의 개탄을 자아내었다."

기록하다 마침내 1910년 8월 29일의 경술국치를 당하여 막을 내린 조선왕조와 함께 역사의 기록으로 남게 된다.

경복궁은 일제강점기인 1901년경에는 건물이 불하(拂下)되기도 하였고, 1916년에는 조선총독부 신청사 건립으로 많은 훼손이 있었으며, 1917년 11월 10일 발생한 창덕궁 화재로 소실된 대조전, 희정당 등 내조 건물들의 복원을 명분으로 강녕전, 교태전 등의 건물들이 철거·이전되는 수난을 겪었다.

해방 후 미군정청은 경복궁 안에 있던 조선총독부 건물을 청사로 사용하면서 중앙청으로 이름 붙였고, 정부수립 이후에는 정부청사나 국립중앙박물관으로 사용되기도 하였다.

그러다 국민들의 역사와 문화재에 대한 인식이 달라짐으로 해서 정부는 1990년부터 경복궁의 단계적 복원사업을 벌여 1995년 조선총독부 건물을 철거하였고 2011년에는 광화문도 제자리를 찾아 옮겼다.

---

44) 1895년 10월 8일(양력) 조선의 법궁인 경복궁에 일본공사 미우라가 이끄는 낭인들이 침입하여 명성황후를 참혹히 살해하고 시신을 불태운 사건. 명성황후시해사건(明成皇后弑害事件)이라고도 한다.

45) 1896년 2월 11일(양력) 경복궁에 있던 고종황제를 친러 세력과 러시아 공사가 공모하여 비밀리에 정동에 위치한 러시아 공사관으로 옮긴 사건. 러시아 공관으로 거처를 옮긴 고종황제는 친일파인 총리대신 김홍집과 농상공부대신 정병하를 참형하였고, 이후 1년 동안 친러파가 정권을 장악하였다.

제2장 한양의 지리개관

1. 한양의 지리적 개황

한양의 산맥체계와 보국

한양은 태조 이성계가 수도로 정하고 궁궐을 건축하기에 풍수적으로 한반도 내에서 가장 좋다고 판단하여 선택한 곳이다. 한양은 대체로 한반도의 남북 간 정중앙에 위치하고 있으며, 백두대간 금강산 부근에서 분맥한 한북정맥(漢北正脈) 한 줄기의 끝자락에 한양이 있다.

한양의 풍수를 알아보기 위하여 경복궁과 창덕궁을 중심으로 한양의 지형에 대하여 큰 틀에서 살펴보도록 한다.

먼저 경복궁의 주룡에 대하여 살펴보면 한북정맥의 한 줄기가 도봉산-북한산[1]으로 이어지는데 북한산의 주룡이 남쪽으로 뻗어 내려와 325m 고지를 만들고, 여기서 남서쪽으로 방향을 바꾸어 내려가다가 우측으로 산줄기 하나를 벌리고 나서 가운데 줄기가 경복궁의 주산이자 현무(玄武)인 북악산(백악산)을 세운 다음 동남방으로 뻗어 나온 용맥이 좌우로 여러

---

1) 『한경지략』, 『신증동국여지승람』, 『증보문헌비고』, 『사고전서』 등에서는 북한산(삼각산)을 한양의 진산이라고 기록하고 있으나 『세종실록지리지』와 『택리지』에서는 북악산(백악산)을 한양의 주산이라 하였다.

● 한양의 지형

차례 굴곡(위이)하며 평탄한 곳까지 내려와 경복궁 터의 혈을 결지한다.

　이번에는 창덕궁의 주룡에 대하여 알아본다. 북한산에서 북악산으로 행도하던 산줄기가 북악 팔각정을 지난 곳 가까이에서 동쪽으로 뻗어 내린 산줄기 하나가 응봉(鷹峰)을 만들고 창덕궁의 주산인 응봉에서 남쪽으로 내려간 능선이 창덕궁의 주룡이 된다.

　다음으로는 한양의 청룡(靑龍)과 백호(白虎)에 대하여 알아보도록 한다.

　한양의 청룡은 '경복궁을 기준으로 하느냐', '창덕궁을 기준으로 하느냐'에 따라 달라질 수 있으므로 가장 바깥의 청룡을 설명하도록 한다. 창덕궁의 주산인 응봉에서 동남쪽으로 뻗어나간 산줄기가 성균관 뒤를 지나 흥인지문(동대문) 근처에 세운 낙산(駱山)이 한양의 외청룡이 된다.

　한양의 백호(白虎)는 북악산의 뒤쪽에서 서쪽으로 갈라진 산줄기가 자하문 부근을 지나서 만든 인왕산이 한양의 외백호가 된다. 인왕산을 만든 산줄기가 동남쪽으로 방향을 바꾸어 비교적 낮게 숭례문이 있는 지점을

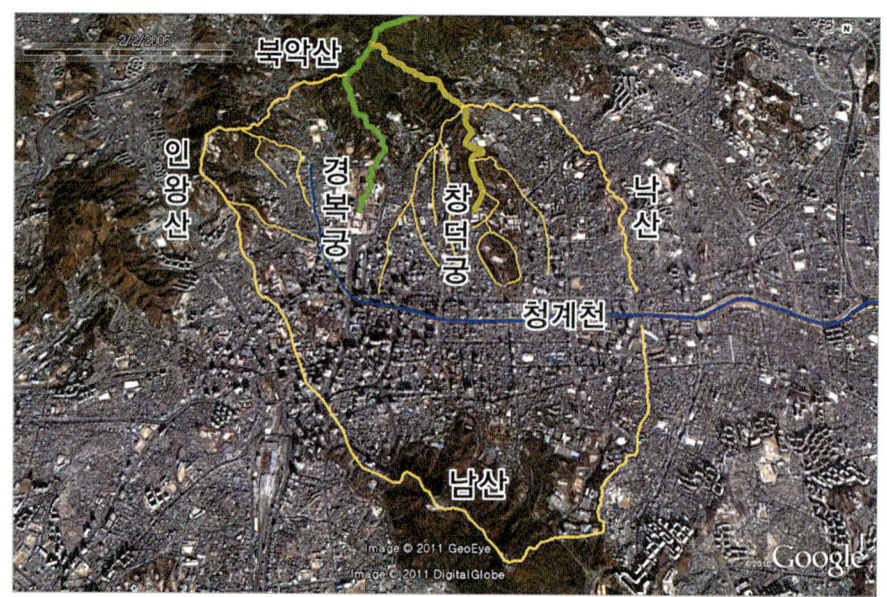

● 한양의 보국(구글 위성사진)

지난 다음 점차 높아지면서 잠두봉(서쪽 봉우리)과 인경봉(동쪽 봉우리)을 만드는데 이 남산이 한양의 남쪽을 보호해 주는 조산(朝山)이 된다.

이후 한양의 조산으로 모습을 갖춘 산줄기는 인경봉에서 북동쪽으로 방향을 틀며 다시 자세를 낮추고 광희문(光熙門) 방향으로 한 가지를 내려 보내 낙산과 마주 보는 지점에 한양의 외수구를 만든다.

이와 같이 북쪽의 북악산(342m), 서쪽의 인왕산(338m), 남쪽의 남산(262m), 동쪽의 낙산(120m)이 둘러싸 큰 보국(保局)이 이루어진 곳에 한양이 위치하고 있는 것이다. 이처럼 도읍을 할 만한 커다란 보국이 만들어지고 풍수적으로 가장 좋은 터인 혈이 많이 결지된 곳이기 때문에 한양이 조선의 수도가 된 것이다.

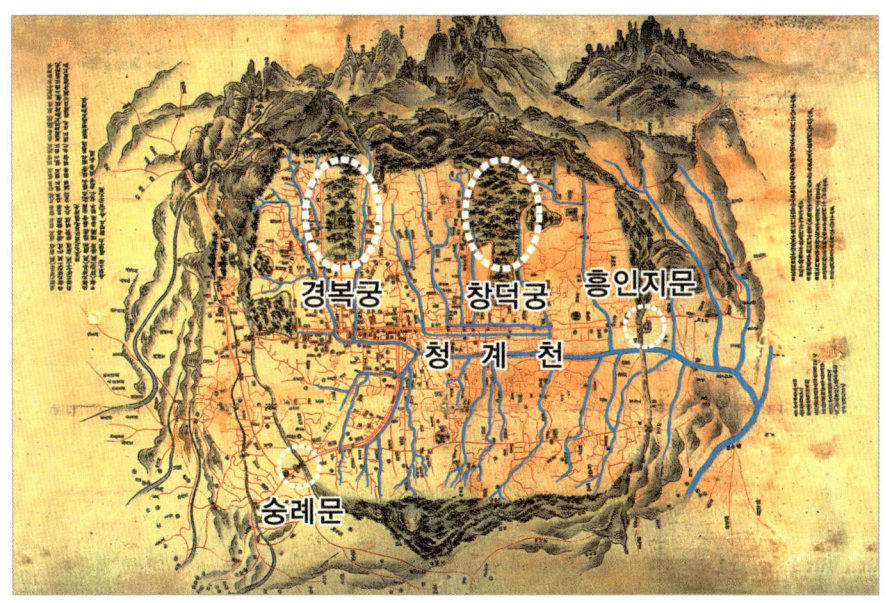

● 「도성도」에 나타난 한양의 내수(청계천과 지천)3)

한양의 수(水) 체계

한양의 수 체계는 내수(內水)와 외수(外水)로 나누어 볼 수 있는데 한양의 내수는 4대문 안을 흐르는 청계천(淸溪川)을 말한다.2) 북악산과 인왕산 사이의 청운동 계곡 작은 샘에서 발원하는 청계천의 물길에 대해서는 『동국여지비고』나 『도성도』 등에서 상세히 기록하고 있다. 청계천은 북악산,

---

2) 조선시대에는 '개천(開川)'이라고도 불렸으며, 한때는 '청풍계천(淸風溪川)'이라고도 불렸다. 김정호의 「수선전도」에는 청계천이 '청풍계(淸風溪)'로 표시되어 있다.

3) 「도성도」에 나타난 물길 가운데 청계천과 나란히 흐르는 종묘 앞 두 줄기의 물길은 자연 상태의 물길이 아닐 것으로 추정된다. 1411년(태종 11년) 윤12월 14일(경오)부터 1412년(태종 12년) 2월 15일(경오)까지 약 3개월에 걸쳐 경상도·전라도·충청도 3도의 군인 5만2천8백 명을 동원하여 종묘 부근의 하천을 정비하는 대공사가 있었는데 이 과정에서 자연 상태의 물길이 변형되었을 가능성이 크다.

인왕산, 남산 등 한양의 모든 물길이 흘러드는 곳이며, 그것은 동쪽으로 흘러 도성의 중심을 관통한다. 발원한 물은 지금의 광교를 지나 흥인지문과 광희문 사이를 통하여 마장동 방향으로 흐른다. 서출동류(西出東流)하는 청계천은 보국 안의 모든 물길이 모여 도심의 한가운데를 흐르는 한양의 중심 하천인 것이다.

청계천과 지천(支川)이 존재하므로 내맥(來脈)이 멈추어 혈이 결지되고, 그곳에 궁궐이 입지할 터가 만들어져 도읍이 되는 것이다.

조선왕조는 북쪽의 북악산, 남쪽의 남산, 서쪽의 인왕산, 동쪽의 낙산과 도성의 중앙을 흐르는 청계천을 중심으로 도시기본계획을 세운 것이다. 풍수적 길지라고 엄격하게 판단한 한양을 도읍으로 정하고, 국가와 왕실을 대표하는 경복궁과 창덕궁 등 궁궐을 영건(營建)하였고, 정치·경제·사회·문화의 기반을 닦아 500년 역사를 이어왔던 것이다.

다음은 한양의 외수에 대하여 알아보도록 한다. 한양의 외수란 북악산과 인왕산의 중간 자락에서 발원한 청계천 물이 응봉과 낙산 주변, 그리고 남산에서 흘러든 물까지 모두 모아 흥인지문과 광희문 사이의 외수구를 빠져나간 다음 다시 성북천, 정릉천 등과 차례로 합류한 후 살곶이 다리 근처에서 경기도 양주에서 발원한 중랑천과 합류하고, 곧이어 한강 물줄기와 만나 서해바다로 흘러가는 도성 밖의 물길을 말한다.

한강은 한산하(漢山河)라고도 불렸으며,[4] 총 길이는 514km로 우리나라

---

[4] 한강은 한양의 풍수와 직접적인 관련은 없으나 현실적으로 필요한 것이었다. 도로가 발달하지 못한 당시의 상황에서는 물길을 통한 물자의 수송이 중요한 문제였기 때문에 도읍이 될 터 인근에는 큰 물줄기가 있어야 했다. 한강은 바다와 내륙이 연결되는 지점에 있어 조선왕조에서 한양으로의 물자수송을 하는 데 중요한 역할을 하였기 때문이다.

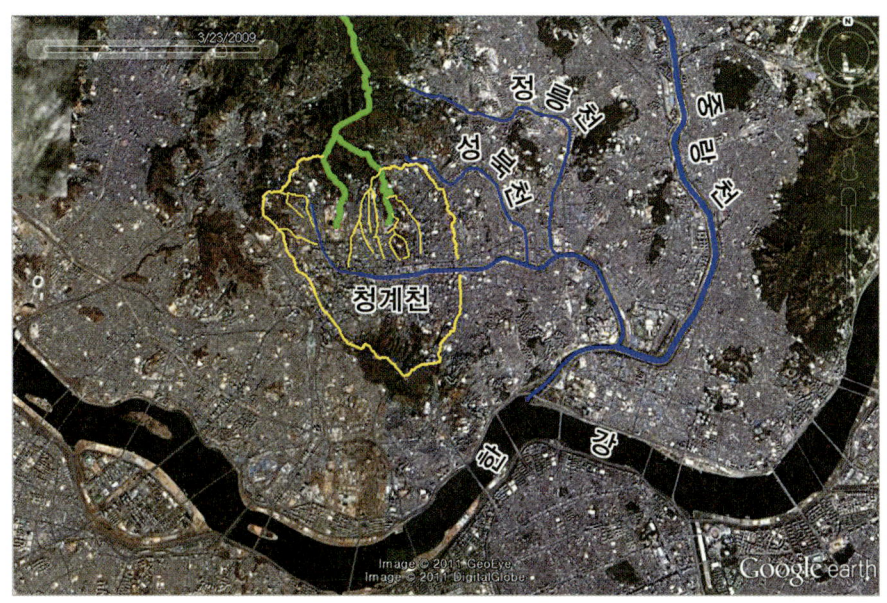
● 한양의 내수와 외수(청계천, 성북천, 정릉천, 중랑천, 한강)

에서 압록강, 두만강, 낙동강 다음으로 긴 강이다. 북한강은 강원도 금강산 부근에서 발원하여 화천, 인제, 춘천, 가평, 홍천, 청평을 거쳐 양수리에 이르고, 남한강은 강원도 삼척 대덕산에서 발원하여 평창, 충주, 여주 등을 지나면서 수많은 지류를 합류시킨 후 경기 양평군 양서면 양수리에서 북한강과 만난다.

　남한강과 북한강은 양수리 근처에서 합류한 후 한양도성의 조산인 남산의 남쪽을 흘러 교하 인근에서 임진강과 만나서 강화만으로 흘러간다. 이 외수가 풍수적으로 직접적인 영향을 주지는 않더라도 도읍지 보국의 바깥쪽을 감싸 안아주는 형세를 취해 보충적으로 보국 안의 기를 보전시키는 역할을 한다고 생각한다.[5]

결국 한양은 지리적으로 산수(山水)가 음양조화를 잘 이루는 구조로 되어 있어 장풍(藏風)과 득수(得水)라는 풍수상의 기본조건과 완성조건을 갖추었고, 현실적으로는 국토의 중앙에 위치하여 통치에 적합한 조건이며, 산으로 둘러싸인 주변 지형(地形)이 방위상 유리하여 조선 초에 이 나라의 수도로 선정되었던 것이다.[6]

---

5) 서울특별시, 『서울민속대관』, 1996, p.91.
6) 임덕순, 「서울의 수도 기원과 발전과정」, p.55.

제3장 경복궁의 풍수 분석

경복궁[1]은 태조 이성계가 위화도 회군으로 문무의 권력을 장악하고 추대의 형식으로 고려의 국왕이 되었으나 500여 년 가까이 고려의 수도였던 개경(송경)에서는 국정을 원활하게 수행하는 데 한계가 있을 것으로 판단하고 내린 결정에 의해 창건된다.

태조가 1392년 7월 17일에 왕위에 오르고 불과 27일 만에 한양으로의 천도를 선포한 것을 보면 이미 사전에 충분한 검토와 조사가 이루어진 상태라고 판단되는데, 고려시대 후반기에 특히 성행한 '한양목자득국설(漢陽木子得國說)' 등 한양과 관련된 풍수도참설도 큰 영향을 주었을 것이다.[2]

태조의 한양으로 천도하려는 의도와는 달리 신하들의 반대와 한양, 계룡, 무악 등에 대한 이견으로 2년이 넘게 시간을 끌다 1394년 8월 24일에야 한양천도가 최종적으로 결정된다.

이 과정에서 한양천도를 하려는 태조나 반대하는 신하들 모두 풍수를

---

[1] 『태조실록』 4년(1395년) 10월 7일(정유) (중략) 『시경』 주아(周雅)에 나오는 '이미 술에 취하고 이미 덕에 배부르니 군자는 영원토록 그대의 크나큰 복을 모시리라(旣醉以酒 旣飽以德 君子萬年 介爾景福).'에서 경복(景福) 두 글자를 따서 경복궁이라고 지었다.

[2] 고려 남경은 1067년(문종 21년)에 처음으로 설치되었고, 몇 년 뒤에 폐지되었다가, 1104년(숙종 9년)에 다시 설치되었다. 고려시대에 남경을 설치한 것은 『도선기(道詵記)』, 『삼각산명당기(三角山明堂記)』, 『도선답산가(道詵踏山歌)』, 『신지비사(神誌祕詞)』 등에 나오는 '한양이 제왕(帝王)의 도읍이 될 만하다.'는 내용의 지리도참설(地理圖讖說) 때문이며, 이 때문에 1382년(우왕 8년)과 1390년(공양왕 2년)에는 일시 천도하기도 하였으나 곧 개경으로 환도하였다.

전면에 내세워 최종적으로 수도가 결정되었음을 『조선왕조실록』 등의 문헌기록으로 알 수 있다.

다만 한양으로 천도를 하면서 자연지형을 그대로 살려둔 채 경복궁을 영건한 것이 아니고, 상당한 토목공사를 하여 궁궐과 주변의 시가지를 조성할 평탄한 공간을 확보했기 때문에 현재 눈에 보이는 모습은 자연 상태의 지형과는 많은 차이가 있다고 보아야 한다.

따라서 현재 시각적으로 판단이 가능한 경복궁 주변의 지형을 분석하고 토목공사로 원형이 사라진 궁궐지역의 원형을 유추하여 경복궁 터의 풍수적 판단을 해보기로 한다.

1. 경복궁의 지형개황 및 공간배치

경복궁은 행정구역상 서울 종로구 세종로 1번지에 위치하고 있으며, 현재의 영역은 남북(南北)의 길이가 약 870m, 근정전 부근 동서(東西)의 쪽은 약 470m로 남북축이 긴 직사각형이며, 총면적은 약 432,702㎡(약 130,892평)이다.3)

1900년대 초반까지는 현재의 청와대가 자리 잡고 있는 지역까지 경복궁의 영역이었으나 일제강점기에 경복궁의 영역이 축소되었다.

이번에는 현재 경복궁 영역의 전체적인 지세를 분석해 보기로 한다.4)

---

3) 『태조실록』 3년(1394년) 9월 9일(병오) (중략) 전조 숙왕 시대에 경영했던 궁궐 옛터가 너무 좁다 하고, 다시 그 남쪽에 해방(亥方)의 산을 주맥으로 하고 임좌병향(壬坐丙向)이 평탄하고 넓으며 여러 산맥이 굽어 들어와서 지세(地勢)가 좋으므로 여기를 궁궐터로 정하고,(후략)

● 경복궁 전경(치조, 내조지역)

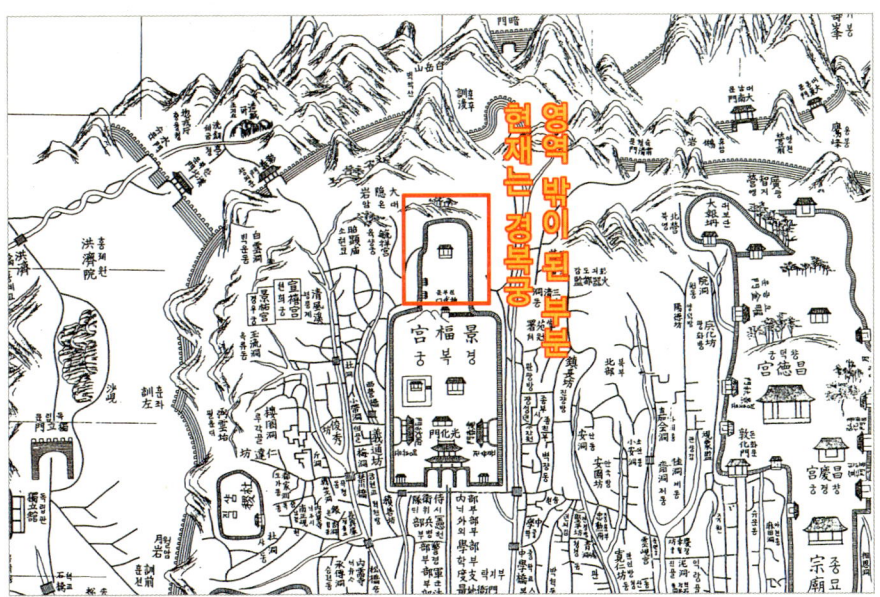

● 경복궁 영역이 축소되기 이전의 서울 지도(1900년 지도)5)

● 경복궁 북동쪽에 있는 산 능선

경복궁의 북동쪽 귀퉁이(건청궁 동쪽, 국립민속박물관 북쪽)에는 자연 상태의 능선이 있고, 유심히 살펴보면 집옥재가 있는 곳에 비하여 집옥재 서쪽부분이면서 신무문 안 남쪽부분이 지대가 조금 높은 것을 알 수 있다.

  이것은 경복궁 터를 조성하는 과정에서 내조와 치조지역은 평탄작업을 쉽게 하였으나 북동쪽 구역은 산의 덩치가 제법 큰 편이기 때문에 자연 상태의 능선과 물길을 그대로 남겨두었고, 신무문 주변은 능선이 있었으나 약간만 다듬어서 자연스럽게 문을 이용할 수 있도록 한 것이다.

---

4) 여기서는 현재 육안으로 판단이 가능한 지세를 설명하고, 뒤에서 궁궐터 조성이전의 땅 형상을 정밀 분석하는 것으로 한다.

5) 허영환, 『정도 600년 서울지도』, 범우사, 1994, pp.78-79.

 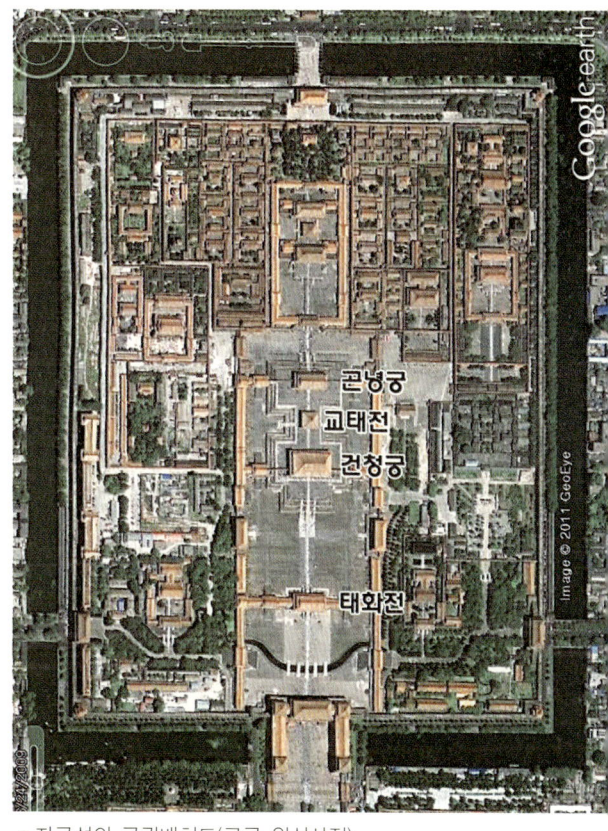

• 경복궁의 배치도(구글 위성사진)　　　• 자금성의 궁궐배치도(구글 위성사진)

　이 두 구역은 현재도 육안으로 높낮이 구분이 가능한 곳으로, 경복궁의 지세는 이곳부터 점차 낮아지면서 북동쪽에서 남서쪽으로 약간 기우는 형세로 되어 있다.

　이제부터는 경복궁의 공간배치에 관하여 살펴보도록 한다. 경복궁은 전통적인 궁궐배치 방식인 삼문삼조 원칙을 적용하고 중국의 자금성과 같이 남북축의 일직선으로 치조와 내조의 건물들을 배치하였기 때문에 창덕궁의 배치와는 확연한 차이가 있다.6)

양택풍수 사례연구　329

앞 페이지의 위성사진에서 보는 바와 같이 경복궁은 중국의 자금성과 아주 흡사한 궁궐구조인데, 남쪽부터 광화문 → 홍례문 → 근정문 → 근정전 → 사정전 → 강녕전 → 교태전의 순서로 전각이 배치되어 있다.

이처럼 경복궁은 궁궐의 바깥 담장에 둘러싸인 하나의 공간 안에 치조와 내조를 최대한 풍수적 자연지형에 맞게 건물의 터를 정하고 그 틀에 맞게 궐내각사와 후원을 조성하였는데, 근정전과 사정전이 있는 치조지역과 강녕전과 교태전이 있는 내조지역으로 구분할 수 있고, 치조의 휴식공간으로 분류할 수 있는 경회루 지역과 내조의 후원이 되는 향원정 지역, 그리고 지금은 경복궁의 영역이 아니지만 신무문 북쪽의 후원지역 등 크게 다섯 지역으로 나눌 수 있다.

경복궁의 후원지역은 자연적으로 흘러내려오는 물줄기를 활용하여 조성하려는 의도를 가지고 있었을 것이지만 북악산 주봉과 주변의 능선 사이에서 생겨나는 물이 많지 않아 인위적으로 조성한 연못을 중심으로 만들어져 있다.

먼저 향원정은 건청궁 동쪽의 산에서 내려오는 물을 모아 만들어진 연못이다. 이 물은 배수로를 통하여 경회루로 흘러가도록 만들어졌다.

다음으로 경회루는 본래 습지였던 곳을 아예 파내 만든 연못으로 알려져 있지만 실제로는 많은 물이 솟아나는 곳이 아니기 때문에 향원정의 물이 흘러들어 수량을 유지하도록 만들어졌다.

---

6) 창덕궁은 돈화문을 통하여 들어가면 우측으로 돌아서 금천교를 건넌 다음 진선문을 통과하게 되며, 앞으로 나간 다음 다시 좌측으로 돌아 인정문을 지나야 정전지역으로 들어갈 수 있는 두 번 꺾는 구조로 되어 있다.

2. 경복궁의 주룡

경복궁은 풍수적으로 한반도 안에서는 가장 좋다는 곳으로 천도를 추진한 태조 이성계에 의해서 선택된다.

경복궁에서 가장 중요한 건물이 있는 치조와 내조 공간으로 연결되는 주룡은 백두산에서 지리산으로 이어지는 백두대간의 한줄기가 금강산 인근에서 나뉘어져 대성산 → 백운산 → 주엽산 → 불곡산 → 도봉산 → 삼각산으로 이어지는 산줄기의 맥을 받는 곳이다.

서울의 진산인 삼각산에서 남쪽으로 뻗친 산줄기가 형제봉(국민대학교 서북쪽 위치)과 325m 고지를 우뚝 세우고, 다시 방향을 남서로 바꾸어 북악

● 경복궁의 주산(북악산)

● 경복궁의 주룡(「1911년 경성부 시가도」)7)

● 경복궁의 주룡(구글 위성사진)

산 방향으로 내달리다가 325m 고지와 북악산의 중간지점에서 종묘와 창덕궁의 주산이 되는 응봉(186m)을 만드는 맥 하나를 남동쪽 방향으로 내려보내고 다시 그대로 행도하여 북악산(342m)을 만든다.

경복궁의 주산인 북악산을 통과한 주룡은 동남쪽으로 방향을 틀어 좌우로 지각을 뻗치며 가파르게 1㎞ 정도를 내려오다가 방향을 남쪽으로 바꾸며 계속 행도를 해서 경복궁 영역으로 이어진다.

3. 경복궁의 사격

태조의 명에 따라 검토했던 천도후보지 여러 곳의 공통점은 사방이 산으로 둘러싸인 형세, 즉 보국이 잘 갖추어졌다는 것으로, 경복궁이 있는 한양의 지형과 지세도 역시 보국이 잘 갖추어진 곳이다.[8]

앞의 '한양의 지리개관'에서 설명하였듯이 한양은 크게 보면 주산인 북악산, 외청룡인 낙산, 외백호인 인왕산, 조산인 남산이 둘러싸 외보국[9]이 잘 갖추어진 곳이다.

그런데 한양의 도성 안에 있는 궁궐들은 같은 보국 안에 자리 잡고 있기

---

7) 허영환, 『정도 600년 서울지도』, p.97.

8) 『태조실록』 3년(1394년) 8월 13일(경진) (중략) 임금이 왕사 자초에게 물었다. "어떠냐?" 자초가 대답하였다. "여기는 사면이 높고 수려하며 중앙이 평평하니 성을 쌓아 도읍을 정할 만합니다. 그러나 여러 사람의 의견을 따라서 결정하소서." (후략)

9) 보국은 현무, 청룡, 백호, 안산, 조산 등에 의해서 만들어진 틀을 말하는데, 장풍(강한 바람이 직접 불어오지 않음)의 조건이 되게 해서 혈이 결지되도록 한다. 보국을 구분하면 혈에서 가장 가까운 내청룡, 내백호, 안산이 만드는 내보국과 멀리 있는 외청룡, 외백호, 조산이 만드는 외보국이 있다.

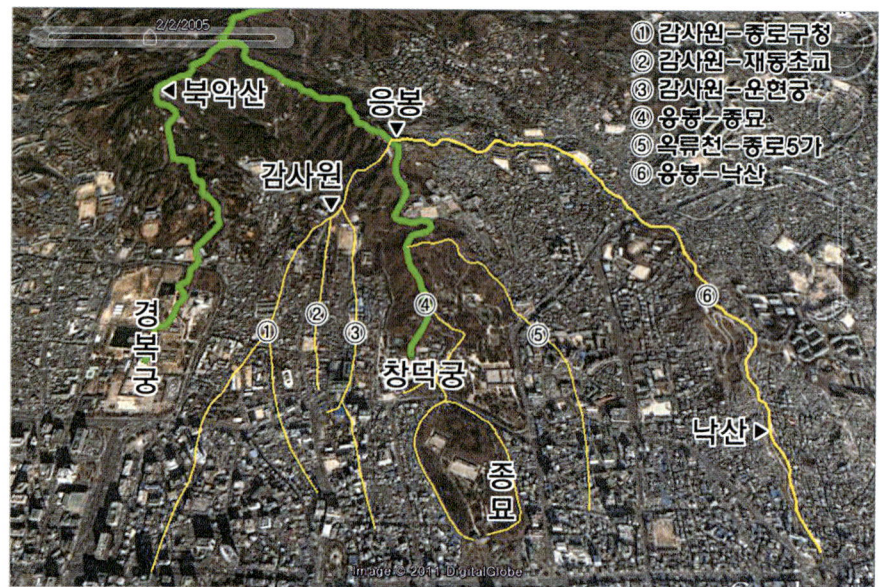

• 경복궁의 청룡(구글 위성사진)

• 경복궁의 청룡(남산타워에서 촬영한 사진)

때문에 사격의 측면에서 보면 서로 연관이 되어 있다. 예를 들면 경복궁의 청룡이 되는 일부 능선은 창덕궁이나 창경궁의 주룡이나 백호가 되기도 하고, 경복궁과 창덕궁의 백호가 되는 한 능선은 경희궁의 주룡이 되기도 하며, 덕수궁의 주룡이 되는 능선은 경복궁의 백호이자 조산(朝山)이 되는 것이다.

풍수를 정확하게 분석하기 위해서는 미시적인 접근이 필요하므로 여기서는 경복궁을 기준으로 우선 현재 시각적으로 판별이 가능한 사격만을 먼저 설명하도록 한다.

경복궁의 청룡에 대하여 사람들은 보통 가장 멀리 있는 낙산만을 경복궁의 청룡으로 알고 있으나 경복궁과 낙산 사이에는 누구나 인정할 수밖에 없을 정도의 큰 능선이 5개나 더 있다. 그러니까 경복궁의 청룡은 낙산을 포함하면 6개가 되는 것이다.

더구나 경복궁의 첫 번째 청룡으로 표시된 감사원에서 종로구청으로 이어지는 능선은 경복궁 안을 훤히 내려다 볼 정도로 높이가 상당해서 두 번째 능선부터는 경복궁을 아예 볼 수가 없으며, 경복궁 안에서도 첫 번째 능선만이 보이고 두 번째 능선부터는 전혀 보이지 않는다.

그리고 이후 세 번째의 능선과 창덕궁의 주룡이 되는 네 번째 능선도 바람을 막아줄 충분한 높이가 된다.

이처럼 경복궁은 결코 작거나 낮지 않은 여러 개의 청룡이 감싸주고 있어 동쪽에서 불어오는 바람은 확실하게 갈무리되고 있다.

다음으로는 경복궁의 서쪽에 있는 백호에 대해 알아보도록 한다. 경복궁의 서쪽에는 높이 인왕산(338m)이 우뚝 서서 외백호의 역할을 다하고

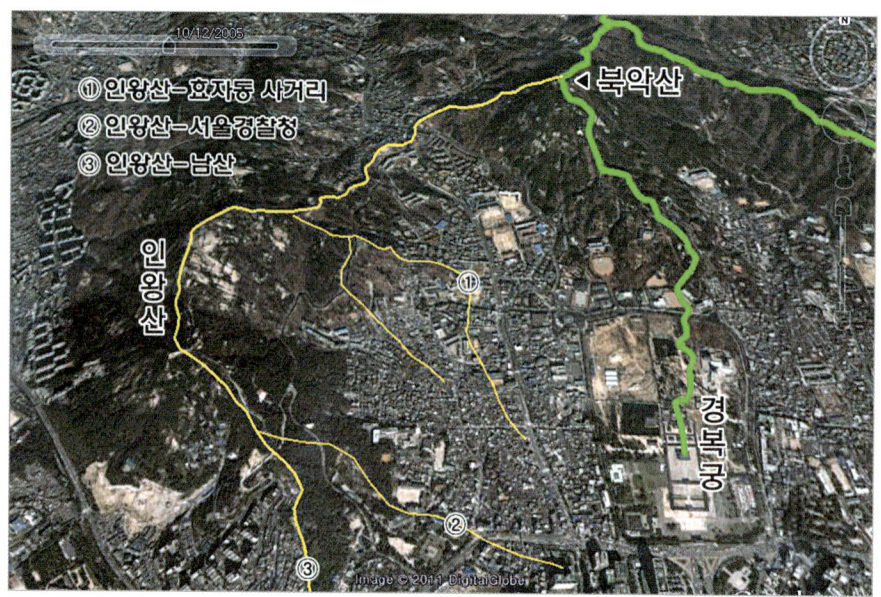

• 경복궁의 백호(구글 위성사진)

• 경복궁의 백호(남산타워에서 촬영한 사진)

• 경복궁의 조산10)

있으며, 인왕산에서 뻗은 두세 개의 지각도 백호가 된다고 할 수 있으나 길이나 형태로 보아 경복궁을 감싸주기에는 미흡해 보인다.

경복궁의 백호는 앞에서 본 청룡에 비해 숫자는 적지만 높이가 더 높기 때문에 바람을 막아주는 데는 전혀 문제가 되지 않는다. 여러 현장을 답사하다 보면 높이가 높으면 개수가 적어지고 높이가 낮으면 개수가 많아져 바람을 막아주도록 되는 경우는 흔히 볼 수 있는 것이다.

다음으로 경복궁의 안산과 조산을 살펴보기로 한다. 처음 한양이라는 도읍이 만들어질 때부터 자연지형이 훼손되었고, 그 후 수백 년의 시간이

---

10) 경복궁의 조산인 관악산은 화성체여서 화기를 다스리기 위해 광화문 앞에 해태상을 설치했다거나 숭례문의 현판을 세로로 썼다는 등의 설이 있다.

흐르는 동안 건물을 짓고 허무는 일이 반복되면서 자연지형은 점차 사라져 그 흔적조차 찾아보기 쉽지 않게 되었다.

그래서 현재 육안으로 구분할 수 있는 경복궁의 안산은 매우 먼 곳에 있다. 광화문 사거리의 새문안교회 부근의 아직 능선형태가 남아 있는 곳이나 서울시의회 건물 뒤(서쪽)에 있는 능선이 경복궁의 안산이라고 추정하게 될 것이다.

그리고 인왕산에서 남산으로 이어지는 산줄기가 중간중간에 가지를 나눠 내려보낸 능선들과 남산이 경복궁의 조산이 된다. 조산은 안산 너머에서 불어오는 바람을 막아주는 것이 주된 역할이기 때문에 남산이 한강 바람을 막아주는 경복궁의 가장 멀리 있는 조산이 되는 것이다.

4. 경복궁의 수세[11]

경복궁과 풍수적으로 관련이 있는 물길 중에서 현재 육안으로 판단할 수 있는 경복궁의 수세는 크게 세 부분으로 나누어 볼 수 있다.

첫 번째 물길은 북악산에서 출발한 경복궁의 주룡이 근정전까지 이어지는 형태라고 간주했을 때, 주룡의 좌우에 흐르는 물 가운데 청룡 쪽의 물, 즉 삼청동길로 흘러내려 오는 물길이다. 이 물길은 삼청공원 인근에서 발원하여 현재 경복궁의 첫 번째 청룡으로 보이는 능선에서 흘러내리

---

11) 풍수에서 용은 움직이지 않는 음(陰)이라 보고, 물은 움직이는 양(陽)으로 보는데, 음인 용과 양인 물이 서로 만나 교합이 되어야 혈을 맺는다고 판단하기 때문에 물은 풍수에서는 용과 더불어 반드시 필요하고 중요한 요소로 본다.

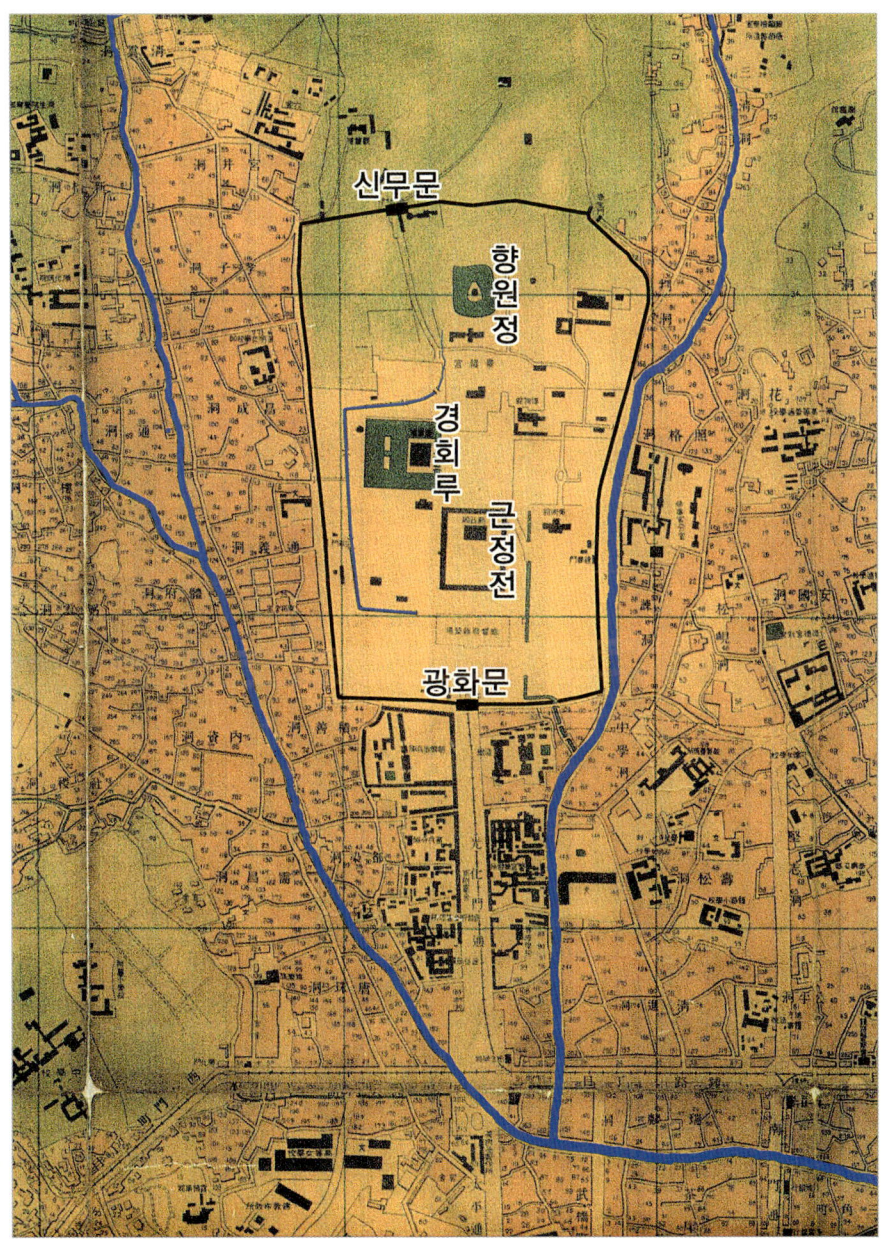

● 경복궁 주변의 물줄기(1923년 조선총독부 제작 서울지도)

는 물과 국립민속박물관 주변의 물을 모아 경복궁 동십자각이 있는 곳을 지나 광교로 흘러간다.

두 번째 물길은 주룡의 백호 쪽 물인데, 북악산 남쪽 청와대 일부 지역에서 시작하여 집옥재와 건청궁 사이로 흘러온 물이 향원정에서 흘러나오는 물과 합쳐져 경회루 서쪽을 돌아서 국립고궁박물관 뒤로 흘러나가는 물길이다.

세 번째 물길은 청운동에서 발원하여 인왕산 동쪽면과 북악산 서쪽면의 물들이 모여서 자하문로가 있는 곳으로 흐르는 경복궁 서쪽 부분의 물길이다. 이 물은 아래로 내려가면서 인왕산 남쪽면의 물과 합쳐진 다음 광교 방향으로 흘러가서 삼청동에서 내려오는 물과 만나게 된다.

경복궁의 수세를 분석할 때 주의할 점은 홍례문과 근정문 사이의 물길인 금천이다. 이 금천에는 영제교가 만들어져 있어 자연 상태의 물길로 착각할 수 있으나 인위적으로 만든 물길이기 때문에 풍수적으로는 큰 의미를 두어서는 안 된다.[12]

또 하나는 북궐도에는 나타나 있으나 일제강점기에 조선총독부 건물을 지을 때 없어진 것으로 추정되는 광화문 좌우에 있는 연지(蓮池)이다. 이 연지의 물이 어디에서 흘러들어 와서 어디로 흘러나갔는지가 경복궁의 지형을 분석하는 중요한 단서가 될 것이다.

---

[12] 『태조실록』 4년(1395년) 9월 29일(경신)의 '뜰 가운데 석교가 있으니 도랑물 흐르는 곳이다.'는 기록과 『태종실록』 11년(1411년) 9월 5일(계해)의 '경복궁(景福宮) 성 서쪽 모퉁이를 파고 명당(明堂) 물을 금천(禁川)으로 끌어들이라고 명하였다.'는 기록을 종합해 볼 때 처음 경복궁을 창건할 때는 다리의 형식만 갖추었을 뿐 경복궁 서쪽의 물은 남쪽으로 흘러갔는데 태종 대에 이르러 물길을 바꾸고 확장하여 경복궁 안을 관통하여 흐르도록 한 것으로 추정된다.

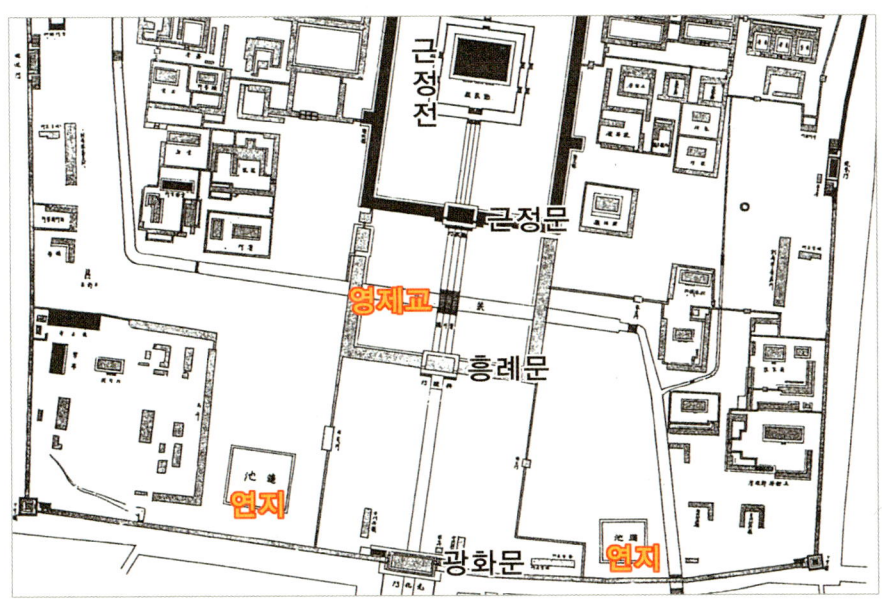

● 경복궁의 영제교(금천)와 연지(「북궐도」)

● 경복궁 근정문과 금천(영재교)

5. 경복궁 주요 전각(殿閣)의 풍수 정밀 분석

지금까지는 육안으로 판단할 수 있는 경복궁의 지형을 가지고 풍수적 분석을 하였으나 이제부터는 자연 상태의 지형이 사라져 시각적으로는 확인이 되지 않으나 수맥파를 분석하여 자연 지형을 유추해서 풍수적인 분석을 해보도록 한다.13)

먼저 현재 경복궁의 궁장(宮墻) 안에는 과연 몇 개의 능선이 있었을까? 하는 의문을 가져야 한다. 앞에서 밝혔듯이 경복궁의 동서 간 폭은 약 470m 정도가 되는데, 경회루 서쪽으로 흐르는 물길이 있으므로 기본적으로 두 개의 능선이 있다는 것은 알 수 있으나, 서쪽 물길부터 동쪽 궁장까지의 폭 약 420m의 지역에 과연 한 개의 능선만 있었고, 그 능선에만 경복궁 터가 조성된 것인가를 생각해 보아야 한다는 것이다.

풍수적인 가장 평범한 논리로 보면 자연 상태의 능선은 아래로 내려오면서 계속 가지를 나누기 때문에 능선이 끝나가는 지점에 있는 경복궁 터는 결국 여러 개의 능선들이 있었던 지형을 메우고 다듬어서 평탄하게 만들었다고 볼 수 있다.

지금부터는 수맥파 분석을 해서 유추한 경복궁의 지형에 대하여 설명하도록 한다.

경복궁의 주룡은 북악산에서 동남으로 행도를 시작한 용맥이 산비탈을 거의 내려온 지점에서 방향을 남쪽으로 바꾸고 건청궁 동쪽으로 이어져

---

13) 수맥파를 이용한 경복궁의 지형분석은 저자와 일행들이 2011년 10월 23일, 10월 24일, 11월 6일의 3일 동안 주요 전각 위주로 정밀하게 실시한 것이다.

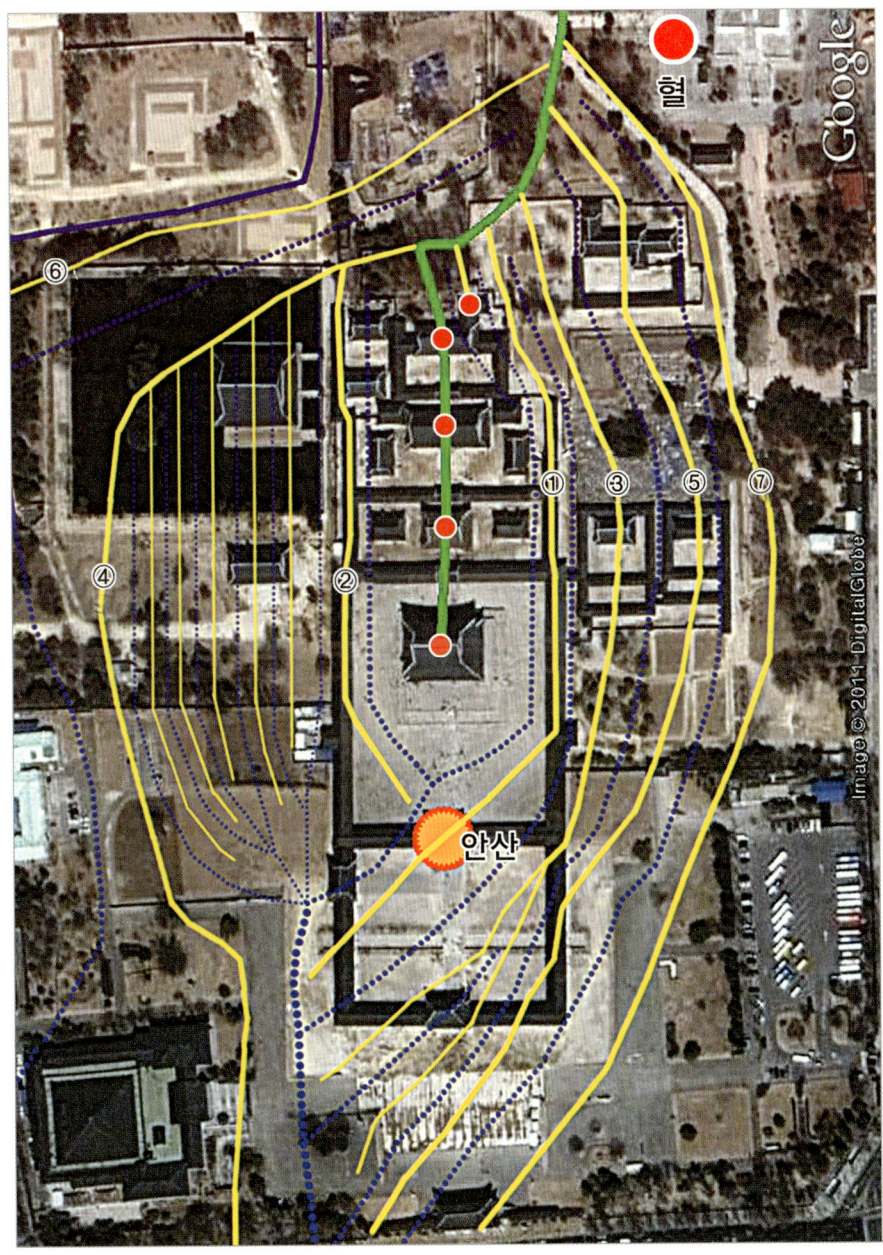

• 경복궁 정밀 분석 지형

작은 동산을 만든다.

여기서 서쪽으로 뻗은 능선이 동서로 위이를 하면서 국립민속박물관 후문 앞을 지나는데 앞의 위성사진에 표시된 것처럼 ⑦번 청룡을 먼저 뻗어 삼청동길의 바람을 1차적으로 막고, 이어서 서쪽으로 뻗은 ⑥번 능선은 백호로 간주하기에는 미흡하지만 향원정이나 집옥재의 물길이 주요 전각이 있는 지역으로 접근하는 것을 1차적으로 막아준다.

이후 주룡은 계속해서 행도를 하면서 ⑤번, ③번, ①번의 청룡을 순차적으로 만들어 주요 전각 지역을 더욱 확실하게 보호하도록 하면서 아미산 뒤로 내려간다.

아미산 뒤에 당도한 주룡은 잠시 숨을 고르고 맥을 나눠 남쪽 방향으로는 주룡을 내려 보내고 서쪽 방향으로도 한 가지를 나눠 ②번과 ④번 백호가 되도록 한다.

여러 개의 청룡과 백호가 주룡을 감싸주고 있기 때문에 주룡은 전혀 바람을 맞지 않게 되어 교태전, 상녕선, 사정전, 근정전에 순차적으로 혈을 결지하게 된다.

먼저 주요 전각 지역의 사격을 보면 ①번, ③번, ⑤번, ⑦번의 청룡들이 모두 백호방으로 감고 돌아간 지형이었다. 백호방에는 ②번과 ④번의 백호가 있으나 이 사격들은 멀리서 바람의 접근을 막아주는 역할을 하였을 것

---

14) 위성사진에 표시한 ⑦번 청룡 밖으로도 몇 개의 능선이 국립민속박물관, 경복궁관리사무소, 주차장 등에 있었으나 이 능선들은 경복궁 영역을 감싸주지 않는 형태로 되어 있어 여기서는 제외하였다.

15) 경회루 주변을 분석한 결과 위성사진에 표시한 것처럼 아미산에서 ④번 능선이 뻗어나가면서 여러 개의 작은 지각이 생겨 사이사이에 작은 물길들이 만들어졌고, 이 물들은 모두 유화문 서쪽 부근에서 합쳐지는 것을 확인하였다.

이다.14)

다음으로 경복궁 주요 전각이 있는 지역은 청룡이 주룡을 완전히 둘러싸는 지형이므로 이 지역의 물은 1차적으로 금천이 시작되는 유화문 근처 백호방으로 모여 흘러가게 된 지형이었다. 자연지형을 분석한 결과 북궐도에 나오는 광화문 서쪽의 연지는 인공의 연못이라기보다는 경복궁 내전지역에서 모이는 물을 인식하고 만든 것으로 보인다.15)

그리고 사진에서 보는 것처럼 ①번 내청룡과 주룡 사이로 흐르는 물이 ②번 내백호와 주룡 사이에서 흘러온 물과 근정문 인근에서 합쳐지면서 주룡을 멈추게 하고 혈을 결지하게 한 것이다. 사격과 수세를 종합해서 분석해 본 결과 ①번 청룡에 있었을 근정문 지점의 봉우리가 경복궁의 안산이 되는 것이다.

경복궁 영역에는 청룡 쪽에 4개, 백호 쪽에 3개의 큰 물길이 있으나 흠경각과 경회루 북쪽에 있는 집경당, 건청궁 등 일부 건물만 물길에 지어졌고, 나머지 대부분의 건물들은 물길을 피해서 건물이 지어진 것을 볼 수 있다.

종합적으로 정리하면 경복궁은 근정전, 사정전, 강녕전, 교태전 등 주요 전각의 건물은 모두 혈에 짓고 중요도가 다소 떨어지는 부속건물들도 가급적 물길을 피해서 앉혔기 때문에 풍수적으로 가장 바람직하게 건축되었다고 볼 수 있다.

앞에서 경복궁과 주변의 지형지세를 분석해 보았으므로 여기서 경복궁과 관련하여 회자되는 속설에 대하여 저자의 생각을 피력하고자 한다.

경복궁에 대해서는 크게 두 가지의 속설이 있다. 첫 번째는 경복궁은 청룡(낙산)은 낮고 미약한데 백호(인왕산)가 드높아서 장자가 왕위를 승계하는 경우가 드물고 기가 센 여자가 많이 등장한다는 설이다.

비록 백호인 인왕산이 상대적으로 높기는 하지만 청룡에 해당하는 능선들도 낮은 것이 아니며 게다가 경복궁에서 낙산은 전혀 보이지도 않는데 그것을 가지고 왈가왈부하는 것은 지나친 비약이라고 본다.

따라서 저자는 이 속설이 잘못된 것이라고 본다. 풍수원칙에 의하면 측면에서 바람이 들이쳐 장풍이 되지 않으면 혈이 결지되지 않기 때문에 이를 막아주기 위해서 청룡과 백호가 필요한 것일 뿐인데 여기에 다른 것을 결부시켜 해석하는 것은 풍수가 아니고 도참에 해당하기 때문에 생각할 필요가 없는 것이다.

두 번째는 영건 당시에 무학대사가 인왕산을 주산으로 하고 동향(東向)으로 지어야 한다고 주장하였는데 정도전이 제왕은 남쪽을 바라보아야 한다고 고집을 부려 북악산을 주산으로 하고 남향(南向)으로 지었기 때문에 임진왜란을 당하고 궁궐이 불타게 되었다는 속설이다.

이 속설은 차천로의 『오산설림』[16])에 등장하는데, 이것은 풍수의 기본과 맞지 않는 이야기에 해당한다고 볼 수 있다. 청계천은 종로구 청운동에서 발원하여 동남쪽으로 흐르다가 광교 부근에 이르러서는 동쪽으로

---

[16])『오산설림』은 오산(五山) 차천로(車天輅 1556년~1610년)가 지은 시화(詩話)와 수필집으로 사실적인 내용과는 다른 부분이 많다. 예를 들면 태조와 관련한 '함흥차사' 이야기는 함흥으로 은거한 태조를 도성으로 모시기 위해 태종이 보낸 많은 차사들을 태조가 죽였다는 것인데, 『조선왕조실록』에는 태조를 찾아간 차사는 단 3명뿐이었으며, 태조는 그 누구도 죽이지 않은 것으로 기록되어 있다. 또 무학대사가 건원릉 자리를 태조에게 알려준 것으로 적고 있으나, 『조선왕조실록』에는 김인귀의 추천으로 하륜 등이 의논하여 자리를 잡은 것으로 기록되어 있다.
항간에는 임진왜란 직전 일본에 통신사(정사 황윤길, 부사 김성일, 허성, 차천로 등 대동)로 갔던 신하들이 당파 싸움으로 의견이 갈려 온 나라가 엄청난 왜적의 피해를 당하자 그 책임을 정도전이 궁궐을 잘못 지었기 때문이라고 떠넘기기 위해 지어낸 이야기라는 설이 있는데 저자도 어느 정도 신빙성이 있는 말이라고 본다.

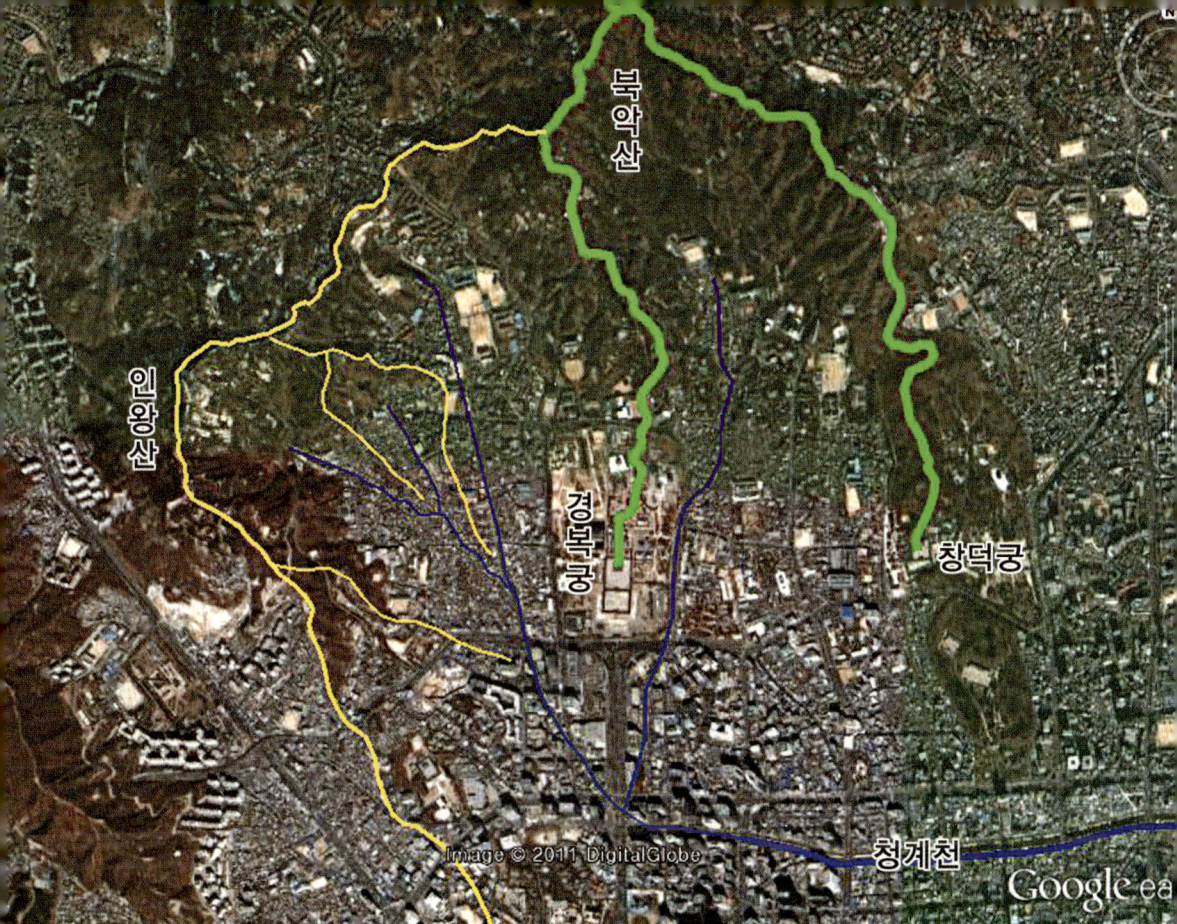

● 인왕산을 배반하는 형태의 청계천 상류(구글 위성사진)

방향을 바꿔 흘러가는데, 큰 틀에서 청계천의 물 흐름을 보면 인왕산을 배반하거나 등을 돌리고 달아나는 형태인 것이다.

위의 위성사진을 보면 경복궁은 양수가 합수되는 안쪽에 있으나 인왕산 동쪽은 청계천이 등을 돌리고 빠져나가는 것을 볼 수 있다.

이것은 청계천을 타고 들어오는 바람이 인왕산 동쪽면으로 불어가게 된다는 의미가 되는 것이고, 이 때문에 인왕산 아래 동향을 할 만한 곳에는 궁궐을 지을 만한 넓고 길한 터는 없다고 보아야 한다.

제4장 창덕궁의 풍수 분석

 앞에서 설명하였듯이 창덕궁은 권력을 장악하는 과정에서 무리를 범하여 왕위의 정통성이 취약한 태종이 법궁인 경복궁에 기거하는 데 따른 부담으로 해서 세워진 것이다.[1)]

 물론 창덕궁을 세우는 표면적인 이유는 경복궁이 풍수상 흉지라는 것이었다. 따라서 이궁을 풍수상 길지라고 판단되는 곳에 세우기 위하여 태종은 1404년(재위 4년) 9월 9일에 서운관원(書雲觀員)을 한양에 보내 이궁터를 잡도록 한다.

 이처럼 처음 창덕궁 터를 잡을 때부터 풍수가 최우선 조건으로 내세워졌기 때문에, 건축과정에서도 당연히 풍수에 의해서 배치, 조경 등이 이루어졌으리라 짐작할 수 있다.

 그러나 지금까지 창덕궁에 대한 연구는 주로 역사학, 건축학, 조경학 등의 분야에서는 활발하게 이루어졌으나 풍수사상이 창덕궁의 입지선정에 미친 영향에 대해서는 연구가 전무한 실태이다.

 다만 창덕궁이 '자연지형을 따라서 건축되었다'라고 보는 시각이 많은

---

1) 홍순민, 「조선왕조 궁궐경영과 양궐체제(兩闕體制)의 변천」, p.43.
2) 서울학 연구소(역), 『궁궐지』, 1994, p.63. 창덕궁은 북부 광화방에 있는데, 국초(國初)에 세워 별궁(別宮)으로 삼았다.

● 창덕궁 전경(치조, 내조지역)

데, 이는 너무 단순하고 애매한 표현이기 때문에 영건 당시의 사상이나 의도를 제대로 나타내지 못하는 것이라 할 수 있다.

1. 창덕궁의 지형개황 및 공간배치

창덕궁[2]은 행정구역상 서울 종로구 와룡동에 위치하고 있으며, 총면적은 476,188㎡(144,046평)이다. 후원을 포함한 전체적인 지세는 남쪽보다는 북쪽이 높은 형상이며, 동서축보다는 남북축이 긴 직사각형에 가까운 형태를 이루고 있다.

창덕궁에 나타나는 지형적인 특징은 주요 공간들과 표고와의 사이에 밀접한 연관이 있다는 점이다. 외조공간인 구 선원전 주변지역(해발 37m), 치조지역인 인정전(해발 37m) 및 선정전(해발 38m), 내조지역인 희정당(해발 39m) 및 대조전(해발 40m) 등과 같이 남측에 위치한 건물들은 대략 표고가 해발 35m~40m의 낮은 지역에 위치한다.

이와는 달리 옥류천(해발 55m~60m), 연경당(해발 45m), 주합루(해발 48m~52m) 등의 후원지역과 창덕궁의 여러 시설 중 가장 나중에 세워지는 신선원전(해발 50m~55m) 지역은 인정전이 위치한 곳보다는 상대적으로 높은 곳에 위치하고 있다.[3]

이처럼 창덕궁은 자연 지형과 지세를 그대로 활용하여 주요 전각과 후원을 건설하다 보니 치조와 내조지역을 제외한 후원지역은 크게 네 지역으로 나눌 수 있다.

첫 번째 지역은 응봉에서부터 내려온 능선이 능허정이 있는 곳에 도달하기 전에 동쪽으로 지각을 뻗어 만들어진 골짜기에 있는 옥류천과 태극정이 있는 지역이다. 두 번째 지역은 능허정 바로 뒤의 봉우리에서 뻗어 취규정을 지나 창경궁의 외청룡이 되는 줄기에 의해 만들어진 존덕정·관람지가 있는 지역이다. 그 다음은 능허정과 취규정의 사이에서 동남쪽으로 내려온 지각에 의해 만들어진 연경당과 애련지가 있는 지역이다. 네 번째 지역은 남쪽으로 조금 내려온 용맥이 다시 동쪽으로 가지를 뻗어 만들어진 주합루·부용지 주변의 후원지역이다.

---

[3] 문화재청, 『창덕궁·종묘 원유』, 2003, pp.40-42.
[4] 풍수에서는 능선이 끝나는 지점, 즉 용진처에 혈이 결지되는 것이 원칙이기 때문에 창덕궁도 주된 건물은 능선이 끝나는 지점에 자리 잡고 있다.

응봉에서 출맥한 주룡은 네 개의 후원지역을 만들고 계속해서 남쪽으로 더 내려와 창덕궁의 내조와 치조지역을 만드는 것이다.

• 창덕궁의 지형개황 및 공간배치(구글 위성사진)

이는 후원지역은 휴식이나 여흥을 위한 목적에서 설치된 것이기 때문에 산의 능선 사이에서 생겨나는 물줄기를 활용하기 위하여 나타나는 자연스러운 발상이었을 것이다.

그러나 치조와 내조지역은 임금을 비롯한 왕실 사람들이 성실한 집무나 편안한 주거를 위하여 반드시 길지를 선택해야 하는 것이 원칙이었기 때문에 지형상 산줄기가 끝나는 용진처를 선택하여 입지한 것이다.[4]

이처럼 창덕궁은 자연 상태를 거의 훼손하지 않고 주변 지형과 지세를 살펴서 풍수원칙에 맞게 주요 전각들의 터를 정한 것처럼 보이기 때문에 일부

● 창덕궁의 공간배치도 (「동궐도」)

에서는 풍수사상에 따라 건축된 '가장 한국적인 궁궐'이라고 부르는 것이다.

지금부터는 창덕궁의 공간배치에 관하여 살펴보도록 한다. 창덕궁은 경복궁의 배치형태와는 많은 차이가 있다. 이것은 창덕궁이 입지한 지역은 경복궁과는 달리 공간이 그리 넓지 않기 때문에 궁궐건축 원칙에 맞추기에는 적합하지 않았기 때문으로 추정된다.

경복궁이 경사도가 거의 없는 평지형의 완만한 능선 여러 개를 메우고 다듬어서 평탄한 공간을 충분히 확보하여 만들어진 반면에, 창덕궁은 뒤와 좌우의 제법 높은 산 능선을 자연스럽게 활용하여 보국을 만드는 틀로 삼고 그 안에 있는 작은 능선들을 없애서 공간을 마련하였으나 이 공간이 그리 넓지 않고, 이 터에 건물을 앉히다 보니 경복궁처럼 일직선 형태가 아닌 옆으로 된 배치형태를 띤다.

창덕궁이 경복궁과 달리 일직선의 형태를 갖추지는 않았어도 치조를 중앙에 배치하고, 서쪽인 오른편에 외조를 배치하고, 동북방의 뒤쪽에 대조전 등 내조를 배치한 것은 지형을 활용하면서도 궁궐 건축원칙에 부합하도록 노력한 것임을 알 수가 있다. 궁궐의 배치형태가 어떠하든 궁궐에서 치조는 가장 중요한 지위를 가졌기 때문에 경복궁, 창덕궁 등 궁궐들의 중앙에는 치조의 공간이 만들어진 것이다.

2. 창덕궁의 주룡

창덕궁에서 중요한 의미를 갖는 치조와 내조공간으로 연결된 주룡은 서울의 진산인 삼각산에서 남쪽으로 뻗친 산줄기에서 나온다. 이 산줄기는 형제봉(국민대학교 우측 위치)을 지나 325m 고지를 우뚝 세우고, 방향을 남서로 바꾸어 북악산 방향으로 내달리다가 325m 고지와 북악산의 중간지점에서 맥 하나를 만들어 남동쪽 방향으로 내려보낸다. 이 용은 크지는 않지만 기복과 과협을 하면서 기세있고 힘차게 내려간다. 이 맥은 중간에 수려한 바위로 된 봉우리도 하나 만들고 행도하지만, 마지막에는 우뚝하지 않고 밋밋한 봉우리를 만든다. 이 봉우리가 창덕궁과 창경궁 그리고 종묘의 주산이 되는 응봉(186m)이다.

응봉을 만든 주룡은 정남쪽 방향으로 다시 행도를 하다가 옥류천 지점을 지나면서 외청룡이 되는 산줄기를 창경궁 방향(동쪽)으로 내려보낸 다

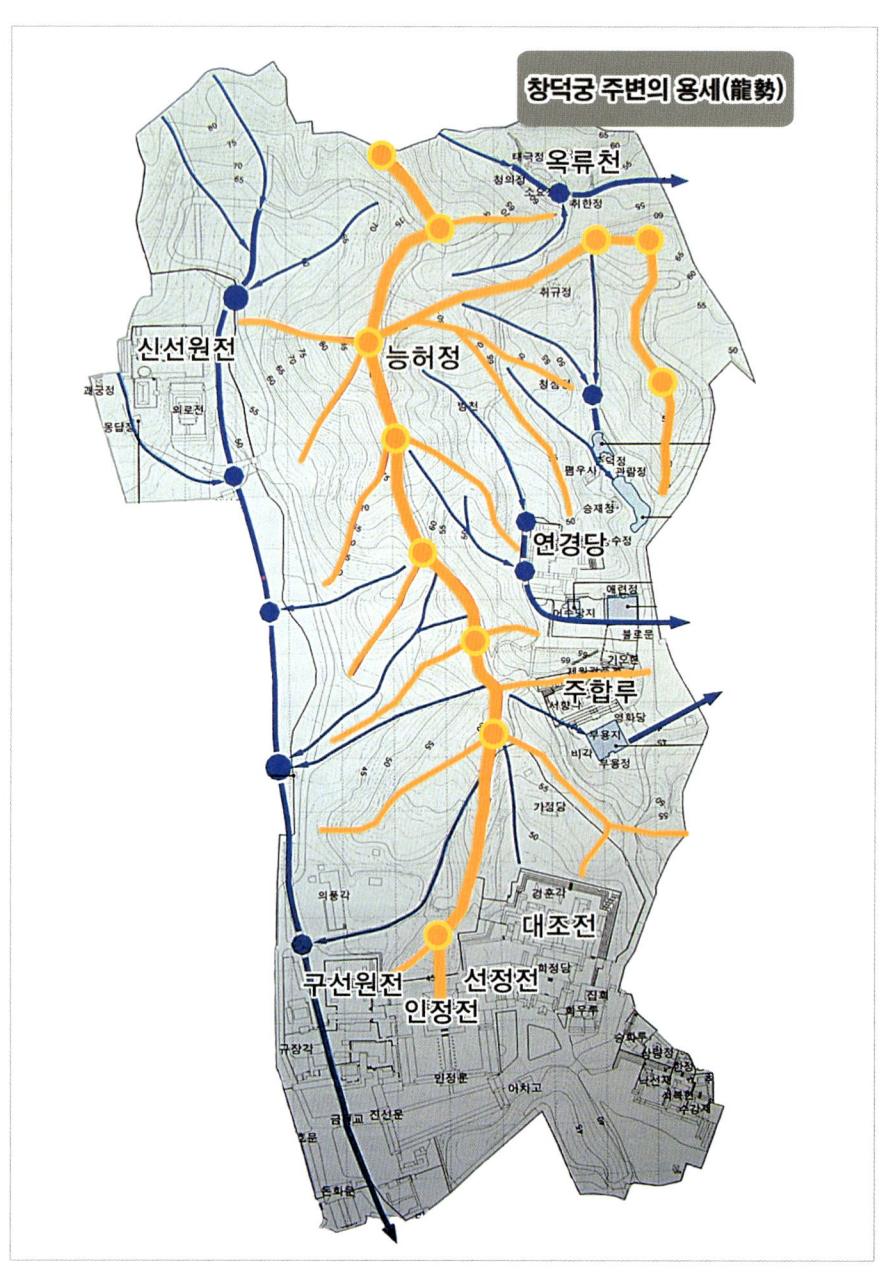

• 창덕궁의 주룡과 지형지세도 (『창덕궁·종묘원유』)

음 곧이어 동쪽의 연경당으로 지각을 하나 만들어 보내고 나서 신선원전 동쪽(현재 능허정이 있는 지점)에 현무봉(90m)을 만든다.

이후 주룡은 비교적 완만한 경사도를 유지하며 행도하다 다시 동쪽으로 제법 큰 가지 하나를 나누어 보내는데 이 능선 위에 주합루가 위치하고 있으며, 이 능선은 영화당까지 내려간 후 멈추고 그 옆에 부용지를 만든다.

주합루 능선을 나눈 주룡은 다시 행도를 계속하다 작은 과협을 하고 가정당 뒤에서 둘로 갈라지는데, 갈라진 산줄기 가운데 동남쪽으로 뻗은 왼쪽의 산줄기가 창경궁 명정전의 주룡이 되고, 또 창덕궁의 앞을 막아주는 능선이 되기도 하며, 길게 뻗어나가서는 종묘의 산줄기가 된다. 가정당 뒤에서 갈라진 오른쪽의 한 줄기는 창덕궁 인정전의 주룡이 되는데 처음에는 구선원전 방향으로 행도하는 듯 하지만 마지막에 인정전 쪽으로 방향을 틀어 횡룡입수 형태로 혈을 결지한다.

창덕궁의 주룡은 응봉에 도착할 때까지는 나름대로 힘있는 용맥이었으나 응봉에서 크게 세 줄기로 나누어진 산줄기가 거의 비슷한 크기로 나뉘어 일차적으로 힘이 분산되었다. 게다가 현무봉부터 창덕궁의 주요 전각이 있는 지역에 도달하는 동안 주룡의 좌우에는 약 10여 개의 크고 작은 지각들이 만들어진다. 지각은 용의 균형을 잡아주고 행도를 도와주는 역할을 하지만 지나치게 큰 지각은 기가 새어 나가기 때문에 좋지 못한 형상이라고 할 수 있는 것이다. 많은 지각들 중에서 특히 현무봉 뒤에서 창경궁 쪽으로 뻗은 외청룡 능선과 연경당과 주합루로 들어간 지각은 지기를 빼앗아가기에 충분한 크기의 능선들인 것이다.

3. 창덕궁의 청룡과 백호

　창덕궁의 사격은 한양이라는 같은 보국 안에 들어 있기 때문에 경복궁의 사격과 분리하여 설명할 수는 없다. 창덕궁의 주룡이 경복궁의 여러 청룡 가운데 하나이고, 경복궁의 청룡이 되는 어느 산줄기는 창덕궁의 청룡이 되기도 하지만 어느 능선은 경복궁의 청룡이지만 창덕궁의 입장에서는 백호가 되기도 한다. 다시 말하면 경복궁의 동쪽(좌측)의 능선들은 모두 경복궁의 좌청룡이 되지만 창덕궁의 서쪽(우측) 능선들은 경복궁의 청룡이자 창덕궁의 백호가 되는 것이다.

　여기서는 경복궁의 경우와 마찬가지로 우선 현재 시각적으로 판별이 가능한 사격만을 설명하도록 한다. 그리고 처음에는 하나의 큰 능선이 뻗어 나오지만 점차 아래로 행도하면서 능선들이 가지를 나누기 때문에 아래쪽에는 더 많은 숫자의 청룡과 백호가 있을 것이나 궁궐의 전각이 있는 지점을 기준으로 하여 설명하도록 한다.

　먼저 창덕궁 대조전 등의 내조지역과 치조지역의 희정당과 선정전은 가정당 뒤에서 갈라져 종묘 방향으로 내려가는 산줄기를 내청룡으로 보고, 가정당 뒤에서 나뉘어져 인정전과 구선원전 방향으로 뻗어가는 능선을 내백호로 판단할 수 있다. 다만 인정전의 경우는 백호가 금천교 건너편의 서쪽 능선(현대건설 사옥이 있는 능선)을 내백호로 볼 수 있을 것이다.

　그리고 창덕궁의 내청룡이 되는 산줄기가 어차고가 있는 곳까지 내려와서 어차고 부근의 뒤에서 또다시 나뉘어져 한 줄기는 종묘로 내려가고 다른 한 줄기가 서쪽으로 뻗어나가 금천교 남쪽의 돈화문 근처까지 와서

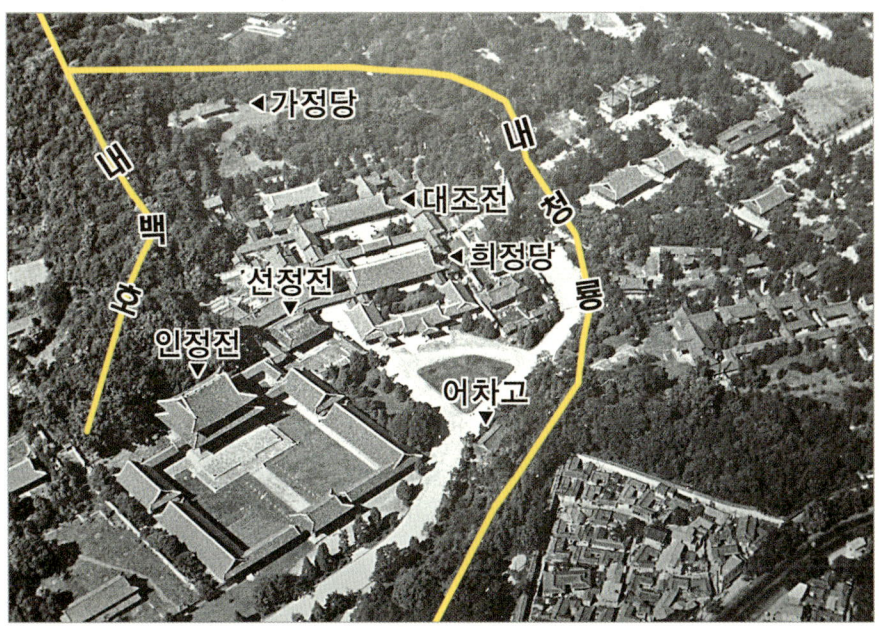

• 창덕궁의 내청룡과 내백호(『조선고적도보』)

멈추어 창덕궁의 내명당(內明堂)을 만드는 것이다.

창덕궁의 두 번째 청룡은 옥류천 부근에서 동쪽으로 뻗어나가 창경궁 명전전의 내청룡이 되고, 다시 서울시 청소년 과학관을 지나서 서울대학교병원이 있는 곳을 지나 청계천 방향으로 가서 멈추는 능선이다. 이 능선은 창경궁의 내청룡이 되면서 창덕궁의 외청룡이 되어 두 궁궐을 팔을 벌려 감싸 안아주는 역할을 하게 된다.

창덕궁의 세 번째 청룡은 주산인 응봉에서 동쪽으로 나간 능선이 멀리 성균관을 돌아 동대문 인근의 낙산까지 연결되는데 이 능선이 크게는 한양의 외보국을 만들고 작게는 창덕궁의 세 번째 청룡이자 두 번째 외청룡이 되는 산줄기가 된다.

• 창덕궁의 청룡(남산 타워에서 촬영한 사진)

이번에는 창덕궁의 백호에 대하여 살펴보기로 한다. 창덕궁 서쪽의 능선들이 백호가 되는데, 앞에서 설명하였듯이 대조전, 희정당, 선정전 등 안쪽에 위치한 전각에서 보면 인정전으로 이어지는 주룡이 내백호가 되지만 창덕궁 전체의 위치에서 말할 수 있는 백호를 정리하도록 한다.

한양 보국 안에서 창덕궁의 백호가 되는 능선은 가장 멀리 있는 인왕산까지 포함하면 모두 네 개의 백호가 있고, 이 가운데 인왕산을 제외한 세 개의 능선은 경복궁의 청룡이 되기도 한다.[5]

---

5) 실제로는 경복궁의 주요 전각이 있는 곳도 하나의 커다란 능선이 있었으나 궁궐영건 과정에서 흔적이 사라져 능선으로 인식할 수 없기 때문에 창덕궁 백호의 숫자에는 포함시키지 않았다.

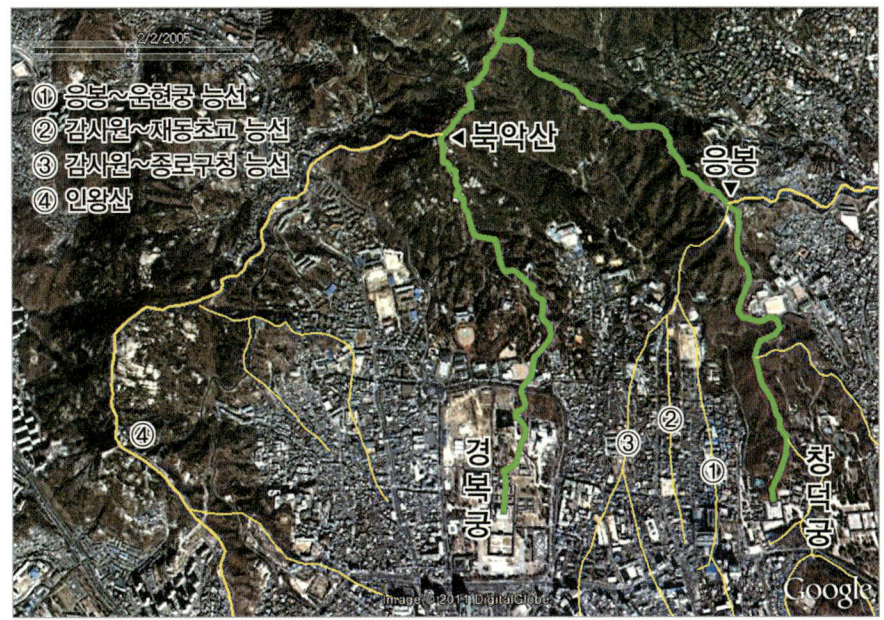
• 창덕궁의 백호(구글 위성사진)

첫 번째 백호는 응봉에서 출발하여 신선원전 서쪽을 지나서 현대건설 사옥과 운현궁으로 이어지는 산줄기로 거의 일직선 형태로 내려와서 돈화문 근처에서 창덕궁의 수구를 막아주는 역할을 한다.

창덕궁의 두 번째 백호는 응봉에서 갈라진 능선이 현재 감사원 근처에서 갈라진 다음 왼쪽으로 내려오는 산줄기이다. 이 능선은 중앙중·고등학교의 내백호가 되어 재동초등학교 부근까지 내려와서 행도를 마무리한다.

창덕궁의 세 번째 백호는 감사원 근처에서 분맥되어 남서 방향으로 뻗어 내려가는 산줄기인데, 이 능선은 경복궁의 위치에서 보면 내청룡에 해당되는 산줄기이다. 이 산줄기는 내려오다가 중간지점인 정독도서관 자리에서 다시 둘로 나뉘는데, 그중에서 동쪽의 산줄기는 헌법재판소가 자리한 곳으로 내려가고, 한 줄기가 경복궁 근정전 옆을 지나면서 옛 국군수도병원 자리를 지나 조계사와 종로구청 방향으로 내려가는 능선이다.

　마지막으로 창덕궁의 네 번째 백호는 경복궁 서쪽에 있는 인왕산이다. 인왕산은 북한산에서 북악산으로 이어지는 경복궁의 주룡이 북악팔각정과 북악산 사이에서 서쪽으로 나누어진 가지가 일으킨 봉우리이며 이후 남산으로 이어져 한양의 보국을 만드는 데 중요한 역할을 하는 산줄기이다.

4. 창덕궁의 주요 전각의 안산

　이번에는 창덕궁의 안산에 대하여 살펴보도록 한다. 청룡과 백호가 보국의 옆바람을 막아주는 역할을 하는 사격이라면 안산은 전면에서 불어오는 바람을 막아주는 역할을 하는 사격이기 때문에 무엇보다도 중요하다 하겠다. 또한 좌향에 따라 전면에 보이는 지점이 달라지고 이에 따라 안산이 달라지기 때문에 좌향을 어떻게 정하느냐가 중요한 문제가 된다.

　그런데 창덕궁은 치조의 대표전각이라 할 수 있는 인정전과 선정전의 좌향은 자좌오향(子坐午向)으로 같고 내조인 대조전과 희정당의 좌향은 계좌정향(癸坐丁向)으로 같아 크게 두 방향 축으로 되어 있다. 그렇지만 인정전과 선정전은 좌향은 같지만 옆으로 나란히 있기 때문에 안산은 달라지게 된다. 반면에 대조전과 희정당은 같은 좌향이면서 앞뒤로 나란한 일직선 형태로 자리 잡았기 때문에 같은 안산을 보게 되어 있다.

　결국 창덕궁 인정전은 내청룡을 만들고 종묘로 내려가던 산줄기가 어

● 창덕궁 주요 전각의 좌향과 안산(「동궐도형」)

차고 뒤에서 둘로 갈리는데 이중 서쪽으로 나가서 인정전 앞을 막아주는 능선의 끝지점을 안산으로 보며 선정전과 대조전, 희정당은 어차고 뒤의 언덕을 안산으로 본다.

5. 창덕궁의 수세

창덕궁의 수세는 크게 세 부분으로 나누어 볼 수 있다. 응봉에서 출발한 창덕궁의 주룡이 남북으로 길게 뻗어 종묘까지 연결된 형태이기 때문에 이 주룡을 사이에 두고 구분되는 동쪽지역의 물과 서쪽지역의 물, 그리고 내조지역에서 발원하여 치조지역으로 출수되는 물 등으로 구분할 수 있다.

먼저 창덕궁 서쪽의 물길을 살펴보자. 주룡의 서쪽(백호방)에 흐르는 물은 응봉에서 출발한 능선이 첫 번째로 나뉘어져 내백호가 생겨나는 지점인 대보단지의 좌측과 우측의 골짜기로부터 모습을 발원하여 신선원전 → 외삼문 → 요금문 → 경추문 → 구선원전 옆을 지나 금천교를 거쳐 돈화문 동쪽으로 빠져나가 종묘 쪽으로 흘러간다.

이 물은 창덕궁 주룡의 옆을 따라오는 창덕궁 영역에서 가장 큰 물줄기라고 할 수 있으나 치조와 내조지역과는 관계없이 그냥 직선으로 빠져나가기 때문에 치조나 내소지역의 주룡이 행도를 멈추고 결혈을 하는 데 직접적인 역할을 하지는 못한다.

다음으로 창덕궁 동쪽의 물길을 보자. 창덕궁 영역에서 동쪽(청룡방)의 물줄기는 크게 네 개의 골짜기에서 찾아볼 수 있으나 어찌 보면 이 물들은 엄밀한 의미에서는 창덕궁과 전혀 관계가 없다고 볼 수 있다.

첫 번째의 물길은 창덕궁의 가장 북쪽에 위치한 옥류천 지역에서 발원한 물이다. 청의정 → 소요정 → 취한정 앞을 지나 창경궁 외명당수가 된다.

주룡 동쪽의 두 번째 자연수계는 취규정의 동쪽 두 계곡에서부터 시작하여 관람지의 수원이 된 다음 창경궁으로 흘러들어 간다.

세 번째 물길은 능허정의 왼쪽에서 발원한 물들이 빙천을 거쳐서 애련지로 흘러든 다음 불로문 옆의 암거수로를 통해 남쪽 방향의 창경궁으로 들어간다.

네 번째 물길은 주룡에서 주합루로 나뉜 골짜기에서 생겨나 부용지로 모였다가 영화당 아래쪽의 개거수로를 통하여 창경궁으로 흘러든다.

위에서 살펴보았듯이 주룡에서 동쪽으로 가지가 나누어지면서 물길이 생기지만 모든 물들이 창경궁 영역으로 흘러가기 때문에 창덕궁의 물길이라기보다는 창경궁과 관련있는 물길로 보는 것이 타당하다고 할 수 있다.

마지막으로 창덕궁 내조지역에서 발원하여 치조지역으로 출수되는 물길을 보도록 한다. 응봉에서부터 내려온 주룡의 산줄기에 의해 둘러싸인 주요 전각 지역은 대조전의 뒤쪽에서 발원한 물이 희정당과 선정전, 인정전을 지나 금천교 남쪽으로 가서 대보단지에서 발원하여 내려오는 서쪽의 물과 만나 종묘 방향으로 흘러가게 된다.

---

6) 조남선, 『풍수의 정석』, pp.189-190. 합금수란 주룡의 양옆을 따라온 송룡수가 혈 앞에서 합해지는 물을 말한다.

7) 村山智順(일본) 저, 정현우 역, 『조선의 풍수』, p.86. "물이 산을 만나면 산을 멈추게 한다. 양수가 합치는 곳에서 내맥(來脈)이 멈춘다. 이 내맥이 내룡이다. 이렇게 물이 모이는 곳에서 용기(龍氣)가 멈추어 모인다." 서선계·서선술 저, 김동규 역, 『지리인자수지』, 명문당, 1992. pp.822-824. "수(水)는 용(龍)의 혈맥(穴脈)인 것이다. (중략) 수(水)가 합(合)한 즉 용(龍)은 지(止)하고, 수(水)가 비주(飛走)하면 생기(生氣)는 흩어지고, 수(水)가 융주(融注)하면 내기(來氣)는 모이는 것이니 이것이 자연의 이치이다. (중략) 수(水)의 도국(到局)이란 오는 물이 명당에 드는 것을 말한다. 수의 도국이 잘된 것은 명당에 들고자 하고, 수구(水口)는 길지를 만들고자 하는 것이다. 만약 오는 물이 명당에 이를 적에 배반도전하여 별거(撇去)하면 부도국(不到局)이며, 혹 도당(到堂)하더라도 하관수수(下關收水)가 없거나 하사(下砂)의 난절(攔截)이 없이 흘러 지나면 불입구(不入口)니 무익인 것이다. 고로 수(水)는 도당입구로서 귀(貴)가 되는 것이며, 수(水)의 대소에는 구애되지 않는 것이다."

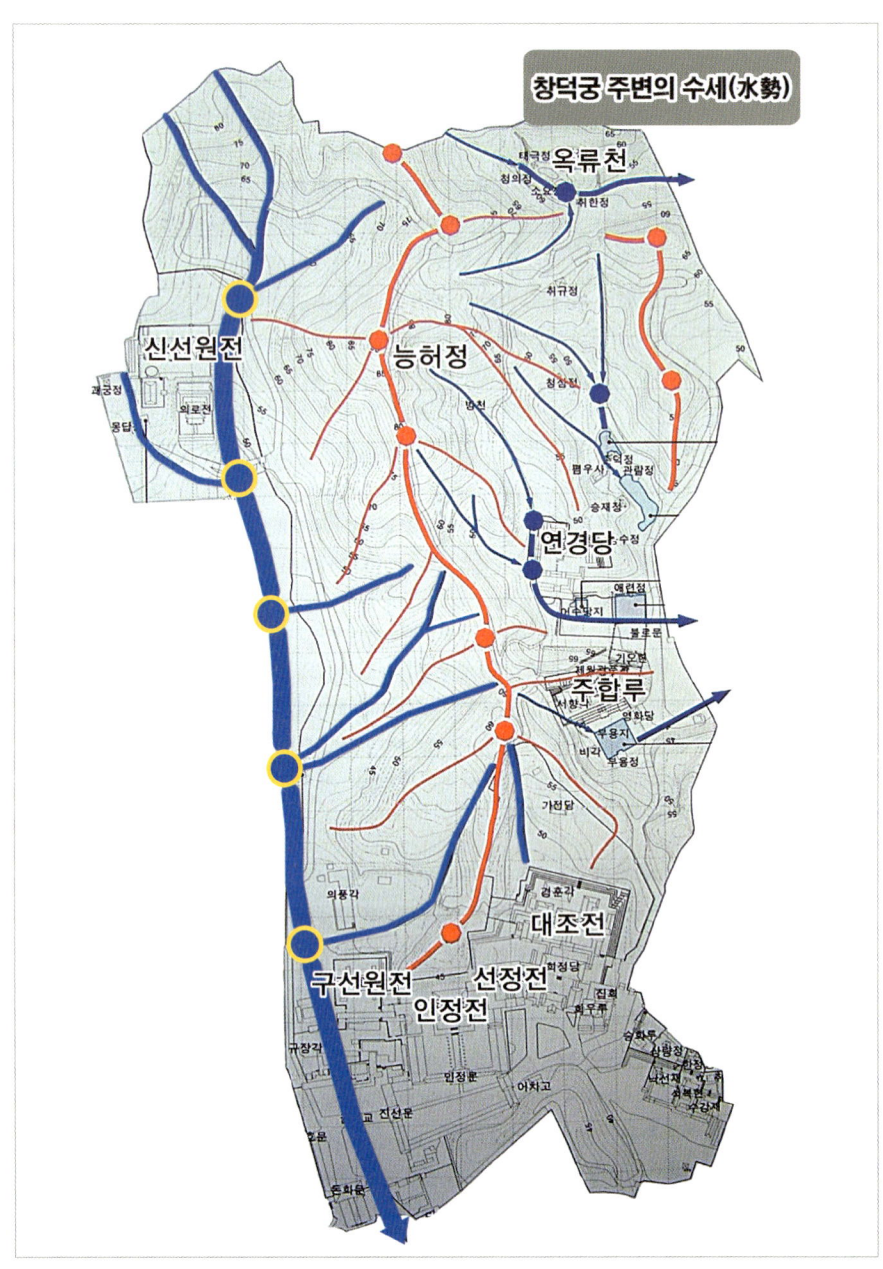

• 창덕궁 주변의 수(水) 체계 (『창덕궁·종묘원유』)8)

이 물이야말로 용과 물이 만나서 음양교합을 이루어 혈을 결지할 수 있으므로 풍수에서 말하는 진정한 의미의 합금수(合襟水)[6]가 된다. 수원(水源)의 멀고 가까움이나 수량의 많고 적음보다는 음인 용과 양인 물이 어우러져야 혈이 결지된다는 것이 풍수의 일반이론이기 때문이다.[7]

6. 창덕궁 주요 전각(殿閣)의 풍수 정밀 분석

앞에서는 누구나 육안으로 판단할 수 있는 창덕궁의 지형에 대하여 설명하였으나 지금부터는 자연 상태의 지형을 유추하여 풍수적인 분석을 해본다.

창덕궁의 내보국의 안에서 담장으로 둘러싸인 동서 간의 폭이 최소 약 100m(가정당 부근)부터 최대 약 200m(진선문부터 성정각 앞) 정도이다. 만약 처음 궁궐터를 조성하면서 대조전, 희정당, 선정전 등의 주요 전각이 있는 지역의 자연 상태를 크게 훼손하지 않았다고 가정한다면 현재 내청룡과 내백호 두 능선 사이의 물길이 주요 전각 지역을 관통하는 지형이다. 그러나 작은 개인주택을 지을 때도 땅을 고르고 건물을 짓는 것이기 때문에 나름대로 큰 궁궐을 영건하는데 자연 모습 그대로 평탄작업만 하고 지었을 리는 없다.

창덕궁 주요 전각 지역은 경복궁과는 달리 자연 지형을 자세히 살펴보면 약간은 답을 얻을 수 있다. 선정전 앞과 희정당 앞의 높이가 약간 차이

---

8) 문화재청, 『창덕궁 종묘원유』, 2002, p.43.

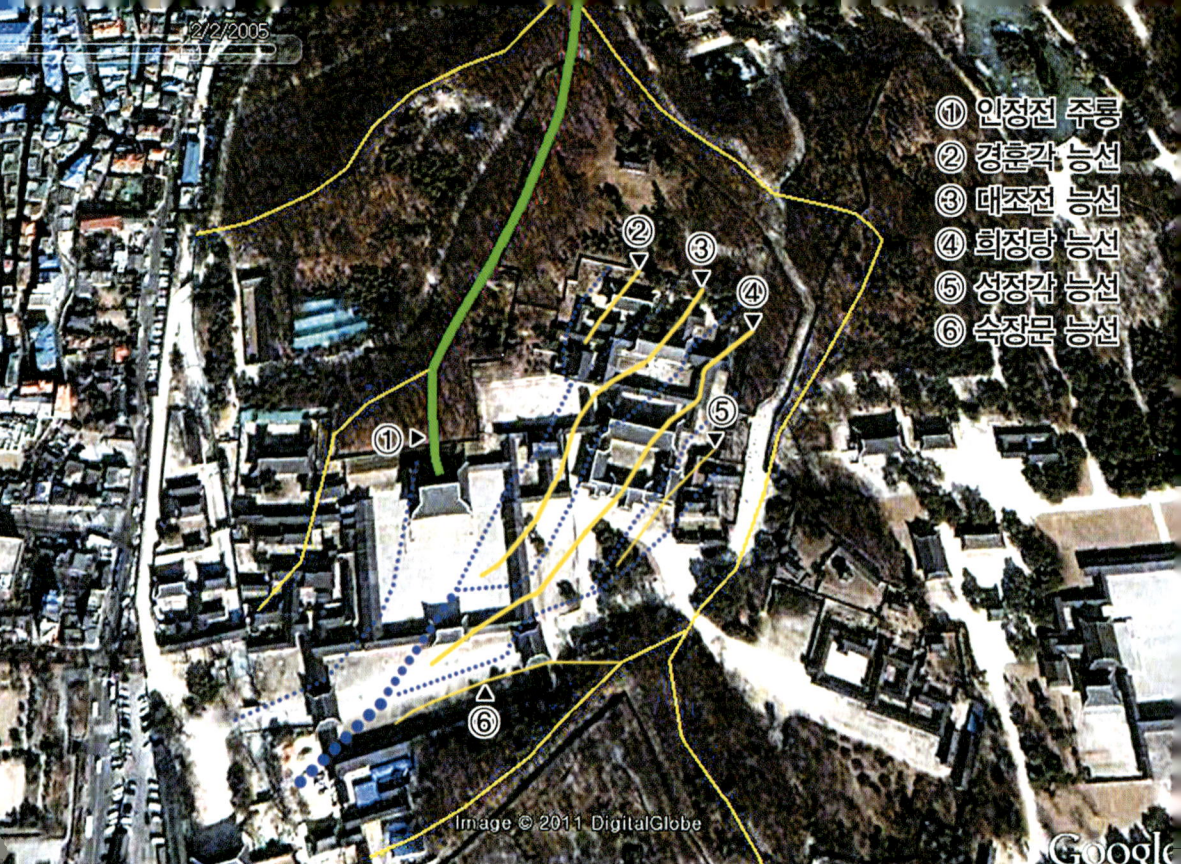

● 창덕궁 정밀 분석 지형(구글 위성사진)

가 나고 대조전이나 경훈각은 선정전이나 희정당보다 축대를 쌓고 크게 한 단을 올라간 곳에 있다. 이처럼 현재 지세에 따라 육안으로 찾아볼 수 있는 작은 흔적이 남아 있으나 이 역시 실제 자연 지형과는 큰 차이가 있다고 보아야 한다.

그렇다면 창덕궁은 터 닦기를 하는 과정에서 과연 어느 정도로 변형이 되었을까?

이 답을 얻기 위하여 저자는 경복궁에서와 마찬가지로 수맥파를 탐지하여 창덕궁 주요 전각 지역의 자연 지형을 유추하였다.

창덕궁 주요 전각 지역의 담장 안으로는 인정전으로 이어지는 능선과 숙장문 남쪽의 능선을 포함하여 모두 여섯 개의 능선이 있던 지형이었다. 현재는 인정전으로 들어가는 능선만 육안으로 확인할 수 있으나 궁궐터를 조성하면서 담장 안에 있던 능선 가운데 위 위성사진의 ②, ③, ④, ⑤, ⑥ 다섯 개의 능선은 평탄작업을 하면서 깎이거나 다듬어져 흔적이 사라져 버린 것이다.

용의 생사(生死)를 확인해 본 결과 인정전의 주룡이 되는 ①번 능선을 제외하고 나머지 다섯 개의 능선은 모두 혈을 결지하지 못하는 사룡(死龍, 무맥)이었으나 자연 지형과 대조전이나 희정당 등 주요 전각의 입지를 분석해 보면 나름대로는 능선 위에 짓기 위한 선택을 한 것으로 보여진다.

그러나 여섯 개의 능선들 사이에 흐르고 있는 자연 상태 지표상의 물길의 문제는 간과한 듯하다. 대조전의 경우는 ③번 대조전 능선과 ④번 희정당 능선 사이에 있는 물길이 동쪽 끝에 닿아 있고, 희정당의 경우는 대조전을 지나온 물이 희정당의 서쪽에 닿아 있다.

또한 선정전의 경우는 ①번과 ②번 능선 사이에 있는 물길과 ②번과 ③번의 능선 사이에 있는 두 물길이 합쳐져 내려가는 곳에 건물의 서쪽부분이 닿아 있다.

결국 창덕궁은 인정전을 제외한 선정전, 대조전, 희정당 등 주요 전각이 자연 상태의 물길을 피하지 못했기 때문에 풍수적으로 잘못된 입지를 선택한 것이었다. 이는 한양으로 수도선정을 바라는 태조의 뜻에 따라 마지못해 재천도를 하게 된 태종이 서운관원들의 잘못된 선택을 믿어 후손들에게 큰 문제를 만들어준 것으로 보아야 할 것이다.

제5장 경복궁과 창덕궁의 가계(家系)형성 비교

앞에서 경복궁과 창덕궁 터의 풍수적 분석을 하여 경복궁의 교태전, 강녕전, 사정전, 근정전은 풍수적으로 좋은 터에 있으나 창덕궁의 선정전, 대조전, 희정당은 물길이 닿아 있어 좋지 않다는 것을 밝혔다.

저자는 터의 좋고 나쁨에 따라 명확한 차이가 나타난다면 사람들이 좀 더 풍수에 대하여 신뢰를 갖게 될 것이라는 생각으로 조선의 궁궐에서 그 답을 찾아보기로 하였다. 궁궐생활을 할 수밖에 없는 임금 자녀의 번성정도를 이 연구의 분석수단으로 선택하였다.

경복궁과 창덕궁의 풍수를 비교하는 데 있어서 사전에 전제를 하여야 할 사항이 있다. 먼저 동양학으로 보면 사주, 풍수, 관상 등이 인생에 영향을 주는 대표적인 요소로 구분하고 있는데, 각각의 요소가 어느 정도로 인생에 영향을 미치며 그중에서 풍수는 어느 정도의 영향을 미칠 것으로 판단하느냐 하는 것은 사람마다 주관이 다를 것이다.

이 점에 대하여 저자는 모든 세상사 길흉화복이 100% 풍수의 작용만으로 나타나는 것은 아니라고 생각하며 인간사의 40%~50%는 사주의 영향에 의하고, 30%~40% 정도가 풍수의 영향을 받을 것으로 판단하고 있다. 나머지는 관상과 본인의 노력 등이 10%~20% 정도 영향을 줄 것으로 본다.

따라서 조선 왕조 왕실의 가계형성에 풍수가 상당부분 작용한 것은 틀림없으나 경복궁과 창덕궁의 풍수적 차이만이 100% 원인이 아니라 임금이나 왕비 또는 왕손들의 사주나 관상, 그 밖의 여러 가지 요인이 같이 작용했었을 것임을 미리 밝혀둔다.

다음으로 이 연구분석은 임진왜란 이전과 이후 임금의 주된 궁궐생활을 기본 연구대상으로 삼고 있음을 밝혀둔다. 1592년 발발한 임진왜란으로 경복궁, 창덕궁, 창경궁 등의 궁궐이 모두 불타게 되는데 전쟁의 폐허로 인하여 국력이 쇠진한 조정에서는 우선 창덕궁만을 중건하여 법궁으로 사용하였고 경복궁은 1868년 다시 사용하게 될 때까지 공터로 방치하게 된다. 이처럼 경복궁은 임진왜란 이후에는 전혀 사용한 적이 없어 임진왜란 이전에 경복궁을 법궁으로 사용한 임금과 임진왜란 이후에 창덕궁을 법궁으로 사용한 임금을 구분하여 비교하였다.[1]

조선 왕조는 개국 이후 총 27명의 왕이 재위를 하였으나 그중에서 연산군과 광해군은 폐위가 되어 형식상으로는 25명의 왕과 5명의 추존왕이 종묘에 모셔져 있다. 그러나 연산군이 약 12년, 광해군은 약 15년 동안 임금으로 국가를 통치한 것이 역사적 사실이며 이 기간 동안 궁궐에서 생활을 하였기 때문에 본 연구분석 대상에 포함시켰으나 추존왕은 실질적인 궁궐생활을 하였다고 볼 수가 없으므로 연구분석 대상에서 제외하였다.

또한 조선이 개국한 1392년에 태조는 이미 57세였고, 정종은 35세, 태종은 25세여서 이미 결혼도 하였고 자녀도 여러 명을 둔 상태였다. 게다

---

[1] 임진왜란 이후라고 해서 모든 임금이 항상 창덕궁만을 사용한 것은 아니다. 예를 들면 영조의 경우는 재위기간 중 많은 기간을 경희궁에서 보낸 것으로 알려져 있다.

가 태조는 1395년 12월 28일부터 경복궁을 사용하기 시작하였으니 1398년 9월 정종에게 선위를 할 때까지 약 3년 정도만 경복궁의 주인이었다. 다음으로 왕위에 오른 정종은 1399년 3월 개경(송경)으로 환도하여 1400년 11월 개경에서 태종에게 양위를 함으로써 결국 불과 6개월 정도만 경복궁 생활을 하게 된다. 제3대 임금이 된 태종은 1405년 10월 한양으로 재천도하지만 경복궁을 기피하고 주로 창덕궁에서 생활을 하게 된다. 이런 연유로 태조, 정종, 태종은 본 연구분석 대상에서 제외하였다.

이런 기준으로 임진왜란 이전의 임금 중에서 본격적으로 경복궁을 법궁으로 사용하였다고 분류할 수 있는 세종부터 광해군까지 12명의 임금과 임진왜란 이후에 창덕궁을 법궁으로 사용한 인조부터 순종까지 12명 임금의 가계형성에 대하여 분석하였다.

첫 번째 사항은 역대 왕 자녀 숫자의 변화를 분석하였다. 오른쪽 페이지 표에서 볼 수 있듯이 임진왜란 이전 12명의 임금은 총 122명의 자녀를 두었다. 임금 1명이 평균 10명의 자녀를 둔 셈이다. 그런데 임진왜란 이후 12명의 임금은 자녀를 모두 76명을 두었다. 임금의 숫자는 12명으로 같은데 자녀의 숫자가 62.2%에 불과하고 임금 1명의 평균 자녀수는 6.3명이 되는데 이것으로 임진왜란 이후에 창덕궁을 법궁으로 사용한 임금들이 임신이 잘 되지 않았음을 알 수 있다.

두 번째 사항은 10세 이전에 사망하는 자녀의 숫자를 분석하였다. 오른쪽 페이지 표에 나와 있듯이 경복궁을 법궁으로 사용한 임진왜란 이전 임금들의 자녀 중에서 10세 이전에 사망한 숫자는 총 17명이었다. 여기에는 연산군의 폐위로 사약을 받고 죽은 연산군 아들 4명과 1614년(광

경복궁 정궁(임진왜란 이전)					
왕	부인	자녀			10세 이전사망
		남	녀	계	
세종	6	18	4	22	
문종	2	1	2	3	
단종	1	0	0	0	
세조	2	4	1	5	
예종	2	2	1	3	1
성종	12	17	13	30	3
연산군	4	7	4	11	10
중종	10	9	11	20	1
인종	2	0	0	0	
명종	1	1	0	1	
선조	8	14	11	25	1
광해군	2	1	1	2	1
계	52	74	48	122	17(14%)

창덕궁 정궁(임진왜란 이후)					
왕	부인	자녀			10세 이전사망
		남	녀	계	
인조	3	7	1	8	2
효종	2	1	7	8	1
현종	1	1	3	4	1
숙종	6	4	4	8	5
경종	2	0	0	0	
영조	6	2	10	12	4
정조	3	2	2	4	2
순조	2	2	4	6	1
헌종	3	0	1	1	1
철종	9	5	6	11	10
고종	7	9	5	14	9
순종	2	0	0	0	
계	46	33	43	76	36(47%)

● 조선 역대 왕 자녀현황 집계표

해군 6년)에 죽은 영창대군이 포함되어 있다.

반면에 창덕궁을 법궁으로 사용한 임진왜란 이후 임금들의 자녀 중에서 10세 이전에 사망한 숫자는 36명이다. 총 출생한 자녀의 47.4%가 10세 이전에 사망한 것이다. 임진왜란 이후에 사망한 경우에는 연산군의 자녀나 영창대군의 경우와 같이 정치적으로 희생된 경우는 없고 모두 질병으로 사망한 것이다. 물론 지금과 같이 의술이 발달되지 못해서 사망자가 많을 수 있으나 경복궁의 10세 이전 사망자 비율 13.9%의 3.4배에 달하는 사망자 숫자는 다른 원인이 있다고 보아야 하는 것이다.

세 번째로는 임금의 부인, 즉 왕비의 자녀출산 여부를 분석하였다. 경복궁을 법궁으로 사용한 임진왜란 이전의 왕비는 경복궁 교태전을 주로 사용하였을 것이고, 반면 창덕궁을 법궁으로 사용한 임진왜란 이후의 왕비는 창덕궁 대조전을 주로 사용하였을 것이다.

임진왜란 이전의 연구대상이 되는 왕비 가운데 임신을 하지 못한 왕비는 단종비 정순왕후, 성종 원비 공혜왕후, 중종 원비 단경왕후, 인종비 인성왕후, 선조 원비 의인왕후 등 6명이었다. 반면에 창덕궁 대조전을 사용한 임진왜란 이후의 왕비 가운데는 인조 계비 장렬왕후, 숙종 계비 인현왕후와 인원왕후, 경종 원비 단의왕후와 계비 선의왕후, 영조 원비 정성왕후와 계비 정순왕후, 정조비 효의왕후, 헌종 원비 효현왕후와 계비 효정왕후, 순종 원비 순명효황후와 계비 순정효황후 등 12명이다. 경복궁에 비하여 2배에 달하는 수의 왕비가 임신을 하지 못하는 것이다.

또 숙종부터 철종까지 6명 임금의 왕비 12명 중에서 자녀를 출산한 왕비는 숙종 원비 인경왕후와 순조비 순원왕후뿐이다. 숙종 원비 인경왕후는 딸 둘을 낳기는 하였으나 두 명 모두 첫돌을 넘기지 못하고 사망하였으며, 순조비 순원왕후는 2남 3녀를 출산하였으나 두 번째 아들은 첫돌 전에 사망하였고 큰아들 효명세자도 왕위에 오르지 못하고 20세에 사망하였다.

이처럼 창덕궁 대조전 생활을 한 왕비는 임신을 하지 못하거나 어렵게 출산을 했더라도 일찍 죽는 왕손이 많아 숙종 이후에 경종부터 고종까지 7대 약 180년 가까운 기간 동안 왕비가 낳은 자식은 단 한 명도 임금의 자리에 오르지 못한다.

위에서 분석한 대로 경복궁을 법궁으로 사용한 임금들에 비하여 창덕궁을 법궁으로 사용한 임금들의 경우는 건강한 자손을 두는 것이 무척 어려웠다. 임신이 잘 되지 않았고 어렵게 출산을 하였어도 일찍 죽는 왕손이 많았으며 이런 현상은 특히 왕비에게서 많이 나타났다.

결국 왕실에 왕손이 귀하게 된 것은 왕통을 잇는 일과 직접적인 관련이 있으므로 곧 국정의 불안정과 왕실 권위의 추락으로 이어졌던 것이다.

附錄

풍수 Q&A

여기에 실린 Q&A는 강의 중에 수강생들이 질문했던 사항들을 구분하여 정리한 것이다.

Q&A

1. 풍수원론 부분

◉ 풍수가 공식적으로 인정이 되었나요? 과학적인 증명은 가능한 것인가요?

공식적인 인정이라는 의미를 어떻게 해석하느냐가 모호합니다. 고려시대나 조선시대에 과거시험으로 풍수전문가를 선발하여 각종 건축물을 지을 때나 왕실의 무덤을 만들 때 그들의 의견에 따라서 시행했으니까 이미 천 년 전부터 국가에서 공인된 것이라 할 수 있을 것입니다.

또 최근 우리나라의 여러 대학원에서 풍수, 건축, 조경, 부동산, 지리, 역사 등을 전공하는 사람들이 풍수를 주제로 논문을 쓰고 학위를 받는 것을 보면 학문적으로도 공식적인 인정이 된 것이라고 봅니다.

풍수가 과학적인 검증을 받을 수 있느냐 하는 문제는 지나치게 편파적이고 지엽적인 사고로 풍수를 바라보는 것이라고 봅니다. 풍수는 우주법칙과 지구환경을 따져 정리한 원대한 학술이기 때문에 그리 단순하고 얕지 않습니다.

솔직히 엄청나게 발달했다고 하는 현대과학이 우주섭리를 풀어낸 것이 얼마나 된다고 생각하십니까? 첨단을 달린다고 자부하는 현대과학이 천지사방에 널려 있는 돌멩이나 모래알갱이를 만들 수 있습니까? 하찮게 여겨 무심코 밟고 다니는 잡초 한 포기를 만들 수 있습니까?

현대의학은 어떻습니까? CT, MRI, 내시경 등으로 인체를 들여다볼 수 있는 수준이 된 상황인데 감기를 치료할 수 있습니까? 암을 정복하고 있습니까?

또 각국의 지진, 해일, 날씨를 예측하는 기관들은 고가의 슈퍼컴퓨터를 가지고도 정확히 예측하거나 맞히지 못해서 체면을 구길 때가 많습니다.

현대의 과학기술이 부족해서 이런 것들을 못하고 있다고 인정하십니까? 현대의 과학이나 의학이 엄청나게 발달한 것은 사실인데 막상 부딪혀 보면 막히는 곳이 수없이 많습니다.

우주는 철저한 원칙에 의해서 운행되고 있지만 엄청난 다양성과 변화성도 가지고 있습니다. 그 원칙의 테두리 안에서 시시각각으로 다양하게 변화하고 있지만 인간의 과학기술은 우주법칙의 지극히 일부분만을 깨우치고 있을 뿐 전체를 파악하지는 못하고 있는 것입니다.

풍수와 관련해서도 마찬가지입니다. 풍수에서 가장 중요하게 여기는 '혈(穴)'과 혈에서 분출된다고 간주하는 '지기(지구에너지)'도 우주와 자연의 법칙에 의해서 만들어진 것이기 때문에 아직은 현대과학으로 풀 수 없는 심오한 영역이라 볼 수 있습니다.

다시 말하면 풍수가 맞지 않는 것이어서 현대과학으로 증명을 하지 못하는 것이 아니고 현대과학이 풍수를 검증할 만한 수준이 되지 못한다는 것입니다.

● **풍수도 종교처럼 학파가 많은가요? 그렇다면 어느 학파가 좋은 가요?**

예, 맞습니다. 세상의 종교가 다양하듯 풍수도 분류되는 학파가 수없이 많습니다. 풍수를 분석하는 방법에 따라 크게는 산, 능선, 물, 바람 등 자연의 형상을 보고 길흉을 분석하는 형기풍수와 주로 방위를 가지고 길흉을 따지는 이기풍수로 구분할 수 있으나 그 안에서 다시 여러 종류의 이론이 만들어져 많은 학파가 존재하고 있습니다.

풍수나 혈에 대한 이론이 명확하게 정립된 것은 기원전 10세기 정도로 추정하고 있는데 이때는 나침반이 발명되기 이전이었기 때문에 형기풍수만 존재하고 이기풍수는 존재하지 않았던 시기였다고 보면 됩니다.[1]

정리하면 형기풍수가 정립되고 2,000년 동안은 이기풍수 없이 풍수가 활용이 되었다고 볼 수 있는 것입니다. 따라서 풍수의 근본은 형기풍수가 되는 것이고, 근본이 되는 형기풍수를 운용하기 위한 보조적 방법으로 나중에 이기풍수가 탄생한 것이라고 볼 수 있습니다.

이처럼 형기풍수의 보조적 운용방법으로 만들어진 이기풍수에 대해서도 많은 사람들이 관심을 가지게 되어 여러 이론과 학파가 만들어졌고 우리나라에도 전해져 풍수의 중요한 한 축으로 인식되고 있습니다.

그러나 터의 길흉을 구분하지 못한 상태에서 방위만을 가지고 길흉을 따지는 것은 근본을 알지 못하고 사용법만 아는 것이기 때문에 아주 위험한 것이 됨을 말씀드립니다.

나름대로 주관을 가지고 풍수공부를 하는 사람이어서 어느 학파나 이론이 좋다는 답변은 드리지 않는 것이 옳다고 생각합니다.

◉ 풍수가 혹시 미신(迷信)은 아닌가요?

결론부터 말하면 풍수는 종교도 미신도 아닌 가장 원초적인 환경선택의 기준을 정해 놓은 학술입니다. 풍수를 미신이 아닐까 하고 생각하는 이유는 우리나라의 많은 사람들이 '풍수'라는 말을 듣는 순간 묘를 떠올리고 묘 속의 돌아가신 분의 영혼이 어떤 역할을 하는 것이 아닐까 하는 생각을 갖기 때문입니다.

음택풍수는 조상의 묘가 후손들에게 영향을 준다는 것인데, 돌아가신 조상의 영혼에 의해서 영향이 나타나는 것이 아니고 조상의 유전자와 후손의 유전자가 서로 교감을 해서 나타나는 현상이라는 것이 풍수의 생각이고 이것을 동기감응론(同氣感應論)이라고 합니다.

정리하면 풍수는 바람(風)과 물(水)과 땅(地)의 성질을 따져 건강하고 행

---

1) http://navercast.naver.com 나침반은 기원전 4세기경에 사남이라고 하는 지남기가 나왔고, 이후 지남차가 나왔으나 실질적으로 사용되는 시기는 11세기 송나라 초기로 추정되며, 24방위의 개념은 12세기 초부터 본격적으로 사용하였다는 기록이 나온다.

복하게 살 터를 찾는 자연공식을 정리한 학술이라고 보면 됩니다. 따라서 현장을 많이 보면 누구나 좋은 터와 나쁜 터를 구분할 수 있게 되고 나중에는 혈을 찾을 수도 있습니다.

● 어느 터에 대해서 모든 풍수가들의 의견이 일치하는 편인가요?

그렇지 않습니다. 경우에 따라서는 일치하기도 하지만 일치하지 않는 경우도 많이 있습니다. 풍수를 공부하는 사람들은 각자 자기의 주관과 방식을 가지고 터를 분석하기 때문에 같은 자리를 놓고도 의견을 달리하는 경우가 많습니다.

한 예를 들어보겠습니다. 배가 아파서 병원을 가면 어떤 의사는 소화불량이라고 진찰했는데 다른 병원의 의사는 위경련이라 하고, 또 다른 의사는 위염이라고 하고, 다른 의사는 맹장염이라 합니다. 한 환자의 복통에 대하여 의사가 보고 판단하는 주관이 달라 진찰결과가 다르게 나올 수 있는 것처럼 풍수도 같은 자리를 보더라도 판단을 전혀 다르게 할 수 있다는 것입니다.

이처럼 여러 풍수가의 의견이 일치하지 않는 것이 사람들이 풍수를 신뢰하지 못하는 하나의 이유가 되기도 합니다.

어느 의사를 만나느냐에 따라 질병치료의 효과가 달라지듯이 어느 풍수가를 만나서 어떤 조언을 받느냐가 중요하다는 말이 됩니다.

다만 건물을 짓거나 이사를 할 때 풍수가의 조력(助力)을 받는 것이 지식을 팔고사는 단순한 사항이 아니고 인연과 관련된 것이라고 봅니다. 풍수가의 실력도 중요하겠지만 조력을 받는 집안과 사람들이 복을 받을 수 있게 적덕을 하고 살았다면 눈 밝은 풍수가를 만나고 그의 도움으로 좋은 터를 얻게 되는 것이라고 봅니다.

◉ **동물도 풍수의 영향을 받을까요?**

모든 동물이 현재 인간이 정립해 놓은 풍수이론에 맞게 행동하고 잠자리를 잡는다고 볼 수는 없습니다. 한 예로 새가 바람이 불면 많이 흔들거리는 나무 위에 집을 짓고 사는 것을 풍수적으로 좋다고 할 수는 없기 때문입니다.

그런데 풍수적으로 혈이 있는 근처에 매나 부엉이 같은 맹금류가 사냥한 짐승의 털을 뽑아놓고 식사를 한 것을 자주 보게 됩니다. 이것은 혈이 있는 곳은 사방이 산으로 둘러싸여 있어 노출이 잘 되지 않고 바람도 적게 불어 편안한 곳이기 때문이라고 봅니다.

이런 것을 본다면 짐승들도 본능적으로 어느 정도는 풍수의 원칙에 맞는 자리를 선택하는 것으로 추정이 됩니다.

◉ **우리나라는 산이 70% 정도가 된다는데 풍수의 조건에 맞는 지형인가요?**

풍수에서 가장 중요한 위치가 혈인데 혈이 결지되는 조건은 첫째, 활발한 변화가 있는 생룡이어야 하고 둘째, 장풍의 조건을 만들어주는 보국이 갖추어져야 하고 셋째, 물의 분합이 있어야 합니다. 이 세 가지 조건이 충족되면 혈이 결지되는데 앞에서 이야기한 생룡이나 보국이 모두 산이나 산 능선과 관련이 있는 것입니다.

따라서 크고 작은 산이 많은 우리나라는 혈이 결지되는 조건이 갖추어져 있어 혈이 많이 만들어졌습니다. 다만 혈은 크기가 한 평 정도에 불과해서 정확하게 사용해야 하는데 그렇지 못한 곳이 많습니다.

◉ **풍수의 혈과 지진, 해일, 바람 등 자연현상과는 관계가 있나요?**

굉장히 부담되는 질문입니다. 지진이나 해일 등과 혈이 어떤 연관이 있는지는 아직 연구를 해보지 않았기 때문에 답변을 드릴 수가 없고 바람과 관련된 내용만 설명드리겠습니다.

지구의 역사가 45억 년 정도 된다고 합니다. 지구과학자들은 빅뱅이라고 하는 큰 폭발이나 행성끼리 충돌의 과정에서 처음 지구가 만들어졌다고 추정하고 있습니다. 이때 지구의 내부에 담긴 엄청난 에너지 중에서 은은하게 정제된 극미량의 에너지가 분출되는 구멍이 만들어졌는데 이것이 혈이라고 판단하고 있습니다.

특이한 것은 바람이 불어오는 곳에는 혈이 만들어지지 않았다는 것입니다. 왜 강한 바람이 불어오는 곳에는 지구에너지가 분출되는 혈이 만들어지지 않았는지 좀 더 연구가 필요한 분야라고 생각합니다.

◉ 지진으로 인해 지각에 변화가 생기면 혈이 없던 곳에 혈이 생길 수 있나요?

지진은 여러 조각으로 나누어져 있는 지각(지구의 껍데기)이 서로 충돌하는 과정에서 나타나는 지각의 진동(흔들림)입니다. 지구가 만들어지고 표면의 열이 식으면서 지각이 생겼고 이 지각이 오랜 시간을 거치면서 지구 내부의 에너지에 의해 흩어졌다 만났다를 반복하는 과정에서 지진이 발생하는 것입니다.

앞에서 설명하였듯이 혈이 만들어진 것은 지구에너지의 분출현상에 의한 것이라고 봅니다.

그러니까 혈은 지진현상이 나타나기 이전 지구의 탄생과정에서 이미 만들어진 것이기 때문에 지진이나 화산 폭발 등이 있다고 해서 새로 만들어지지는 않는다고 봅니다.

◉ 인조(人造)로 산을 만들어놓고 많은 시간이 흘렀습니다. 그럼 그 자리에 혈이 형성되나요?

전혀 있을 수 없는 일입니다. 혈이 지표면에서 만들어지는 것이 아니므로 땅 위에 인위적으로 흙을 쌓아 보국을 만들어놓고 수천 년을 기다려도 혈은 만들어지지 않습니다. 만약 흙을 쌓아서 혈을 만들 수 있다면 중국 사람들이 제일 많이 활용했을 것입니다. 중국 섬서성에 있는 진시황릉 주변에는 오령이라는 제법 큰 산 능선이 있는데 이것은 인근에 있는 여산의 물줄기가 진시황릉 부근으로 접근하지 못하도록 약 2㎞ 정도 떨어진 곳에서 흙을 퍼 날라 만든 인조의 능선이라고 합니다. 우리나라에서는 상상도 못할 일을 중국 사람들은 한 셈이죠.

◉ 외국에도 혈이 있을까요?

혈은 우리나라에만 있거나 동양에만 있는 것은 아니고 전 세계 어디에나 만들어져 있다고 보면 됩니다. 인간이 만든 물질이나 문화는 지역에 따라 또는 종족에 따라 다를 수 있지만 혈은 자연현상의 하나이기 때문에 장풍의 조건이 갖추어진 생룡의 끝자락에 만들어지는 것입니다. 다만 올바로 활용하느냐 못하느냐는 별개의 문제이고 실제로 중국의 섬서성, 하남성, 산동성, 하북성, 강소성, 홍콩, 일본 등에서 혈이 많이 있음을 확인하였습니다.

◉ 바다에도 좋은 곳과 나쁜 곳이 있을까요?

TV나 신문 등 매스컴을 통하여 바다 속에 산맥이 있다는 이야기를 들어 보셨죠? 우리의 눈에 보이지 않는 해저에도 엄청난 깊이의 협곡이 있고 산맥이 있답니다.

풍수에서는 산줄기인 용맥을 통해 생기가 공급된다고 하는데 바다 속에도 산맥이 있으면 당연히 바다에도 좋은 자리, 즉 혈이 있을 것이고 그에 상대적으로 나쁜 자리도 있을 것입니다.

바다와 섬을 메워 만든 우리나라의 인천공항이나 여러 곳의 해수욕장과 일본의 간사이공항 등에서 확인한 바에 의하면 바닷가나 심지어는 바다 가운데에도 혈은 있습니다.

그리고 바다에서 조난사고가 많이 나는 곳은 바다 속의 산줄기로 인하여 해류가 얽히는 현상 때문일 가능성이 높습니다.

◉ 사고가 자주 일어나는 도로도 풍수와 관련이 있을까요?

최근에는 차량이 급격히 늘어나고 그에 따른 교통사고도 급증하는 추세에 있습니다. 그런데 유심히 살펴보면 유난히 교통사고가 많이 발생하는 도로 및 지점이 있습니다.

풍수적으로 보면 이런 곳은 기류가 빠르거나 난잡한 곳이 많습니다. 저는 바람이 사람을 정신적으로 문제를 일으키게 한다고 보는데 이렇게 사고가 자주 발생하는 장소도 바람 때문에 가해자나 피해자가 순간적으로 판단착오를 해서 사고가 나는 것으로 생각합니다.

◉ 건물의 화재와 풍수가 관련이 있나요?

일 년에 몇 차례씩 대형화재사고가 나서 많은 국민들을 안타깝게 하고 있습니다. 풍수적으로 보면 화재와 풍수도 밀접한 관련이 있습니다. 화재를 발화단계와 불이 번지는 단계로 구분해서 풍수와 관련성을 따져 볼 수 있는데 자연 상태의 물길이었던 곳에 전기시설이 있으면 습기로 인하여

누전이 되고 이로 인하여 화재가 발생하는 경우가 많을 것으로 봅니다. 그리고 화재가 번지는 단계에서는 바람의 영향이 크다고 봅니다.

화재현장으로 바람이 많이 불어온다면 산소공급이 잘되는 것이기 때문에 불길이 순식간에 번지게 됩니다. 자연 상태에서 물길은 바람길이 되기 때문에 골짜기에 있는 건물에서 화재가 발생하면 불이 빨리 번지게 됩니다. 또 주변에서 바람을 막아주는 사격이 없는 돌출된 능선의 등성이 역시 바람이 많이 불어오기 때문에 일단 화재가 발생하면 감당하기 어렵습니다.

2005년 4월 5일에 발생한 강원도 양양군에 소재한 낙산사의 화재를 보면 풍수와 화재의 연관성을 잘 알아볼 수 있습니다. 화재로 인하여 보물 479호였던 동종(銅鐘)과 원통보전 등 많은 문화재가 소실될 만큼 화마의 위력은 엄청났고 주위가 완전히 불바다가 되었는데도 혈에 지어진 보타전은 화마를 피할 수 있었습니다.

◉ 풍수가 수천 년의 역사를 가지고 있다면 특정계층의 사람들이 이미 거의 모든 혈을 차지한 것은 아닌가요?

질문하신 분과 비슷한 생각을 가진 분들이 많습니다. 누구나 비슷하겠지만 특히 권력을 가졌거나 재력을 가진 분들은 그들의 영화를 후손에게 영원히 물려주려는 심리가 강합니다. 때문에 거의 모든 분들이 건축이나 이사, 묘를 만들거나 옮기는 일을 할 때 풍수의 조력을 받습니다. 그런데 참으로 묘한 것은 절대로 권세나 부의 정도에 따라 좋은 자리를 차지하는 것은 아니라는 것입니다. 우리나라의 돌아가신 역대 대통령 가운데 정혈되어 모셔진 분이 한 분도 없고 재벌회장님들의 묘가 혈을 차지한 경우도 극소수인 것을 보면 풍수의 혈은 인간의 의지에 의해서 주인이 정해지는 것이 아니라 하늘의 뜻에 따라 정해지는 것으로 보입니다.

2. 양택 관련 부분

● 청와대의 풍수는 어떤가요?

대한민국 국가원수의 집무실을 청와대라고 하는데, 현재의 청와대 본관은 1990년 노태우 대통령 때 구 본관 터에서 북서쪽으로 옮겨 신축한 것입니다.

청와대 터는 원래는 1395년 조선의 한양천도 때 경복궁의 후원으로 만들었던 곳인데 1939년 일제가 조선총독관저로 사용할 건물을 지은 것이 오늘날의 청와대로 연결됩니다. 일제가 패망하고 미군정사령관 하지준장의 사저로 잠시 사용되다가 1948년 대한민국 정부가 수립되면서 이승만 대통령이 경무대로 이름을 붙였고, 1960년 윤보선 대통령이 청와대로 명칭을 바꾸어서 오늘로 이어집니다.

청와대 본관은 342m의 결코 낮지 않고 바위산인 북악산을 바로 등지고 있기 때문에 혈이 결지될 가능성은 희박합니다.[2] 게다가 본관의 북동쪽에 봉우리가 하나 있는데 북악산 주봉과 이 봉우리 사이의 물길에 올라앉은 것은 아닌지 의문이 갑니다. 실제로 구글 위성사진을 보면 북악산에서 청와대 본관 뒤로 두 줄기의 물길이 내려오는 것이 확인이 됩니다.

그리고 본관의 좌우에 있는 부속건물이나 조금 멀리 떨어져 있는 부속건물들이 대부분 물길을 피하지 못한 것으로 보여 참으로 안타깝습니다.

● 국민들에게 항상 좋지 않은 모습만 보여주는 국회의사당은 터가 나쁜가요?

국회의사당이 있는 여의도는 조선시대에는 잉화도, 나의도, 여의도로 불리던 섬처럼 된 반도 지형이었습니다. 관악산에서 뻗어 내린 산줄기가 사당동 고개-봉천동 고개-노량진 수산시장 인근 사육신묘가 있는 봉우리를 만든 다음 여의도로 이어지는 것입니다.

현재 국회의사당이 있는 곳에는 양말산이라는 해발 약 50m의 남북으로 이어진 쌍봉(雙峰)이 있었는데, 1968년부터 시작된 여의도 개발사업과정에서 깎여 여의도의 저지대를 메우고 윤중제를 쌓는 데 쓰여 지금은 흔적조차 찾아볼 수가 없습니다.

---

[2] 북악산은 얼핏 보면 목성체로 보이지만 실제로는 바위산이고 높이도 높기 때문에 화성체로 보는 것이 맞다. 서선계·서선술 저, 김동규 역, 『지리인자수지』, pp.427-428.에는 화성체인 염정성에서는 혈이 결지되지 못하는 것이라고 설명하고 있다.

문제는 두 봉우리가 연결되는 과협처(고개) 부근에 의사당이 지어진 것으로 추정되는데, 과협처에는 반드시 앞뒤로 물길이 생기는 것이므로 결국 국회의사당은 물길에 지어졌다고 보아야 합니다.

게다가 의사당 뒤로는 곧바로 강바람이 들이치므로 겨울철 북서풍이 불어오면 그 피해는 더욱 커지게 됩니다. 기억을 되살려 보면 국회가 유독 겨울철에 더 국민들의 눈총을 받는데, 이것은 어쩌면 뒤에서 불어오는 겨울바람의 영향일 수도 있다는 생각을 해 봅니다.

◉ 서울에서 풍수적으로 가장 좋은 지역은 어디인가요? 강남은 어떤가요?

풍수는 위치마다 땅의 성질이 다르기 때문에 거시적으로 접근하는 것은 옳지 않고 미시적으로 보아야 합니다. 그래서 항상 현미경이나 돋보기를 가지고 땅을 보아야 하지 망원경으로 보는 것은 옳지 않다고 생각합니다.

따라서 서울 안에서도 풍수적으로 좋은 지역과 나쁜 지역이 구분되기도 하지만 좋은 지역이라고 해서 모든 집이 혈을 차지하고 있는 것이 아니며, 나쁜 지역으로 분류되는 지역이라 해서 좋은 터가 한 곳도 없는 것은 아닙니다.

그러므로 강남이라 해서 모두 좋은 것도 아니고, 반대로 모두 나쁜 것도 아님을 알아두시기 바랍니다.

◉ 흔히 부촌(富村)이라고 부르는 서울의 성북동, 한남동, 평창동은 풍수적으로 좋은가요?

앞의 질문과 중복되는 내용이므로 간단히 설명드리면 어느 지역이나 풍수적으로는 길한 터와 흉한 터가 같이 있다고 보시면 됩니다. 질문하신 동네가 대한민국을 대표하는 부촌인 것은 틀림없지만 풍수적으로 보면 높은 점수를 줄 집은 그렇게 많지 않습니다.

그곳에 살고 있는 유명 인사들의 집안에도 감당하기 힘든 불행한 일들이 생기겠지만 사람들은 그냥 먼 곳에서 바라만 보는 것이기 때문에 실제로는 그 사람들이 겪는 아픔과 어려움에 대해서는 전혀 생각하지 못하는 경우도 있을 것입니다.

◉ '부자 3대 못 간다.'는 말과 재벌들의 부침(浮沈)에 대해서는 어떻게 생각하시나요?

'부자 3대 못 간다'는 말은 옛날부터 전해온 말인데, 대체적으로 그런 일이 많이 있었기 때문에 사라지지 않고 쭉 내려온 것이라고 보지만, 그러나 모든 부자가 그런 것은 아니고 경주 최부잣집 같은 경우는 13대를 이어 만석을 한 집으로 유명합니다. 아마 부자들이 주변 힘든 사람들에게 베풀고 덕을 쌓는다면 곧 사라질 말이라고 생각합니다.

우리나라의 재벌에 대한 질문에는 풍수적인 답변을 원하셨을 것이므로 그 방향의 답변을 드리도록 하겠습니다. '한번 재벌은 영원한 재벌이다'

는 말은 과연 맞는 말 일까요? 저는 아니라고 확신하고 있습니다. 최근 수십 년 사이에 사라진 대기업들 기억나십니까? K그룹, D그룹, S그룹, H철강, D생명…… 등 이루 다 손꼽을 수 없을 만큼 많습니다.

사라진 이 회사들의 사옥이 풍수적으로 문제가 있는 것을 확인하였습니다. 약속이라도 한 것처럼 자연 상태의 물길이었던 곳에 건물이 지어져 있었습니다. 앞으로는 국민들에게 큰 충격이 될 재벌의 몰락이 없기를 바라지만 풍수적으로 큰 문제가 되는 건물에 회사들이 있어 걱정입니다.

◉ 풍수적으로 터가 나쁘면 사람이 어떤 영향을 받는지요?

터의 영향에 대해서는 본문 '형기풍수의 이해'에서 설명을 하였으므로 간단히 답변드리도록 하겠습니다. 풍수적으로 터가 좋으면 거주하는 사람의 마음이 편안해지고 생각이 차분하게 정리되어 사리의 분별이 현명해집니다. 반대로 터가 나쁜 곳에 살게 되면 몸이 본능적으로 힘이 들게 되므로 신경질이 늘고 정서적으로 안정을 하지 못하게 되어 가족 간에 다툼이 잦아지고 건강상의 문제가 발생하거나 큰 사고를 당하기도 합니다.

◉ 건물이 혈과 물길을 모두 깔고 지어졌다면 어떻게 되나요?

터를 단순히 좋은 곳, 나쁜 곳으로만 분류하는 것이 보통의 사고인데 혈을 깔고 물길에 닿게 지어졌을 경우를 생각하셨다니 신선하고 예리한 질문입니다.

아파트나 큰 빌딩처럼 긴 형태로 지어진 건물에서는 혈과 물길이 모두 연관되는 경우가 발생하는데, 실제로 이런 사례는 종종 접하게 됩니다.

이런 경우에는 혈에서 얻는 기운이 물길을 접하면서 일정부분 상쇄가 되지만 그래도 좋은 곳이 된다고 봅니다. 혈에서 얻는 플러스 효과가 물길에서 받는 마이너스 효과를 상쇄하고도 남는다고 보며 실제로도 확인해 본 사항입니다.

다만 혈이 있는 건물이더라도 물길이 지나던 지점만은 잠잘 때 눕는 자리가 되어서는 안 된다는 점을 기억해야 합니다.

◉ 아파트의 같은 동 같은 라인은 똑같이 영향을 받나요?

풍수에서 가장 영향이 큰 것은 땅의 성질인데, 아파트의 같은 동에 같은 라인이라면 땅의 성질은 똑같기 때문에 땅의 영향도 같다고 보면 됩니다. 다만 층고에 따라 바람과 기압의 차이가 있어 다소 차이가 날 수 있으며, 같은 라인이라고 하더라도 잠자는 위치와 방향이 집집마다 조금씩 차이가 있을 수 있으므로 그에 따른 차이도 있을 것입니다.

◉ 거실을 서재(책장과 책상 배치)로 쓰는 것은 어떻습니까?

집의 구조나 면적, 가족 수 등에 따라서 거실을 서재로 사용하거나 학생들의 공부하는 공간으로 사용하는 경우가 있는데, 이것은 풍수적으로는 그리 바람직한 것은 아닙니다. 책을 보거나 공부를 할 때는 집중이 되어야 하는데 거실에 책상이 있다 보면 이것저것 눈에 띄는 것도 많고 왔다 갔다 하는 사람들에 의해서도 분위기가 산만해져 좋지 않은 것입니다.

◉ **집의 구조상 풍수적으로 가구배치 하기가 적합하지 않을 때는 어떻게 해야 하나요?**

집 안에서 가구배치를 하는 데 있어 신경 쓰고 고려해야 할 것은 실내공기의 순환을 따지는 것입니다.

침실문과 대각선이 되는 곳에 머리가 가도록 잠자리를 선택해야 하는 것이 좋은데 만약 문 쪽으로 머리를 두어야 한다면 문틈으로 들어오는 바람을 막을 수 있는 방법을 찾으면 됩니다.

현관문과 일직선이 되게 화장실 문이 있다면 화장실 문 앞에 발을 걸어서 화장실을 가려주면 도움이 됩니다.

◉ **집을 지을 때 남향(南向)을 선호하는데, 방위가 중요한가요?**

먼저 결론부터 말하면 풍수에서 방위는 크게 따지지 않으나, 일반적으로 남향의 건물을 선호하는 것은 채광에 유리하기 때문입니다.

만약 자연지형이 북향으로 건물을 지어야 하는 경우에는 북향으로 건축을 하는 것이 맞습니다. 다만 이때는 뒤쪽, 즉 남쪽에 창을 크게 만들어 채광이 충분히 되도록 해주면 됩니다.

◉ 집 안이나 마당에 조경으로 만든 인위적인 물길도 영향을 주나요?

물은 기본적으로 가지고 있는 성질이 차가워 주변 환경에 미치는 영향이 크기 때문에 풍수에서는 항상 물을 조심스럽게 생각합니다. 따라서 건물을 지을 터를 정할 때도 가급적 물길에서 멀어질 것을 요구하고 울타리 안에 연못이나 수영장을 만드는 것도 금기시하며 실내에 있는 수족관이나 실내분수도 꺼리는 것입니다.

이처럼 다른 사물에 비하여 물에 대한 경계를 각별히 하는 것이 좋습니다. 따라서 특별한 이득이 생기는 것이 아니라면 굳이 집 안으로 물을 끌어들일 필요는 없다고 봅니다.

◉ 이사를 하고 난 후에 사업과 자녀의 공부 등 되는 일이 없습니다. 집터의 영향일까요?

터를 분석하지 않은 상태에서 집터의 영향이라고 단정할 수는 없지만 가능성은 충분히 있습니다. 단지 사업에만 문제가 있는 경우라면 상황에 따라 기복이 있을 수 있으므로 그것은 그렇다고 치더라도 자녀의 공부도 영향이 있다면 이사한 집터의 영향이 있을 가능성은 큽니다.

◉ 먹자골목으로 상권이 형성된 곳에서 유난히 잘 바뀌는 점포가 있습니다. 반면에 맛이나 서비스는 별로인데 장사가 잘되는 집이 있습니다. 풍수와 연관이 있는지요?

규모가 크지 않은 영업집은 풍수적으로 터의 영향이 눈에 잘 띄는 곳입니다. 이런 사례를 많이 보았는데 경험으로 보면 자주 바뀌는 곳은 대개 자연 상태의 물길인 곳이었고, 장사가 잘되는 집은 거의 대부분이 혈을 차지하고 있는 집이었습니다.

특이한 것은 음식점의 경우 터가 좋지 않으면 점차 음식 맛이 나빠진다는 것인데, 아마 장사가 잘 안 되다 보니 재료의 신선도가 떨어져서 그런 것은 아닌지 모르겠습니다.

● 상가를 구할 때 대부분의 사람들이 '목이 좋은 곳', 즉 삼거리의 가운데나 코너자리, 전망이 좋은 곳 등을 원하는데, 그런 곳이 풍수적으로도 좋은가요?

손님이 찾아와야 하는 사업장에서는 영업장의 입지가 상당히 중요하기 때문에 보증금이나 임차료, 권리금 등의 비용이 다소 많이 들더라도 입지가 좋은 곳을 선호합니다.

그러나 사거리 코너나 전망 좋은 곳이라고 해서 모두 사업이 잘되는 것은 아니며, 오히려 골목의 안쪽에 들어가 있음에도 사람들이 알음알음 찾아오는 점포도 있습니다.

물론 풍수 이외에 상품의 질이나 가격, 서비스 등 여러 가지 요인이 있을 수 있지만 외관상 입지가 좋지 않음에도 불구하고 영업이 잘되는 점포들의 대다수가 혈에 지어진 건물에 있다는 것은 주목할 일입니다.

◉ 전원주택 앞으로 저수지 물이 보이면 어떤가요?

아직까지는 도시인들의 주거공간이 주로 아파트지만 앞으로는 전원주택이나 타운하우스를 선호하는 사람들이 점차 더 늘어날 것입니다. 그런데 이런 주택단지들의 대부분이 예전에는 건물이 없었던 자연 상태의 산이나 논 또는 밭을 형질변경한 곳입니다.

이처럼 소규모 개발 시에는 본문에서 설명한 사항을 꼼꼼히 확인해 보도록 해야 합니다. 자연 상태의 물길이 있던 곳은 아닌지 확인하는 것이 가장 중요하고 그다음으로 과룡처도 확인을 해야 합니다. 이렇게 해서 좋은 터를 고르고 보면 사방이 야트막한 산으로 둘러싸여 있어 아늑한 곳이 됩니다.

그런데 사람들은 전경이 좋다는 생각만 갖고 앞이 탁 트이거나 앞에 저수지나 연못이 있는 곳을 선호합니다.

그러나 앞에 저수지가 보이거나 앞이 탁 트여 멀리까지 보이는 곳은 불어오는 바람을 맞는 터가 되므로 풍수적으로는 좋지 않습니다. 만약 이런 곳에 살고 있다면 반드시 튼실한 담장을 쌓거나 방풍림을 만들어주어야 합니다.

◉ 집이나 산소를 옮기지 않았는데 예전에 비해 일이 잘 풀리는 경우가 있습니다. 풍수와 관련이 있나요?

세상만사가 풍수에 의해서만 이루어지는 것은 아니기 때문에 사주와 풍수를 같이 살펴보아야 할 것으로 판단됩니다.

먼저 사주의 대운(大運)이나 세운(歲運)이 바뀌었을 가능성이 높습니다. 대운이나 세운이 바뀌면 많은 것이 달라질 수 있기 때문입니다. 경험에서 보면 모든 것이 사주상으로 때가 되어야 하고 사주대로 움직인다고 생각합니다.

그런데 사주의 대운이 바뀐 것도 아니고, 집이나 산소를 옮긴 적도 없는데 집안에 변화가 생겼다면 그것은 풍수와 관련이 있을 수도 있습니다.

우선 주변에 건물이 생겼거나 없어진 것이 있는지 살펴볼 필요가 있습니다. 예전에는 바람이 많이 불어왔는데 바람이 불어오는 쪽에 건물이 지어져 불어오던 바람을 막아주게 되었다면 좋아질 수 있습니다. 반대로 있던 건물이 없어진 후에 집안이 달라졌다면 예전에 있던 건물에 부딪혀 불어오던 바람이 건물이 없어짐으로 해서 불어오지 않게 되는 경우가 되겠습니다.

다음으로 예전에 사용하지 않던 공간에 벽이나 칸막이 등을 쌓는 증축을 했거나 마당에 지붕을 덮는 등 개축을 해서 변화가 나타날 가능성이 있습니다. 이것은 혈이 건물 가까이에 있었으나 예전에는 사용하지 못하던 혈을 증축이나 개축을 하면서 사용하게 된 경우라고 보면 됩니다. 이렇게 해서 좋아진 사례를 여러 곳에서 확인하였습니다.

그러나 반대로 집을 증축한 다음에 집안에 우환이 이어지는 경우도 간혹 보게 되는데, 이것은 집의 어느 부분을 증축하면서 예전에는 피했던 물길에 증축 부분이 닿아 기존 건물로 물길의 습기와 냉기를 끌어들이는 경우도 있으므로 증축이나 개축을 할 때는 각별한 주의가 필요하다고 하겠습니다.

● 양택에서 동사택(東四宅)과 서사택(西四宅)을 분류하는 근거는 무엇인가요?

먼저 팔괘방위 중에서 어떤 근거로 건(乾), 곤(坤), 간(艮), 태(兌)는 서사택이라 하고 감(坎), 이(離), 진(震), 손(巽)은 동사택으로 구분하는 것인지에 대하여는 주장이 서로 엇갈립니다.

서사택, 동사택의 분류는 『주역』 설괘전을 근거로 방위의 오행에 따른 상생상극으로 분류하는 것인데 팔괘방위에서 건, 곤, 간, 태는 천(天), 지(地), 산(山), 택(澤)을 의미하고 오행의 금과 토로 이루어져 토생금하여 서사택에 속하고 감, 이, 진, 손은 수(水), 화(火), 뢰(雷), 풍(風)을 의미하며 오행의 수, 화, 목으로 수생목, 목생화 하는 상관관계를 이루어 동사택이라 한다는 주장이 있습니다.[3]

이와는 약간 다른 관점으로 바라보아 음양 변화과정의 사상(四象) 중 태양에서 만들어진 건과 태, 태음에서 만들어진 간과 곤은 태양태음의 배합이며 이를 서사택이라 하고, 소음에서 나온 이, 진과 소양에서 나온 손, 감은 소음소양의 배합이 되어 이것이 동사택이 된다는 주장도 있습니다.[4]

---

[3] 손두호, 「조선 전통주거에서의 풍수사상과 그 건축적 해석에 관한 연구」, 서울대학교 석사학위논문, 1980, pp.53-54.

이와 달리 동사택은 양을 기준으로 하므로 문왕팔괘방위(구궁도)의 1(坎-정북), 3(震-정동), 9(離-정남)를 중심으로 하고 1과 3의 성수(成數)인 4(巽-동남)를 끼운 것이며 나머지인 2(坤-남서), 6(乾-북서), 7(兌-정서), 8(艮-북동)은 서사택이 된다고 주장하는 사람도 있습니다.[5]

◉ 건물을 지을 때나 사무실에서 대문이나 현관문의 방위가 중요한가요?

본문에서 설명드린 대로 양택에서 이기풍수를 적용하여 문 내는 방위를 정하는 방법은 팔택법과 현공풍수이론 중에서 선택하여 사용할 수 있습니다. 두 가지 방법 가운데 어느 방법을 선택할 것인지는 전적으로 당사자의 뜻에 달린 것입니다.

따라서 먼저 주변의 바람 길을 살펴보고 바람의 영향을 적게 받을 지점을 선택하여야 하고 그다음에 방위를 따지는 것이 옳다고 봅니다.

◉ 나침반은 어디에 놓고 방위를 측정해야 합니까?

방위를 측정하는 위치가 달라지면 측정하고자 하는 지점의 방위가 달라질 수 있기 때문에 나경을 어디에 내려놓고 방위를 측정하느냐는 아주

---

[4] 이응희, 「양택론적 방위론의 해석에 관한 연구」, 계명대학교 박사학위논문, 1995, p.77. 신평 저, 『신 나경연구』, 동학사, 1996, pp.417-418.
[5] 김홍식, 「조선말기 양택서에 나타난 민택의 간잡이 방법론에 대한 연구」, p.30.

중요합니다.

현공풍수이론은 방위를 측정하는 지점을 건물의 중앙으로 통일하고 있기 때문에 별다른 문제가 없습니다.

그런데 팔택법에서는 나침반을 놓는 위치에 관해서는 학설과 이론이 다양합니다. 중국의 『양택삼요』에서는 《마당》의 한가운데서 대문, 안방, 부엌의 방위를 측정한다고 하고, 우리나라의 『민택삼요』[6]에서는 대문과 안방의 방위는 《마당》의 한가운데서 측정하고 부엌의 방위는 안채의 《대들보》 중앙 아래에서 부뚜막의 방위를 측정한다고 되어 있습니다.[7] 이와 다르게 김갑천의 『양택비결』에서는 《대지》의 중심에서 대문, 안방, 부엌의 방위를 측정하여야 한다고 주장하고 있습니다.[8]

이처럼 마당이 있는 건물에서는 통일된 이론이 없고, 중국, 한국, 일본이 약간씩 차이가 나며, 연구자에 따라서 또는 주택의 형태나 규모에 따라 여러 가지 서로 다른 주장이 있으므로 여기서는 다수설이며 보편적으로 인정하며 통용되고 있는 내용을 설명하도록 하겠습니다.[9]

1) 건물의 전유부분 중앙에 놓는 방식

규모가 작고 한 채만으로 이루어진 우리나라의 민가나 일본의 일자형(一

---

[6] 『민택삼요』는 손유헌(1861~1930)이 1929년 저술한 『역단회도조선민택삼요(易斷繪圖朝鮮民宅三要)』의 약칭이다.

[7] 이응희, 「양택론적 방위론 해석에 관한 연구」, p.62.

[8] 김갑천, 『양택비결』, p.24.

字形) 주택에서 주로 사용하는 방식으로, 요즘의 빌라나 아파트 같은 공동주택이나 상가, 사무실 등에서 건물이나 사무실의 중앙에 나침반을 놓고 방위를 측정합니다.

2) 안채의 앞 처마 물 떨어지는 선(線) 가운데에 놓는 방식

우리나라나 중국의 ㅁ자형 주택에서 안채는 크고 높은 반면에 아래채나 사랑채의 규모가 작은 경우에는 ㅁ자형 주택 전체의 중심이 안채의 앞 처마 물 떨어지는 선의 중앙이 되기 때문에 나침반을 앞 처마 물 떨어지는 선의 중앙에 놓고 방위를 측정하면 됩니다. (『택보요전(宅譜要典)』)

3) 안마당의 중앙에 놓는 방식(一盤看法)

안채중시의 ㅁ자형 주택에 비하여 사랑채의 기능이 확대되면서 점차 사랑채의 규모가 커져 안채와 사랑채의 규모가 비슷하게 된 경우에는 집의 중심이 안채의 처마선에서 앞쪽으로 이동하게 되므로 ㅁ주택의 마당 가운데에 나경을 놓는 방식을 사용해야 합니다.

4) 나경패철을 옮기면서 놓는 방식(三盤看法)

대가족이 살며 규모가 큰 동택(動宅), 변택(變宅), 화택(化宅)에서는 대문

9) 이해성 김홍식, 「18~19세기 양택서에 있어 나침반 놓는 위치에 대한 동양 삼국의 비교 연구」, 대한건축학회지 4권 4호 연구논문, 1988, pp.3-12.

과 부엌, 안방이 각각 다른 공간에 위치하게 되므로 이때는 각 공간을 따로 측정해야 합니다.10)

문(門)은 도로로 나가는 바깥대문 안의 마당 정중앙에서 대문 가운데를 측정하고, 주(主)는 고대방(高大房-집의 건물 가운데 지붕의 용마루가 가장 높고 큰 집)이 있는 마당의 정중앙에서 고대방의 앞문 정 가운데를 측정하고, 조(灶)는 부엌이 있는 마당 한가운데에 나경을 놓고 부엌문의 방위를 측정하면 됩니다.

3. 수맥 관련 부분

● 수맥(水脈)이란 무엇인가요? 또 어떤 피해가 있나요?

수맥이란 지표하에 있는 모든 물줄기를 일컫는 말입니다. 인체에 굵은 혈관과 가느다란 모세혈관이 있듯이 땅속에도 크고 작은 많은 물줄기가 분포되어 있는데, 이 물줄기들을 통틀어 수맥이라고 표현하는 것입니다.

수맥은 자연의 한 구성부분이기 때문에 당연히 있어야 하는 것이며, 양택에서는 수맥의 존재만으로 피해를 받는 것은 없다고 보면 됩니다. 다만 수맥과 연관성이 있는 수맥파가 문제가 되는데, 수맥파는 강한 투과력(뚫

---

10) 양택에서 담장으로 구분된 공간을 원(院)이라 하는데, 공간이 하나이면 정택(靜宅), 두 개에서 다섯 개까지는 동택(動宅), 여섯 개부터 열 개까지는 변택(變宅), 열한 개에서 열다섯 개까지는 화택(化宅)이라 한다.

고 지나가는 힘)을 가지고 있어서 수맥파에 노출되는 장소에서 잠을 자거나 장시간 있게 되면 질병의 원인이 될 수도 있습니다.

참고로 하나의 수맥파가 영향을 주는 폭은 10㎝ 이내이고, 수맥파는 퍼지지 않고 레이저광선처럼 곧게 뻗는 성질을 가지고 있다고 생각하면 됩니다.

◉ 수맥과 지표상 물길의 차이는 무엇인가요?

질문에는 '수맥과 자연 상태의 물길'이라고 표현했는데 명확한 답변을 위하여 구분하자면 수맥은 지표하에 있는 눈에 보이지 않는 물길을 말하고 자연 상태의 물길은 지표상에 있는 눈에 보이는 물길을 말하는 것으로 보여집니다.

지표하의 물줄기, 즉 수맥은 투과력으로 피해를 주는 것이기 때문에 잠자는 자리와 장시간 앉아 있는 자리만 피하면 됩니다.

그러나 지표상의 물길은 습하고 차가운 성질을 가지고 있기 때문에 절대로 건물의 일부가 닿아서도 안 된다고 본문에서 강조한 것입니다. 건물의 일부만 물길에 닿아도 건물 전체에 습기와 냉기가 퍼져 건물의 어디에서 생활하든 영향을 받게 됩니다.

그리고 조금 깊이 들어가는 이야기인데, 지표상의 물길은 동물의 관절 사이에 들어 있는 연골처럼 능선과 능선의 사이의 완충역할을 해주는 부분이기도 하며, 이곳에도 역시 수맥은 있습니다. 따라서 지표상의 물길은 습기+냉기+투과력의 피해를 모두 받는 곳이라고 보면 됩니다.

◉ 능선마다 수맥의 숫자가 다른가요?

제가 파악한 수맥은 크기보다는 능선마다의 수맥구조와 수맥이 움직이는 패턴에 관한 것입니다. 각각의 능선마다 이루어진 수맥의 개수는 능선의 폭이 넓으면 많아지고 폭이 좁으면 적은 것으로 확인되었는데, 폭이 아주 작은 능선의 경우는 수맥이 8개로 적은 경우도 있었습니다.

◉ 지하의 수량(水量)에 따라 수맥파가 차이가 있는지요?

반드시 지하에 있는 물의 양에 따른 것이라고 단정할 수는 없지만 엘로드에 잡히는 수맥파의 강도는 수맥마다 차이가 있습니다. 예를 들면 어느 수맥은 반응의 강도가 뚜렷한데 어느 수맥은 반응의 강도가 아주 약한 경우도 있습니다. 따라서 수맥파를 탐지할 때는 기급적 바람이 없는 날 정신을 집중해서 하고 여러 차례 확인을 해야 합니다.

◉ 수맥이 있는 곳을 파면 물이 나오나요?

논리상으로 수맥파가 잡히는 곳을 파면 반드시 물이 나와야 하는 것이 맞습니다. 다만 수맥의 깊이가 제각각 다르기 때문에 어느 정도의 깊이까지 파야 하느냐가 문제가 되겠지요. 참고로 제가 우물이나 관정 뚫은 곳을 확인해 보면 반드시 엘로드가 수맥파에 반응을 하는 곳이었습니다.

◉ 수맥이 교차되는 구조로 되어 있는지 궁금합니다.

제가 땅속에 있는 수맥의 구조를 완벽하게 분석했다고 말할 수는 없지만, 수맥은 서로 교차(Cross)되지는 않고 나뉘지고 합쳐지는 구조로 되어 있는 것으로 추정하고 있습니다. 수맥을 조사해 보면 능선에서 지각이 만들어지거나 가지가 나뉘면 각 능선마다 새로 수맥의 패턴이 만들어지고, 능선이 끝나면 주변에 있는 지표상의 물길에 있는 수맥과 합쳐지는 것을 확인할 수 있습니다.

◉ 수맥파의 영향은 아파트 몇 층까지 미치는가요?

결론부터 말하면 수맥파가 미치는 높이는 무한대라고 보면 됩니다. 30층 이상에 사는 사람들은 자기 집은 높아서 수맥파가 올라오지 못할 것이라고 생각하는 경우도 있습니다. 참고로 제가 59층에서 수맥파를 분석해서 잠자리를 정해준 경험이 있는데 수맥파 탐지봉의 반응강도는 1층과 거의 차이가 없었다는 점을 말씀드립니다.

◉ 수맥을 피하면 질병치료에 효과가 있는지요?

앞의 본문에서도 수맥파가 암의 원인이 될 수 있다는 일부 서양 의사의 주장을 소개한 바 있습니다. 결국 수맥파에 노출되지 않게 잠자리를 선택하는 것이 암을 포함한 질병을 예방하는 한 방법이 될 수 있다는 것입니다.

암 발생의 원인이 수맥파라고 가정하면 치료에도 마찬가지의 논리가 적용되어야 한다고 봅니다. 그래서 암 수술을 받았거나 항암치료를 하고 있는 사람은 발병 이전에 잠을 자던 곳에서 그대로 자지 말고 잠자리를 바꾸어야 한다고 봅니다. 만약 잠자리의 수맥파 때문에 암이 발생했다고 가정하면 당연히 그 자리를 옮겨야 한다는 것입니다. 치료를 한다고 해도 치료의 효과가 떨어지거나 수맥파에 노출되는 상황이 계속되는 것이기 때문에 병이 재발할 가능성이 높다고 할 수 있을 것입니다.

● 땅의 자연 모습이 사라진 곳에서는 땅의 기운을 어떻게 알 수 있나요?

자연 상태의 땅의 형체가 사라지지 않았어도 땅의 기운을 분석하는 것은 그리 쉬운 것은 아닙니다. 그런데 자연 모습이 사라진 곳에서 땅의 기운을 알아낸다는 것에 대해서는 지금까지 어떤 이론도 설명하는 사람도 없었습니다.

저자는 자연 지형이 사라진 곳에서 건물을 분석할 때 나침반의 방위만을 따지며 '좋다, 나쁘다' 하면서 스스로도 떳떳하지 못한 풍수쟁이가 될 것인지 아니면 풍수를 그만둘 것인지에 대하여 깊은 고민을 하다가 수맥을 분석하면 어떤 답을 얻을 수 있지 않을까 하는 생각을 떠올리게 되었습니다.

수맥이나 더 나아가 땅속의 수맥체계에 대해서 검증해 줄 사람이나 문헌 등이 전무했기 때문에 중간중간에 분석하고 있는 수맥의 이론이 맞는지, 혼자만의 공상이나 망상은 아닌지 스스로에 대해 의심을 해보며 오랜 기간 동안 땅속의 수맥과 수맥의 체계 등에 대하여 궁리하고 분석하면서 하나씩 정리를 하였습니다.

그 결과 땅속의 수맥은 아주 완벽하고 규칙적인 체계로 되어 있다는 사실을 알게 되었습니다. 수맥의 체계를 파악함으로써 능선이 혈을 결지할 수 있는 생룡인지 혈을 결지하지 못하는 사룡인지, 능선의 등성이인지 비탈면인지, 지표상의 물길 부분인지 풍수에서 가장 좋다고 하는 혈처인지를 알 수 있게 되었습니다.[11]

수맥을 가지고 땅속을 분석하는 자세한 내용은 저자의 『풍수의 정석』 수세론에 나와 있으니 참고하시기 바랍니다.

● **가위눌림도 있고 깊게 잠들지 못하는 등 잠자리가 불편한데 어떻게 하나요?**

질문의 내용을 보니 조금 심각하다는 생각이 듭니다. 앞에서 말했듯이 숙면을 취하는 것이 건강을 위한 첫걸음인데 여기저기 옮겨 다니면서 잠을 자는 모습을 상상하니 안타깝습니다.

우선은 본문에 있는 편안한 잠자리를 선택하는 방법대로 잠자리를 찾아보시기 바랍니다. 땅은 위치별로 성질이 다르기 때문에 거실과 방의 성

---

11) 천동설(天動說)만을 믿던 사회에서 코페르니쿠스와 갈릴레이 갈릴레오가 지동설(地動說)을 주장하자 사람들은 그들을 정신병자나 미치광이라고 몰아세웠다. 지금도 저자의 강의를 수강한 몇 사람이 수맥파로 땅을 분석할 수 있는 수준이 되었지만 이 이론이 지동설처럼 공인(公認)이 되기 위해서는 많은 시간이 필요할 것으로 본다.

질이 다를 뿐만 아니라 같은 방에서도 지점마다 성질이 다르기 때문에 조금씩 옮기거나 방향을 틀면서 잠자리를 찾다 보면 거짓말처럼 편안한 곳이 있습니다.

만약 그렇게 여러 차례 시도를 해도 편안한 잠자리를 찾지 못하면 최종적으로는 이사를 하시는 것이 좋을 것입니다.

◉ 불가피하게 물길에 건축을 해야 할 경우에 비보 또는 기타 방법으로 피해를 최소화할 방법은 없을까요?

결론부터 말하면 아직 건물을 짓지 않았다면 물길에는 절대 건물을 짓지 않아야 합니다. 크든 작든 건물을 짓고 나서 문제가 생기면 그때는 더욱 난감해집니다.

그리고 비보나 기타의 방법(예컨대 굿, 부적 등)을 사용한다고 해서 피해를 줄일 수도 없습니다. 풍수를 공부하는 것은 땅을 선택하기 위한 것이지 개조를 하기 위한 것이 아니라는 말씀을 다시 한 번 드립니다.

참고로 바람이 심하게 불어오는 곳에 나무를 심어 비보를 하면 다소나마 직접적인 피해는 줄일 수 있겠지만 기타 비보(장승, 탑, 남근석 등)의 방법은 심리적 효과를 얻을 수 있을 뿐입니다.

◉ 집에 들어갈 때 서늘하고 무서운 느낌이 듭니다. 수맥 때문일까요?

동물의 온몸 구석구석까지 혈관이 분포되어 있듯이 간격이나 패턴은 달라도 땅속 어디에도 수맥은 분포되어 있습니다. 즉, 수맥과 관련되지 않은 건물은 찾아보기 힘들다는 말입니다.

그러나 집에 수맥이 있다고 해서 집이 서늘하거나 무섭게 느껴지는 경우는 거의 없습니다. 여러 가지 원인이 있을 수 있겠지만 자연 상태의 물길이 있던 곳에 건물이 지어진 것이 아닌가 하는 의심이 됩니다.

만약 자연 상태의 물길이 있었던 곳이라면 가급적 빨리 그곳을 떠나는 것이 좋습니다.

◉ 폐가나 흉가도 수맥과 관련이 있나요?

주위에서 케이블 TV의 단골메뉴가 되는 폐가나 흉가라고 알려진 가옥을 가끔 보게 됩니다.

여기서는 먼저 폐가와 흉가를 구분을 할 필요가 있습니다. 요즘은 사람들이 도시생활을 선호하면서 시골의 집을 비워두게 되는데 이렇게 해서 생긴 빈집이 시간이 흘러 낡고 허물어지면 폐가라 부르게 됩니다.

반면에 흉가는 사람이 사는 동안에 좋지 않은 일이 많이 발생하자 건물주가 비워둬서 건물이 흉하게 된 집을 말합니다.

그러니까 폐가는 어쩌면 문제가 되지 않거나 오히려 좋은 터에 있는 집일 가능성도 있으니까 흉가에 대한 내용만 정리하도록 하겠습니다.

일반적으로 흉가에 대한 얘기를 들으면 수맥에 대한 생각들을 많이 떠올리는데, 분석한 바에 의하면 땅속의 수맥 때문에 흉가가 되는 것은 아니고, 지표상의 물길이 가장 큰 원인이라고 봅니다. 물길의 속성인 습기와 냉기 때문에 질병, 가정불화, 사업실패 등의 흉사가 발생한다는 것입니다.

◉ 집 지하실 바닥에 금(균열)이 있습니다. 안방까지 수맥의 영향이 있을까요?

본문에서도 말했듯이 수맥파는 콘크리트나 시멘트를 균열시킬 만큼 강력한 투과력을 가지고 있습니다. 따라서 건물의 지하실 바닥에 금이 갔다면 일단은 수맥을 의심해 볼 수 있습니다. 다만 모든 균열이 수맥파 때문인 것은 아니고 콘크리트나 시멘트의 응고되는 속성에 의해서 나타나는 경우도 많으므로 버드나무 가지로 정밀분석을 해 보시기 바랍니다.

◉ 수맥을 고려하여 사무실 책상을 배치할 때 고려해야 할 사항은 무엇인가요?

사무실의 책상배치에 우선적으로 고려해야 할 내용은 수맥보다는 본문에서 설명한 공기의 순환이라는 점 먼저 말씀드립니다. 출입문은 바람이 들고나는 곳이므로 출입문을 정면에 바라보지 않는 곳에 책상을 놓도록 해야 합니다.

이렇게 해서 책상의 위치를 잡았으면 의자를 놓고 앉을 곳에 수맥이 있는지만 확인하고 만약 수맥이 있다면 위치를 약간 옮기면 됩니다.

◉ 동판(銅板) 등을 설치하여 수맥을 차단하는 방법이 얼마나 효과가 있을까요?

수맥은 자연의 구성요소 가운데 하나로 인간이 어떤 방식으로도 방향을 틀거나 없애거나 할 수는 없으며, 수맥파를 차단시키려고 건물의 바닥에 까는 동판이나 장판과 침대 등은 사실상 아무 효과가 없습니다.

어떤 사람이 수년 전에 집을 지으면서 다른 집에서 사용하던 동판보다 두께가 곱절이나 두꺼운 동판을 1층과 2층의 바닥에 깔았다는데 지금 수맥파가 다른 집과 똑같이 탐지되고 있다는 이야기로 답변을 대신하겠습니다.

4. 음택 관련 부분

◉ 국립현충원의 풍수는 어떤가요?

국립현충원은 국가를 위해 헌신하신 분들을 모신 숭고한 곳으로 서울 동작구과 대전 유성구에 있습니다. 먼저 서울 현충원은 1953년 '국군묘지' 부지로 선정되었고 1965년 '국립묘지', 2006년에 '국립현충원'으로 명칭이 변경되었습니다.

국립서울현충원에는 조선시대의 중종임금 후궁이며 선조의 할머니인 창빈 안씨의 묘가 있고, 현대에 와서 이승만 대통령 내외분의 묘, 박정희 대통령 내외분의 묘, 김대중 대통령의 묘와 그 밖에 국가와 사회를 위해

몸을 바치신 수많은 분들이 모셔졌습니다.

　엄청난 토목공사로 자연 지형이 완전히 바뀌었기 때문에 현재의 보이는 모습만을 가지고 서울현충원의 풍수를 분석하는 것으로는 정확한 답을 얻을 수는 없습니다. 큰 틀에서 보면 서울현충원은 공작봉을 주봉으로 보국이 잘 갖추어진 곳이지만 외수인 한강이 치고 들어왔다가 등을 돌리고 나가는 형상이기에 한강이 보이는 지대가 높은 곳에는 혈이 결지되지 못하는 곳입니다.

　그래서 조선시대 만들어진 창빈 안씨의 묘가 낮은 곳에 자리 잡은 것이며, 창빈 안씨의 묘 외에도 혈이 있는 곳은 몇 군데 있으나 질서정연하게 순서대로 모시도록 만들어졌기 때문에 한 평의 혈에 정혈되어 모셔진 분은 없는 것으로 알고 있습니다.

　국립대전현충원은 서울현충원이 포화상태가 되어 1976년에 부지가 선정되고 1985년 준공되었습니다. 대전현충원에는 국가원수 묘역이 조성되어 있으나 현재는 최규하 대통령 내외분만 모셔져 있고, 나누어진 여러 구역에는 많은 순국선열들이 모셔져 있습니다.

　대전현충원은 갑하산, 두리봉, 매봉산, 왕가봉 등이 만든 큰 보국 안에 자리 잡아 풍수적으로는 길지에 해당된다고 볼 수 있습니다. 특히 제1장군묘역과 국가사회공헌자 묘역은 별도의 내보국이 만들어져 있어 다수의 혈이 만들어져 있지만 활용은 못하고 있어 안타깝습니다.

◉ 묘에서의 땅의 기운은 어떻게 영향을 받는가요?

일반인들이 풍수에 대하여 가장 강하게 가지는 의문이 바로 묘지와 관련한 사항입니다. '어떻게 죽은 사람의 무덤이 살아 있는 후손에게 영향을 줄 수 있느냐?' 하는 것이지요. 이 의문이 과학적 답을 얻으려면 어쩌면 수백 년은 더 기다려야 할지도 모릅니다.

전통풍수이론은 묘와 관련하여 동기감응론(同氣感應論)이라는 말로 함축하여 표현하고 있습니다. 현대적 의미로 해석하면 '동기=유전자가 같으면, 감응=반응을 느낀다.' 입니다. 이것은 사람이 죽어 매장을 하면 살은 썩고 뼈가 땅속에 남아 있게 되는데 뼈가 놓여진 땅이 좋은 성질이 있는 곳이라면 뼈가 좋은 기운을 흡수해서 후손에게 전달해 주지만, 뼈가 놓여진 곳이 나쁜 성질이 있는 곳이라면 나쁜 기운을 흡수할 수밖에 없고, 이 나쁜 기운이 후손에게 전달된다는 것입니다.

◉ 좋은 묘 자리가 자손에게 좋다면 어떤 후손이 잘될까요?

엄밀한 의미의 풍수는 땅을 분석하여 좋은 터와 나쁜 터를 구분하는 것입니다. 질문처럼 '누가 잘된다', '언제 잘된다', '어떻게 잘된다' 하는 등은 풍수가 아니고 도참(圖讖)이라고 부르며 터와 연관을 시키는 경우가 많기 때문에 풍수도참설이라고 부르기도 합니다.

풍수만을 연구하는 사람으로서 도참에 대해서는 깊이 알지는 못하지만 풍수와 사주를 같이 들여다보면 답을 얻을 수 있을지도 모릅니다.

풍수에는 '혈에 묘를 만들고 태어나는 자식이 영향을 가장 많이 받는다.'는 말이 있습니다. 이 말에 대해 저는 좋은 터에 묘를 쓰고 난 후에 태어나는 후손이 좋은 사주를 타고나는 것이 아닌가 생각합니다. 결국 좋은 사주를 타고나면 일생을 살면서 뜻한 바를 이루게 된다고 봅니다.

◉ 외할아버지나 외할머니의 산소도 영향을 받나요?

묘지풍수의 주된 내용이 유전자와의 관계라는 점은 앞의 질문에서 답변을 드렸습니다. 아버지는 할아버지와 할머니의 유전자를 받았고 어머니는 외할아버지와 외할머니의 유전자를 받았는데 나는 아버지와 어머니의 유전자를 받았으니 결국 나는 조부, 조모, 외조부, 외조모의 유전자를 모두 받은 것입니다.

따라서 할아버지나 할머니 묘의 영향을 받는 것과 똑같이 외할아버지와 외할머니 묘의 영향도 받게 되는 것입니다.

◉ 군왕이 나올 터, 재벌이 날 터가 따로 있나요?

혈이 지구에너지의 분출현상이 있는 곳이라고 판단하고 있기 때문에 혈의 역량은 큰 차이가 없다고 봅니다. 그런데 좋은 자리라고 하는데도 어느 자리에서는 후손이 큰일을 하는 사람이 나는데 어느 자리는 인물이 전혀 나오지 않는 경우가 있습니다.

이런 차이가 나는 것은 두 가지가 원인이 될 수 있다고 봅니다. 첫째는 한 평의 넓이에 불과한 혈에 얼마나 정확하게 망자를 모셨는지가 하나의 원인이 될 수 있습니다. 다른 하나는 어느 한 곳의 묘만을 가지고 평가하는 것에는 문제가 있다는 것입니다.

풍수를 적용할 때는 양택에서 생가와 현거주지 및 근무지를 감안해야 하고, 음택에서는 적어도 고조부모, 증조부모, 조부모, 외고조부모, 외증조부모, 외조부모의 묘와 부모가 돌아가신 경우에는 부모의 묘까지 고려해야 합니다. 이렇게 보면 음택은 앞에서 언급한 조상들의 묘를 모두 합장으로 모셨다 하더라도 7곳, 양택은 3곳을 감안해야 하기 때문에 최소 10곳의 종합분석이 필요하다는 것입니다.

이처럼 누구나 여러 곳의 풍수 영향을 받는 것이므로 어느 한 곳의 묘를 보고 군왕이 난다거나 재벌이 난다는 등의 판단을 하는 것은 옳지 않다고 봅니다.

◉ 공동묘지나 공원묘지는 어떤 차이가 있나요?

집단으로 만들어진 묘역을 표현하는 용어에는 공동묘지와 공원묘지가 있는데, 두 곳 모두 여러 기의 묘가 만들어진 점은 같으나 조성시기나 조성주체에 차이가 있습니다.

현재의 공동묘지는 일제시대에 마을마다 묘역을 만들어놓고 개별묘지를 금하면서 생긴 곳이 대부분입니다. 반면에 공원묘지는 산업화 이후에 고향을 떠나 도시로 모여든 사람들의 묘지수요에 의하여 주로 도시인근에 만들어졌고 조성주체도 주로 개인사업자들입니다.

공원묘지와 공동묘지를 단순하게 구분하여 풍수적으로 분석한다는 것은 무리가 있으나, 공원묘지는 높은 산에 있는 큰 능선들을 깎고 메워 만든 곳이 많고, 공동묘지는 동네 인근에 있는 야트막한 능선들을 이용하여 만들었기 때문에 풍수적으로 차이가 있을 수 있습니다.

공원묘지나 공동묘지에서 장지를 선택해야 한다면 현재 눈에 보이는 부분도 잘 살펴보아야 하겠지만 묘역이 만들어지기 이전의 땅모양을 잘 살펴서 물길과 과룡처를 피하고 가능하면 혈처를 선택하도록 해야 합니다.

◉ 매장할 때 수의(壽衣)는 어떤 것이 좋은가요?

매장을 하는 장례에서 수의는 매우 중요한 부분이므로 품질이나 가격 등을 고려하여 신중하게 선택하고 결정해야 하겠습니다.

우리나라는 전통적으로 매장용 수의는 심베를 사용하는 것을 원칙으로 하고 있는데, 국내산 안동포, 남해포, 보성포 등이 주로 많이 알려져 있고, 최근에는 한지로 된 수의도 있으나 결국은 모두 썩는 것이기 때문에 너무 품질과 가격에 신경 쓰지 말고 형편에 맞게 선택하면 되겠습니다.

수의는 망인과 함께 땅속에 묻히게 되므로 가능하면 빨리 깨끗하게 소멸되는 것이어야 하는데, 나일론이 섞인 품질이 나쁜 수의는 땅속에서도 썩지 않기 때문에 망인이나 유족들에게 나쁜 영향을 준다고 봅니다.

그런데 파묘를 해보면 간혹 100% 나일론으로 되었거나 씨줄이나 날줄이 나일론인 수의를 사용한 경우를 보게 됩니다. 따라서 장례식장에서 직접 구입을 하는 경우나 미리 준비한 경우에도 반드시 씨줄과 날줄의 실을 몇 가닥 뽑아 태워서 확인을 해보아야 합니다.

또 대부분의 장례식장에서는 양심적으로 선택한 수의를 그대로 사용해서 입관을 해주지만 유족들이 경황이 없는 틈을 타 간혹 선택한 수의를 사용하지 않고 비양심적으로 저가 나일론 수의를 사용하는 경우도 있으므로 각별한 관심을 가질 필요가 있습니다.

◉ 혈에 매장을 할 때 다층구조로 여러 분을 모시는 것은 어떨까요?

참으로 기발한 착상입니다. 아직까지 우리나라에서 시도해 본 적이 없는 방식이기 때문에 쉽게 받아들이기는 어렵겠지만 하나의 혈을 가장 효율적으로 활용할 수 있는 방법이라고 생각합니다.

만약 이처럼 하나의 혈에 다층구조의 묘지를 만들 경우에는 시신을 모시는 공간을 선반구조로 만들어야 할텐데 우리나라의 국민정서상 쉽지는않겠으나 매장문화의 변혁을 가져올 수 있는 좋은 착상이라고 생각합니다.

◉ 매장을 하는 경우에 탈관(脫棺)이 좋은가요?

매장을 할 때 운구에 사용한 나무 관을 그대로 넣고 하관을 하는 경우와 나무 관을 빼내고 시신만을 모시는 경우가 있는데, 이것은 지역이나 종교에 따라 다르지만 나무 관을 빼고 시신만을 모시는 것이 좋다고 봅니다.

그 이유는 나무 관을 넣게 되면 나무가 썩으면서 시신에 영향을 줄 수도 있고, 입관한 상태로 나무 관은 관의 내부가 비어 있는데 시간이 흘러 관이 썩게 되면 봉분이 내려앉게 되며, 관에 수맥이 닿게 모셔지면 관 속에 물이 차고 시신의 육탈이 되지 않는 경우도 발생하기 때문입니다.

● 부부를 합장(合葬)을 해도 무방할까요?

부부의 묘 형식을 보면 같은 지점에 나란히 두 분을 함께 모시고 봉분을 하나로 만든 합분 형식, 좌우로 따로 봉분을 만드는 쌍분 형식, 상하로 모시고 봉분을 따로 만드는 쌍분 형식이 있고, 아예 다른 곳에 따로 한 분씩 모시는 단분 형식으로 구분할 수 있습니다.

부부의 묘를 합장해도 되느냐, 안되느냐를 따지는 것은 부부의 궁합이 맞지 않는다거나 회두극좌에 걸린다거나 하는 이론에 의한 것이지만 혈이 있는 곳에서 바르게 활용할 수만 있다면 묘의 형식은 아무런 문제가 되지 않는다고 봅니다.

만약 하나의 혈이 있는데 부부를 모셔야 한다면 두 분을 함께 모시는 합장을 해야 할 것이고, 혈처가 두 곳이라면 따로 모실 수도 있다고 봅니다.

다만 합장을 하는 경우에는 혈의 크기가 두 분을 초장(初葬)으로 모시기에는 빠듯하므로 중간의 띄우는 부분을 최대한 좁게 해야 한다는 점을 말씀드립니다.

◉ 산소를 이장(移葬)하고 나서 집안에 불행한 일이 많이 일어나는 것은 왜일까요?

산소를 이장하고 우환(憂患)이 많이 생겼다는 분들의 이야기를 가끔 듣게 되는데, 이때는 산소의 문제와 양택의 문제 두 가지를 동시에 생각해 볼 필요가 있다고 봅니다.

먼저 산소의 문제는 좋았던 자리에 있었거나 보통은 되는 자리에 있었던 묘를 물길이나 과룡처로 옮겼을 경우를 생각해 볼 수 있습니다. 그러면 당연히 안 좋은 일이 생길 수 있습니다.

다음으로 양택의 문제를 생각해 볼 수 있는데, 이런 경우는 산소의 문제보다는 양택의 문제일 가능성이 크다고 봅니다. 사람들이 산소를 이장한 비슷한 시기에 이사를 하고 나서 좋지 않은 일이 생기면 집을 이사한 것은 생각하지 않고 산소를 옮긴 것만 생각하는 경향이 있습니다.

설령 조상의 묘가 좋지 않은 곳에 있더라도 양택이 좋으면 이겨내는 것이고, 묘의 영향은 늦게 나타나지만 양택의 영향은 빨리 나타나는 것이므로 산소를 이장하고 안 좋은 일이 생겼다면 묘보다는 먼저 양택을 점검해 보아야 합니다.

◉ 윤달에 이장 등을 하면 좋다는데 꼭 그래야 하는지요?

윤달은 달이 지구를 공전하는 삭망월 주기 29.53059일의 12달과 1태양년의 차이가 나는 약 11일을 일치시키기 위하여 2년~3년마다 중간에 끼워 넣는 달을 말합니다.

　윤달에 대하여 일반적으로 '공달', '썩은 달' 등으로 말하며, 묘지를 이장하거나 수선하는 일, 집을 수리하는 일, 수의를 만드는 일 등을 하면 탈이 생기지 않는다고 알려져 있습니다.

　그러나 윤달을 선택하는 것보다 좋은 터를 선택하는 것이 더 중요하다고 보며, 좋은 터로 이장을 하는 경우라면 굳이 날짜는 중요하지 않다고 보지만 가족들과 잘 상의해서 결정하도록 하는 것이 바람직하다고 봅니다.

◉ 산소를 관리하는 데 고려할 점은 무엇인가요?

　조상의 산소를 보기 좋게 가꾸려는 후손들의 마음은 참으로 아름답습니다. 묘소가 잘 관리되고 잔디가 잘 자라고 꽃이나 나무가 잘 가꾸어져 있는 곳을 보면 저절로 공경심이 생겨납니다.

　산소관리의 기본은 잔디의 생육인데, 묘역 가까이에서 진액을 뿜어내 잔디를 죽게 만드는 소나무나 잣나무 등 침엽수를 없애거나 가지치기를 잘해주어야 합니다.

　또 산소의 앞에는 키가 크지 않는 회양목 같은 나무를 심어 앞바람을 막아주는 것이 좋으며, 주변에 개나리같이 줄기와 가지, 뿌리가 무성해지는 나무는 심지 않는 것이 좋습니다.

　그리고 무엇보다도 자주 찾아가서 잡초를 제거하며 잘 관리하는 것이 좋겠죠.

◉ 매장과 화장 및 납골당과 풍수적 관계는 무엇인가요?

우리나라의 장례풍습은 전통적으로 주로 매장을 선호하였으나 최근 들어 화장이 급격하게 늘어나고 있는 추세입니다.

풍수적으로 매장과 화장 가운데 '어느 것이 좋다'라고 잘라서 말하는 것은 적합하지 않다고 봅니다. 왜냐하면 원칙적으로는 혈에 매장을 해서 망인을 편안하게 해드리고 부수적으로 동기감응을 통하여 후손들이 좋은 기운을 받으면 좋다고 하지만 모든 사람이 혈에 들어가는 것은 아니기 때문에 딱히 매장을 하는 것이 좋다고는 말하지 못하는 것입니다.

화장을 하게 되면 유전자가 모두 소각되기 때문에 동기감응이 나타나지 않는다는 것이 풍수의 생각입니다. 그래서 어쩌면 나쁜 곳에 묘를 만들어 관리하는 것보다는 화장을 하는 것이 바람직할 수도 있습니다.

마지막으로 납골당에 대해 말씀드리면 별로 의미없는 것이라고 봅니다. 물론 산소를 만들지 못한 후손들의 입장에서는 화장한 유골이라도 모셔두어야 하는 것이라고 생각하겠지만 풍수적으로는 아무런 영향을 받는 것이 아니라는 뜻입니다.

◉ 화장한 유골을 뿌리는 장소는 상관이 없을까요?

최근에는 화장을 한 유골은 납골당에 모시는 방법, 납골묘를 만들어 모시는 방법, 나무 밑에 묻는 수목장(樹木葬), 특정 장소에 뿌리는 산골(散骨)의 방법 등이 있습니다.

질문하신 내용은 화장한 유골을 보관하지 않고 처리하는 방법을 말씀하시는 것인데, 수목장이나 산골보다는 매장이 가장 좋다고 봅니다. 여기서의 매장이란 화장한 유골을 양지바른 적당한 곳을 찾아 50㎝ 정도 깊이의 구덩이를 파고 깨끗한 한지(韓紙)에 싸서 묻는다는 것을 말합니다.

이렇게 하는 것이 수목장이나 산골보다는 자연법칙에도 맞고, 돌아가신 분에 대한 예의도 갖추는 것이며, 후손들이 조상에 대해 갖게 되는 죄송한 마음도 조금은 덜게 될 것으로 봅니다.

◉ 혈처가 있다면 집을 짓고 사는 것이 좋을까요? 조상을 모시는 묘를 만드는 것이 좋을까요?

자연에서 혈을 양택용이나 음택용으로 구분해서 만들어 놓은 것은 아닙니다. 즉, 우리가 어떤 용도로 사용해도 된다는 의미입니다.

집을 짓고 살면 그 집에 사는 사람만 그 혈의 영향을 받게 됩니다. 묘를 만든다면 그 묘의 후손들 모두가 영향을 받게 됩니다. 그렇다면 어떤 용도로 사용하는 것이 가장 효율적일까요?

이것은 현실적인 문제가 되는데, 땅의 주인이 누구냐에 따라서 달라지겠지요. 가족들 공동의 소유라면 묘를 만들어야 공평할 것이고, 특정인의 소유라면 집을 지을 수도 있고 묘를 만들 수도 있을 것입니다.

중국의 『황제택경』에는 '묘는 나쁜데 집이 좋으면 자손이 관록을 얻고(墓凶宅吉 子孫官祿), 묘는 좋은데 집이 나쁘면 자손의 의식이 부족해진다(墓

吉宅凶 子孫衣食不足).' 는 문구가 있는데, 옳은 표현으로 보입니다. 참고하시기 바랍니다.

◉ **묘 주변에 집터를 잡으면 어떤 영향이 있나요?**

전 세계 여러 나라의 관습을 보면 유독 우리나라 사람들이 묘를 두려워하고 기피하는 것으로 보입니다. 서양에서는 물론이고 가까운 일본이나 홍콩에서도 마을 가운데에 공동묘지가 있는 것이 당연한 것으로 받아들여지고 있습니다.

양택이 살아 있는 사람이 거주하는 곳이라면 음택은 돌아가신 분이 머물러 계시는 공간이라고 생각하면 오히려 편안해질 수 있다고 봅니다.

우리나라에서 묘를 두려워하는 것은 아마도 무서운 전설이나 설화가 묘와 관련된 것이 많기 때문인 것으로 추측되며, 홍콩 사람들은 오히려 조상 묘 가까이에 있으면 조상이 보살펴 줄 것으로 믿는다고 하니 집 근처에 묘가 있는 것은 아무 문제도 되지 않는다고 보시면 됩니다.

참고문헌

1. 사 료

『태조실록』, 국사편찬위원회 역

『정종실록』, 국사편찬위원회 역

『태종실록』, 국사편찬위원회 역

『세종실록』, 국사편찬위원회 역

『선조실록』, 국사편찬위원회 역

『광해군일기』, 국사편찬위원회 역

『고종실록』, 국사편찬위원회 역

『궁궐지』, 서울학 연구소 역

「도성도」

「동궐도」

「동궐도형」

「북궐도」

「수선전도」

「사산금표도」

『세종실록지리지』, 국사편찬위원회 역

『신증동국여지승람』

『조선고적도보』, 조선총독부

『증보문헌비고』

『창덕궁 영건도감 의궤』

『한경지략』

2. 논 문

김병화, 「동서사택론의 건축적용에 대한 연구」, 대구한의대 석사학위논문, 2008
김성수, 「주거용부동산 선정에 대한 양택3대간법의 적용가능성에 관한 연구」,
        건국대 석사학위 논문, 2005
김현욱, 「조선왕조실록 분석을 통한 양궐의 공간이용행위에 관한 연구」,
        성균관대 석사학위논문, 1999
김현욱, 「조선왕조실록에 의한 한양의 입지와 도성관리」, 성균관대 박사학위논문, 2003
김홍식, 「조선말기 양택서에 나타난 민택의 간잡이 방법 연구」, 한양대 박사학위논문, 1988
류재백, 「풍수에 의한 양택의 공간배치론 연구」, 대구한의대 석사학위논문, 2004
문다미, 「전통궁궐공간의 수 체계에 관한 연구」, 상명대 석사학위논문, 2000
박천민, 「조선초기 풍수지리 사상의 적용」, 이화여대 석사학위논문, 1979
박현장, 「양택론을 통해 본 한국전통주택의 배치에 관한 연구」, 계명대 석사학위논문, 1982
서문종, 「서울의 지세와 궁궐입지연구」, 한성대 석사학위논문, 2005
서성호, 「조선 초 한강의 위상과 연안지역의 현황」, 『서울학연구 제23호』
        서울학연구소, 2004
서정규, 「한양천도의 풍수지리설이 미친 영향」, 성균관대 석사학위논문 1989
성동환, 「풍수지기론에 대한 문헌고증학적 연구」, 서울대 석사학위논문, 1992
손두호, 「한국전통주거에서의 풍수사상과 그 건축해석연구」, 서울대 석사학위논문, 1980
손신영, 「동궐도를 통해 본 창덕궁 연구」, 동국대 석사학위논문, 1994
유일란, 「주거입지론에 관한 풍수지리적 분석」, 한성대 석사학위논문, 2006
이순자, 「양택론의 주에 대한 해석 비교연구」, 대구한의대 석사학위논문, 2004
이응희, 「양택론적 방위론 해석 연구」, 계명대 박사학위논문, 1995
이재영, 「산림경제의 사신사 수목연구」, 대구한의대 석사학위논문, 2006
이해성, 김홍식, 「18~19세기 양택서에 있어 나침반 놓는 위치에 대한 동양 3국의 비교연구」,
        『대한건축학회논문집 4권 4호』, 1988
임덕순, 「서울의 수도 기원과 발전 과정」, 서울대 박사학위논문, 1985
현두용, 「한국건축의 양택론 연구」, 홍익대 석사학위논문, 1978

임덕순, 「서울의 수도기원과 발전과정」, 서울대 박사학위논문, 1985
장백기, 「조선시대 문자형 반가의 사상적 의미와 택법에 관한 연구」,
　　　　부산대 박사학위논문, 2002
조재환, 「창덕궁의 성장과정과 배치특성에 관한 연구」, 서울대 석사학위논문, 1997
진상철, 「사상체계로 본 조선시대 궁궐의 조경양식」, 『서울학연구 제5호』,
　　　　서울학연구소, 1995
최영준, 「풍수와 택리지」, 『한국사시민강좌 제14집』, 일조각, 1994
홍순민, 「조선왕조궁궐경영과 양궐 체제의 변천」, 서울대 박사학위논문, 1995

3. 한국 단행본

『경복궁변천사』, 문화재청, 2007
『창덕궁 종묘 원유』, 문화재청, 2002
『서울육백년사』(제1권), 서울시사편찬위원회, 1997
『국역 산림경제』, 홍문선, 민족문화추진회, 1967
『궁궐을 제대로 보려면 왕이 되어라』, 장영훈, 담디, 2005
『기문주거풍수학』, 박선길, 경덕, 2005
『명당요결』, 김종철, 용진문화사, 1990
『부자되는 양택풍수』, 정경연, 평단, 2005
『산수간에 집을 짓고』, 서유구 저, 안대희 역, 돌베개, 2005
『서울민속대관』, 서울특별시, 1996
『신 궁궐기행』, 이덕수, 대원사, 2004
『음양이 뭐지?』, 전창선 어윤형 공저, 세기, 1994
『오행은 뭘까?』, 전창선 어윤형 공저, 세기, 1994
『양택비결』, 손유헌 저, 김갑천 편, 명문당, 2002
『양택삼요』, 조옥재 저, 김경훈 역, 자연과 삶, 2003
『임금님도 모르는 경복궁 이야기』, 장대진, 인물과 사상사, 2006
『우리 역사와의 대화』, 한영우, 을유문화사, 1991

『이야기가 있는 경복궁 나들이』, 강경선 외 4인, 역사넷, 2000
『정도 600년 서울지도』, 허영환, 범우사, 1994
『정통풍수지리학 원전』, 신광주, 명당출판사, 1994
『조선의 풍수』, 촌산지순 저, 정현우 역, 명문당, 1991
『조선조 궁중풍속연구』, 김용숙, 일지사, 1987
『지리인자수지』, 서선계·서선술 저, 김동규 역, 명문당, 1992
『창덕궁과 창경궁』, 한영우, 열화당·효형출판, 1987
『천기대요』, 김혁제 편저, 명문당, 2000
『택리지』, 이중환 저, 이익성 역, 을유문화사, 1993
『한국의 자생 풍수』, 최창조, 민음사, 1997
『한국 풍수 이론의 정립』, 박봉주, 관음 출판사, 2002
『현공풍수』, 최명우, 답게, 2005
『현공풍수학』, 호경국 저, 선공세준 역, 전통문화사, 2004

4. 외국 단행본

『생존풍수학』, 장명량, 학림출판사, 2005
『자금성풍수』, 왕자림, 자금성출판사, 2005
『중국고대풍수的 이론與실천』, 우희현 우용 공저, 광명일보출판사, 2005
『풍생수기』, 임휘인 등, 단결출판사, 2007
『풍수 중국인的환경관』, 유패림, 상해삼련서점, 1995
『중국풍수문화』, 고우겸, 단결출판사, 2004
『중국풍수십강』, 양문형, 화하출판사, 2007
『풍수이론연구』, 왕기형 등, 천진대학출판사, 1992
『현공현대주택학』, 종의명, 무릉, 2005
『Erdstrahlen als Krankheits und Krebs』, Gustav Freiherr von Pohl, EOS-Verlag Gmbh, 1978
『Practical Applications of FENG-SHUI』, LILLIAN TOO, KONSEP LAGENDA SDN BHD, 1994

행복한 삶을 위한 풍수 지침서
양택풍수의 定石

초판 1쇄 펴낸날 2012년 2월 10일
초판 3쇄 펴낸날 2017년 3월 10일

지은이 | 조남선
발행인 | 서경석

편집 | 서지혜 디자인 | 이혜정 마케팅 | 서기원

발행처 | 청어람M&B 출판등록 | 제313-2009-68호
주소 | 경기도 부천시 부일로 483번길 40 서경빌딩 3층 (우) 14640
전화 | 032) 656-4452 전송 | 032) 656-4453
전자우편 | juniorbook@naver.com

ⓒ 조남선, 2012
ISBN 978-89-93912-67-8 03380

이 책의 내용을 쓰려면 반드시 저작권자와 청어람M&B의 허락을 받아야 합니다.
저작권법에 의해 한국 내에서 보호를 받는 저작물이므로 무단 전재 및 무단 복제를 금합니다.